選ばれるプロフェッショナル

クライアントが本当に求めていること

〔著〕
ジャグディシュ・N・シース
アンドリュー・ソーベル

〔訳〕
羽物俊樹
[スカイライト コンサルティング株式会社 代表取締役]

英治出版

CLIENTS for LIFE

Evolving from an expert for hire to an extraordinary advisor

CLIENTS for LIFE

Evolving from an Expert for Hire to an Extraordinary Advisor

日本語版　翻訳者――まえがき

「プロフェッショナル」という言葉を聞いて、みなさんはどんな人をイメージするだろうか。

プロ野球選手、プロゴルファー、プロ棋士……、また斬新な商品の研究・開発者なども「すごいプロフェッショナル」として、ときおりメディアで取り上げられる。多くの人は、プロフェッショナルに専門家のイメージを抱く。専門領域をきわめ、その道で生計を立てている人だ。すごいプロ野球選手といえば、野球道をきわめて、前人未踏の成績を残した人であり、プロの研究者というと、何かの領域で研究開発をつづけ、最先端の道を切りひらいて成果を出した人のことである。

一方、経営コンサルタントや弁護士、会計士といった職業も、プロフェッショナルである。ところが、これらのプロフェッショナルは、特定の専門知識だけでは評価されない。どれほど経営分析手法を知っていても、経営コンサルタントとしては評価されない。いくら法律を知っていても、よい弁護士とはいえない。会計士も、会計テクニックだけでは不十分だ。このちがいは、どこにあるのだろう。

最も大きなちがいは、「クライアント」を持っていることだ。プロ野球選手やプロゴルファーは、クライアントを持たない。経営コンサルタントや弁護士はクライアントを持ち、クライアントから報酬を得る。この差は、大きな価値観の相違を生む。クライアントを持つプロフェッショナルには、自身の専門領域より優先される「重要な仕事」があるのだ。

「真にクライアントのためになることをする」

これが何よりも優先される。クライアントの状況、文化、政治、業界をとりまく状況などを踏まえ、本当にクライアントのためになることを考え、アドバイスし、実行に移す。その文脈のなかで、自身の専門性も発揮する。

経営コンサルタントであれば、クライアントの経営状態をよくすることが絶対の目的であり、そのためにさまざまな分析手法を用いる。弁護士であれば、関連法規に照らして契約書を吟味することは、あくまで入り口にすぎない。もっと広い視野で見たときに、どんなリスクがあるのか。あるいは、大局的な視点から見て、他のやり方がないのか。そういうアドバイスができると評価が高くなる。会計士も同じだ。クライアントの事業を深く理解し、収益性や事業の継続性まで踏まえて的確にアドバイスしてくれるのが、よい会計士だ。

本書は、「クライアントを持つ」プロフェッショナルに向けて書かれている。「真にクライアントのためになることをする」と言葉で言うのは簡単だ。だが、実践するのはむずかしい。さらに、継続して評価され、大きな信頼を得て、アドバイザーとして長く価値を提供しつづけることは、もっとむずかしい。どうすればクライアントに大きな価値を提供できるのか。どうすればクライアントからいつも選ばれるのか。どうすれば、そのような偉大なプロフェッショナルになれるのか。これこそ本書のメインテーマである。

本書には、近年活躍しているプロフェッショナルのみならず、多くの歴史上のアドバイザーが登場する。愚者は経験に学び、賢者は歴史に学ぶ。マネジメントという概念や現代の経営学を生み出したピーター・ドラッカー。ルーズベルト大統領のアドバイザーであり、マーシャルプランで有名なジョージ・マーシャル。『君主論』を記したマキアヴェッリ。古代の賢人アリストテレス。そうした偉大なアドバイザーを数多く研究した成果が、エッセンスとして凝縮されている。原著は二〇〇〇年の刊行であるが、十年近く経ってもまったく色あせていない。当然である。十年どころか、何十年、何百年、何千年も前のアドバイザーたちから得たエッセンスだからだ。

現代のプロフェッショナルは、書物やインターネット、雑誌といったさまざまなメディアを通じて膨大な情報を手に入れられるようになった。このため、本書であげる「七つの特質」のひとつである「ディープ・ジェネラリスト」への道が容易になったかのように見える。だが、私自身は逆にむずかしさを感じている。クライアントも、膨大な情報にアクセス可能となっているからだ。また、プロフェッショナルの専売特許だったさまざまな手法も、今ではクライアントが当然のように知っている。つまり、単に知識を持っていて、手法が使えるだけでは、大した価値がないのだ。「もっと深い洞察が提供できること」「共感的にふるまうこと」「クライアントと協働すること」「結果として大きな成果に導けること」などが重要になってくる。まさに本書に提示されているエッセンスに通ずるのだ。偉大なプロフェッショナルへの道は、とてつもなく長い旅である。

だが、トマス・モアのように「明日死ぬかのように生き、永遠に生きるかのように学ぶ」という心意気で日々を過ごすことは、プロにとって不可欠なことである。

本書は、弁護士、会計士、税理士、医者、コンサルタント、銀行家、証券マン、営業マン、ファイナンシャル・プランナー、広告代理店のクライアント担当者など、クライアントに価値を提供するさまざまなプロフェッショナルたちに役立つだろう。また、そうした職業を目指す方にも、ぜひ通読していただきたい。

余談ではあるが、本書には以下のくだりがあった。

かつてGMのアルフレッド・スローンが、年に一、二度、ピーター・ドラッカーと会い、ドラッカーの意見にじっくり耳を傾けたが、彼のアドバイスに一度も従わなかったというエピソードだ。本当に従わなかったのか、それとも、ドラッカーのアドバイスをスローンなりに咀嚼して実現したため、アドバイスを実行したように見えなかっただけなのか。もし、GMの土台を築いたスローンの時代に、つまり半世紀以上も前に、外部の意見が尊重されない文化が生まれていたとすると、実に興味深い。まさに本書の翻訳作業中に、GMが連邦破産法第十一条を申請したニュースが飛び込んできたのだ。

＊＊＊

本書を訳するにあたり、翻訳作業に多大な時間を要してしまった。また、邦題の検討、デザインの検討などにも多くの日数を要してしまった。本書を訳する機会を作っていただいた英治出版の原田英治社長、出版プロデューサーの鬼頭穣氏、編集に尽力していただいたガイア・オペレーションズの和田文夫氏、装丁を手がけていただいたグラムコの西原行徳氏、奥田直辰氏、篠塚美玲氏、翻訳協力の山本章子氏、スカイライトコンサルティングの矢野陽一朗と武内麻佐子、そして、支援してくれた数多くのみなさまには、この場を借りてご迷惑をお詫びするとともに感謝の意を表したいと思う。

みなさま、ありがとうございました。

二〇〇九年七月　スカイライト コンサルティング株式会社　代表取締役　羽物 俊樹

選ばれるプロフェッショナル

目次

＊企業名・団体名・肩書きなどは、特に注意書きのない場合は、原著者の執筆時のものを用いた。
＊引用されている文献には邦訳が出ているものもあるが、訳文はいずれも新たに訳出した。

選ばれるプロフェッショナル

私の妻マデュ・シースに。
彼女は私にとって最高のアドバイザーである。

ジャグディシュ・シース

メアリー・ジェーン、クリストファー、エリザベス、そしてエマに。
君たちは無条件の愛がどれほど大切かを私に教えてくれた。
私の両親、レイモンド・ソーベルとアルマ・ワトソン・ソーベルに。
二人は私に学ぶことへの情熱を与えてくれた。

アンドリュー・ソーベル

はじめに

長年にわたって頼りにしてくれる常連のクライアントを持ちたい。プロフェッショナルであれば、誰もがそう思うだろう。そんなクライアントは、あなたの仕事ぶりを高く評価し、最重要事項や課題について助言を求めてくる。依頼しようと思ったときに他のプロフェッショナルに目移りしたりしない。なぜなら、常に新しい視点、ヒントやひらめきが得られるからであり、あなたを信頼しているからだ。サービスを提供していないときでも、積極的に他の人に推奨してくれる。

ここで、あなたとクライアントとの関係を振り返ってみよう。あなたには、先に示したようなロイヤルティの高いクライアントが何人かはいるかもしれない。しかしそれ以外のクライアントは、単にあなたの専門知識を買っているだけだ。つまり、こちらが妥当な価格で特定の知識やスキルを提供しているから使ってくれているにすぎない。そうなると、次の機会には目移りする可能性は高い。彼らは、あなたを汎用品とみなしているのだ。

その中間に位置するのが、普通のクライアントである。彼らは、いつもながら引き立ててはくれるが、気を許すことは好まない。長年サービスを提供しているのに、影響力も、サービスの範囲も限られている。競争相手がかなり有利な金額を提示した場合、多少の義理立ては感じるかもしれないが、そちらに乗り換えるのを食い止めることはできない。

● 重要案件を任せてくれるクライアントがもっと多ければいい、と思ってはいないか?
● プロフェッショナルとして高く評価されているのではなく、ただのサービスの提供者（ベンダー）として扱われていると感じることはないか?
● 価格よりも付加価値で勝負したいと思ってはいないか?
● 経営コンサルタントであろうと、弁護士や会計士であろうと、同じ分野の他のプロフェッショナルとの差別化を図ることが難しくなってはいないか?

こうした質問のいくつか、あるいはすべての答えが「イエス」でも我々は驚かない。実をいえば、多くのプロフェッショナルが旅の途中であり、しかもゴールに辿りついた者はほとんどいないのだ。ここでいう旅とは、クライアントに対してどのような役割を果たすかによって決まる。旅が始まったばかりの段階では、雇われエキスパートにすぎず、取引ごとに情報や専門知識を提供するだけだ。旅程がもう少し進むと、固定のサービス提供者として認められるようになり、再三にわたって引き立ててもらえるかもしれない。さらに、最終的かつ最も実りある段階に達すれば、信頼されるアドバイザーとなり、クライアントとの協働的な関係を堅実に築き、単なる情報だけでなく、高い洞察をも提供するようになるだろう。ここまでくれば、クライアントとの関係は大きく前進《ブレークスルー》する。多岐にわたって影響力を及ぼし、並々ならぬ信頼を寄せられているため、ありふれた関係を超えた、特権的な立場を獲得することになろう。ほとんどのプロフェッショナルは、クライアントとありふれた関係しか築けないのが普通なのだ。

この発展的な旅の歩み、雇われエキスパートから信頼されるアドバイザーへの道こそが、本書『選ばれるプロフェッショナル』のテーマである。我々は、広範な調査から成功モデルを開発した。クライアントに対し、卓越した成果を出すための根幹となる、具体的な特質を示したロードマップである。このモデルは、アドバイザーとして永続的ともいえる関係を構築し、維持するのに役立つだろう。

常識を捨てる

クライアントとの永続的な関係は、公私両面での満足感を大いに満たしてくれるだけでなく、我々のキャリアを高めることにもなる。クライアントとの関係を発展させ、プロフェッショナルとしての成功を勝ち取る方法については、これまでの常識ではまったく不十分なのだ。サービスを売り、サービスを提供する際に「いい仕事をし、誠実に行動すれば、あとは何とかなる」というのが、古くからのやり方だ。「専門性を発揮できる分野を探してそれに集中し、その分野で名声を高めよ」も、常識のひとつかもしれない。

近年、サービス業界は、ますます競争の激しい、成熟した業界になっている。クライアントはかなりの情報を手にし、経験も豊富で、プロフェッショナル・サービスの買い手としての能力を上げている。コスト削減のプレッシャーがあり、ほぼ無制限に情報が入るため、サービス提供者に対するロイヤルティはかつてないほど落ちているのだ。調査によると、サービス提供者を変更した経営陣の五〇％以上が、変更前のサービス提供者に「満足していた」と言っている。特定分野に特化することも、ある程度は重要だが、我々がインタビューした企業トップたちは「ある分野に非常に特化したプロの多くは、ビジネスについての広い課題に助言できない」と答えた。つまり、長期にわたるロイヤルティを確立し、クライアントと協働的な関係を築きたいなら、クライアントを「満足させ」、「いい仕事をする」だけでは不十分なのだ。さらにその上を目指さねばならない。こうした関係を築けば、クライアントに対しても、また彼らの意思決定に対しても、大きな影響を与えられるようになる。

永続的なロイヤルティを手にするには?

本書を書こうと思ったきっかけは、単純な理由だ。知り合いのプロフェッショナルのなかに、クライアントからの電話がひっきりなしという人々がいることだった。普通ならプロフェッショナルのほうから電話をかけるものだろう。その一方で、クライアントから単なる出入り業者並みにしか扱われないプロフェッショナルもいる。こういうプロフェッショナルはいつも価格競争にさらされ、新しいビジネスは、面倒なＲＦＰ（提案依頼書）を通して獲得することが多い。そうすると、クライアントの意思決定には、事実上、関与することはできない。

この違いは何なのか？　単に前者が猛烈に働き、頭が切れ、仕事の質が高いというだけなのだろうか。もちろん、それもあるだろう。しかしそれだけでは、我々が注目したきわめて高い顧客ロイヤルティというものを十分に説明できない。なぜなら、頭脳明晰で猛烈に働いたとしても、ロイヤルティの高いクライアントを獲得できないプロフェッショナルも大勢いるからだ。仕事の質は必要だが、それだけでは不十分なのである。

そこで我々は広範囲な調査を行い、根本的な疑問を解き明かそうとした。すなわち、

- プロフェッショナルのなかには、長期的な関係を築き、クライアントから信頼されるアドバイザーになる人がいる一方で、汎用品のように扱われ、単発的な仕事しか与えられない人がいるのはなぜか？
- 法律、コンサルティング、財務やテクノロジーといった幅広い分野において、組織のトップがプロフェッショナルに求めるものは何か？
- どのようなプロフェッショナルなら、重要な課題について相談を持ちかけられるのか？
- クライアントは、価値というものをどう考えているのか？

こうした疑問について、我々は大手企業のトップにインタビューした。コダック、ベルサウス、コックス・コミュニケーションズ、モトローラ、アメリカン・エクスプレス、シティバンク、イーライ・リリー、ゼネラル・エレクトリックといった企業のトップたちだ。「サービスを受け、アドバイスを求める際のプロフェッショナルとの長年の経験について」彼らにじっくりと話を聞いたのである。

インタビューの結果は、驚くべきものだった。クライアントがなぜ特定のプロフェッショナルを高く評価するかについて、これまでの定説が誤っていたことが明らかになった。クライアントの多くが、関係する外部のプロフェッショナルに不満を募らせていた。また、最も重要な課題解決のために、客観的に仕事を遂行するプロフェッショナルを見つけることに苦労していたのである。

そこで、一流企業のトップや政治家に対して助言やコンサルティングを行っている有名なアドバイザーにインタビューの対象を広げた。また、それほど有名ではないが、優れた業績を残している多くのプロフェッショナルにもインタビューした。彼らも、クライアントとの関係を築くという難題に日々直面している。さらに、歴史上の優れたアドバイザーについても研究した。アリストテレス、トマス・モア、J・P・モルガン、ジョージ・マーシャル、デイヴィッド・オグルヴィ、ヘンリー・キッシンジャーといった面々である。

こうしたインタビューや研究の結果、比類なきプロフェッショナルになるための、また、継続してクライアントに価値を提供するための核心が明らかになった。本書では、クライアントとの関係にブレークスルーをもたらすための資質や心構えをどう育てればいいか、段階を追って示していく。

本書の原題 *Clients for Life* には、いくつかの明確な意味がある。一つ目は、文字通りの意味、すなわち、いかにして生涯の（あるいは、かなりの長期にわたって）クライアントを確立するか、という意味だ。クライアントにとってもプロフェッショナルにとっても、長期的な関係は有益である。

二つ目は、比喩的なものだ。つまり、ある場合においては、継続した関係は現実的でなく、望ましくないことさえあるからだ。たとえば、会計士からは長年にわたって継続したサービスを受ける必要があるかもしれないが、経営コンサルタントや管理職のヘッドハンターとなると、四年か五年に一度しか必要とされないかもしれない。また、プロフェッショナルのなかには、月額固定報酬ではなく、個別案件に基づいてクライアントにサービスを提供するといった、案件モデルを選択する者もいる（ちなみに、ワクテル・リプトン・ローゼン・アンド・カッツ法律事務所は、七〇年代初頭に、この弁護士報酬モデルを取り入れて成功した）。とはいえ、案件モデルの戦略でも、その成否は、繰り返し依頼してくれるクライアントの有無にかかっている。

重要なのは、クライアントが生涯にわたってロイヤルティを保つ姿勢を持ってくれるかだ。すなわち、優れた仕事をするプロフェッショナルだと記憶に留めてくれるクライアント、同じようなサービスが再び必要となった際に依頼してくれるクライアント、また、他の客にも熱心に推薦してくれるクライアントである。

本書はどのような人に役立つのか？

本書は、クライアントを相手にするプロフェッショナルのために書かれたものだ。ここでいうプロフェッショナルとは、高度な教育と訓練が求められる職業に従事する人のことであり、彼らが相手にするのは「顧客」ではなく「クライアント」である。このプロフェッショナルという定義には、サービスを提供するプロフェッショナルだけでなく、技術コンサルタントや複合製品を売るセールス・エグゼクティブも含まれる。だが、教師やミュージシャンなどは含まれない。なぜなら、彼らにはコンサルタントや会計士のように、個人や法人のクライアントがいるわけではないからだ。とはいえ、こうした人々やその他のプロフェッショナルにとっても、本書は大いに役立つと信じている。

我々が調査し、本書で取り上げるプロフェッショナルは、さまざまな分野にまたがっている。コンサルティング、法律、会計、広告、財務、医学、セールス、軍隊といった分野だ。それぞれのプロフェッショナルは、その分野でマスターすべき特殊な技能と知識を持っている。つまり、広告関係なら消費者心理、会計士なら財務に関する知識、弁護士なら法律の知識といったところだ。ところが、クライアントのロイヤルティを手に入れるには、単一のプロフェッショナル要件を超えるものが必要なのだ。

どのようなプロフェッショナルであろうと、長期にわたる関係は有益である。これはクライアントの立場からも言えることだ。長期的な関係のなかで、プロフェッショナルはクライアントについて幅広い知識が得られるようになる。これによって、ありふれた回答ではなく、それぞれのクライアントに合った解決策を提案し、新しいアイデアを開発し、クライアントに密接に関係する洞察を提供できる能力が大いに高まる。また、長期的な関係は、クライアントへのサービスをさらに広げ、プロフェッショナルとしての経験を積むチャンスも与えてくれる。信頼を寄せてくれるロイヤルティの高いクライアントは、付き合いの浅いクライアントなら決して与えてくれないような、思いがけない分野で使ってくれる可能性もある。最後に、数は少なくても生涯にわたるアドバイザーとしての関係を築き、それを維持していけば、経済的な成功も大きなものになるだろう。

では、「クライアント」と「顧客」との違いは何だろう。たとえば顧客は、自分のニーズに合った特徴が明示されている製品やサービスを買う。買い手と売り手のあいだには、交渉の余地も、話し合いの余地もほとんどない。これとは対照的に、プロフェッショナルとそのクライアントとの関係には相談に乗るという側面がある。つまり、ニーズを明確化し、問題点を特定し、解決策を提言するなかで、双方向の関係が成り立つのだ。「顧客」と「製品やサービスの売り手」のあいだには必ずしも個人的な関係はないが、「クライアント」との場合には、高い信頼感をベースにした緊密な関係があるのが普通だ。さらに言えば、プロフェッショナルはクライアントに、権威のある知識や専門性を提供する。つまり、顧客ならファストフードで何を食べようが勝手だが、税務アドバイスを得ようとするクライアントは、好き勝手にできない、ということだ（国税庁とのトラブルを起こしたくないのなら）。

顧客を相手にしている場合、その関係は限られた範囲のものになろう。これがクライアント相手になると、協働的な、幅広い関係を築く機会が多い。本書は、まさにこの「クライアントとの関係」にフォーカスを当てている。

顧客ロイヤルティや顧客維持《カスタマー・リテンション》を主題とした研究や書籍はかなりあるが、複雑な製品やサービスを求める賢明なクライアントについては異なるアプローチが必要だ。たとえば、我々は「顧客が常に正しい」と信じ込んでしまう。それは顧客を相手にした場合には当然の態度だが、クライアントに対しては、彼らが間違っていることを指摘しなければいけないときもある。彼らに賛同できない場合は、そのことを告げねばならないのだ。

本書が特に役に立つであろうプロフェッショナルには、三つのグループがある。

第一のグループは、サービスを提供するプロフェッショナル、たとえば、弁護士、経営コンサルタントおよび技術コンサルタント、会計士、銀行の法人担当者、フィナンシャル・アドバイザー、ヘッドハンター、広告プランナーなどだ。こうしたプロフェッショナルは、クライアントに対して幅広いビジネス・アドバイザーになる理想的な立場にある。そのサービスがクライアントにとって戦略的にきわめて高い重要性を持っており、サービスを提供する際に、深く関わることになる。このようなタイプのプロフェッショナルなら、本書に書かれた内容が直接響くだろう。

第二のグループは、単なるモノ売りではなく、ビジネス・コンサルタントと見なしてもらいたいと考えているセールス・エグゼクティブである。通信システム、コンピュータ機器、電力プラント、ミッションクリティカルなソフトウェアといった、クライアントのビジネスにとってきわめて重要な製品やサービスを売る場合、アドバイスやコンサルティングの必要性はきわめて高くなる。このため、単なる販売担当者ではなく、アドバイザーになるチャンスがあるのだ。本書で詳述する考え方を適用すれば、販売の世界においても間違いなく差別化できるようになるだろう。

第三のグループは、企業内のプロフェッショナルとして雇われているスタッフやマネジャーである。たとえば、役員直属の人事や財務のスペシャリストは、価値創造を目指す外部のプロフェッショナルと同じ課題に直面し、同じような障壁に阻まれている。こうした人々にとって、単なる従業員としてではなく、クライアントにサービスを提供する独立したプロフェッショナルのように考え、行動するのに本書は役立つだろう。

本書の構成

では、本書の構成について、簡単に触れておこう。

第1章では、クライアントから永続的に信頼を得ている優れたプロフェッショナルについて考察し、彼らがいかに自らの価値を高めているのかを解明する。また、凡庸なプロフェッショナルが、なぜ成功できないのか、その理由を探る。

第2～8章までは、優れたアドバイザーになるための特質、つまりクライアントの獲得に成功するための七つの重要な特質について論じている。また、こうした特質を身につけるにはどうすればいいかを具体的に提言している。

第9章では、クライアントとの関係を築き、維持管理する際に、プロフェッショナルが陥りやすい落とし穴について述べている。また、避けるべきクライアントや、慎重に対処すべきクライアントについても論じている。

最後の第10章では、優れたプロフェッショナルの姿、あるいは本質的な特徴を示し、さらにクライアントとの関係においてブレークスルーの機会をつかむ方法を解説している。

なお、全章を通じて、優れた業績をあげたプロフェッショナルだけでなく、歴史上の著名なアドバイザーにも登場してもらい、雇われエキスパートから信頼されるアドバイザーになるための秘訣を明らかにしている。本書を読むことで、成功への道筋がはっきりし、アドバイザーとしての揺るぎない立場をいかに構築すればよいか、理解できるだろう。

第1章
クライアントは何を求めているか

偉大なプロフェッショナルは、意味のない議論を避け、真に重大な問題に集中させてくれる。問題を前にして、混乱したり考えがまとまらないとき、彼らは適切なタイミングで的を射た質問を投げかけ、対話を通じて解決に導いてくれる。ところが、こちらが望んでもいないのに近づいてきて、解決策を売り込もうとする人間がひきもきらない。良きアドバイザーは、単一の解決策を提示するのではなく、多岐にわたる問題を統合していくことに優れている。業界の知識だけでなく、大局的な観点を持っている。なにより、我々に元気を与えてくれる。同情からではなく、共感によって。

——レイ・スミス（ベル・アトランティック社　元会長兼CEO）

一九四一年一月、フランクリン・ルーズベルト大統領*は、ウェンデル・ウィルキーをホワイトハウスに招いた。前年の大統領選でルーズベルトに敗れた人物である。ウィルキーは大統領執務室の暖炉の前に座り、ルーズベルトが最も信頼を寄せるアドバイザー、ハリー・ホプキンスの話題を持ち出した。ホプキンスは、ルーズベルト大統領の施政方針を明確にし、その達成に尽力してきた。また危機的な状況下で、チャーチルやスターリンと会い、大統領に賢明な助言を与えるという、繊細さを要求される外交任務も行ってきた。控えめで高潔、しかもきわめて有能なホプキンスではあったが、ルーズベルトとの関係が深すぎたため、厳しい批判にさらされていた。ウィルキーは、「どうしてホプキンスを近くに置くのですか？　みんなが彼に不信感を抱き、彼の影響力を不快に思っているのはご承知でしょう？」とルーズベルトに尋ねた。

ルーズベルトはウィルキーをまっすぐ見つめて答えた。「いつか君も、いま私が座っているこの場所に、大統領として座る日が来るかもしれない。そのとき、わかるだろう。そのドアを出入りするすべての人が、君に何かを望む者ばかりだということを。大統領というものがいかに孤独なものかを。だからこそ、ハリーのような人物が必要なのだ。彼は私欲がなく、仕えることしか望まない」[1]

今日のプロフェッショナルのなかでも特に優れたアドバイザー、つまりホプキンスとルーズベルトのような関係を築いている人物には、共通する特徴が多く見られる。ルーズベルトがホプキンスに認めたのと同様の価値をクライアントから認められている。ではまず、ジェームズ・ケリーとナンシー・ペレッツマンの二人を取り上げてみよう。

訳注＊歴代のアメリカ大統領には、２人のルーズベルトがいる。第26代のセオドア・ルーズベルトと、第32代のフランクリン・ルーズベルトである。本書に登場するルーズベルト大統領は、特に指定がないかぎり、すべて第32代大統領のフランクリン・ルーズベルトである。

ジェームズ・ケリー――企業における究極のトラブルシューター

経営コンサルタントのジェームズ・ケリーは、クライアントである経営トップに、まるで魔法でも使っているかのようだ。国際的な大手コンサルティング会社を創設し、そのトップを務めたケリーは、今では、少数の上級役員のアドバイザーを務めている。彼が扱う問題は、企業戦略からリーダーシップ、組織設計など幅広く、アメリカとヨーロッパを頻繁に行き来している。彼は、企業戦略立案における深い専門知識と、財務、マーケティングといった会社機能に関する幅広い知識とを結びつけ、親身に耳を傾け、知力を総動員して、鋭い判断を示す。

イギリスの大手投資銀行であるシュローダーのCEOウィン・ビショフは、十八年にわたってケリーをアドバイザーに据えてきた。投資銀行家でありCEOでもあるビショフ自身が企業に助言する立場であり、目の肥えたクライアントである。ビショフはケリーについてこう語っている。

「彼が際立っているのは次のような点だ。本物の深い信念、クライアントに対する寛容でリラックスした態度（ヨーロッパでは重要である）、相手への共感、話を聞く力、そして鮮明に将来像を描くことができるという点だ。具体的なアイデアや解決策を示してくれることもあるが、たいていの場合、我々が解決策を見つける手助けをしてくれる」

ビショフの称賛は決して驚くものではない。たとえば、イギリスでは証券仲介業に参入しないという決断をしたように、賛否が分かれる難題に対して、ケリーは的確なアドバイスを行い、何年にもわたりシュローダーに大きな成功をもたらしてきたからだ。

ロイズTSBグループの会長であるブライアン・ピットマン卿も、ケリーのクライアントの一人であり、彼もまたビショフ同様、ケリーを称賛する。

「一九八〇年代半ばに、ケリーと彼のチームは、ある重大な見解を示してくれた。我が行の資本コストは我々が思っている以上に高く、実は利益が出ていないということだった。それは〈株主価値〉や〈EVA〈経済付加価値〉〉という言葉が流行するはるか以前のことだ。これがきっかけとなり、株主価値を最大化する手助けをケリーがしてくれたおかげで、今ではロイズTSBの時価総額は世界のトップ5入りを果たしている」

しかし、ケリーは最初から最上階の役員室にいたわけではない。一九六〇年代初頭のハーバードスクエアで、一軒一軒、会計システムを売り込んでいたときのことを、彼は今でも鮮明に思い出す。ハーバード・ビジネス・スクールで会計学の主任教授だった、ディック・ヴァンシルとコンサルタントとして働いていた最初の数年のことだった。ヨーロッパでのビジネスをゼロから立ち上げるといった経験は、屈辱も味わったが成長の機会となり、共感力と広い知識、そして適切な判断力を養うことで、エキスパートからアドバイザーへと進化を遂げるのに役立った。

ナンシー・ペレッツマン――インターネット業界を制した投資銀行家

ナンシー・ペレッツマンは、現在、アレン・アンド・カンパニーのメディア部門を率いる投資銀行家である。彼女は、フィナンシャル・アドバイザーとして、一九九九年の上半期、おもにインターネット関係の取引で七七〇億ドルを獲得した。これは偶然ではない。クライアントのロイヤルティの変化が激しく、予測できないこの業界において、ペレッツマンはひときわロイヤルティの高い顧客基盤を手にしている。それは彼女が二十年のキャリアのなかで築きあげたものだ。

彼女の成功は、大局的な見方ができるその能力に鍵がある。他の銀行家が次から次へと取引を追いかける一方で、ナンシーはメディア産業の長期的な方向性と機会についてじっくり考える。「私のやり方は決して目新しいものではありません」とペレッツマンは言う。「私がクライアントに提供しようとしているのは、その業界で起こっていること、業界をとりまく情勢、そしてそのなかでクライアントが果たす役割なのです」

エゴの強い業界でのスターで、しかも最近ではアメリカビジネス界で最も影響力のある十人の女性の一人に選ばれているにもかかわらず、ペレッツマンはきわめて地に足のついた人物である。部下に威張り散らすこともなく、自ら率先して仕事に取り組み、日々、M&A案件を手がけている。これこそが彼女のクライアントにとって、並々ならぬ利点となるのである。

一九八〇年代後半、イギリスの新しいケーブル会社を担当していたペレッツマンは、こうした企業が映像と電話サービスを統合しようとしているのを知り、アメリカでも通用すると考えた。ところがアメリカ市場では当初、ケーブル会社と電話会社のM&Aは、ほとんど成立しなかった。このアイデアがいささか時代を先取りしすぎていたからだが、今は違う（AT&Tは一九九九年、ケーブル会社を買収するのに一〇〇〇億ドル以上費やした）。しかし、彼女のクライアントはこのときのことも、それ以降のことでも彼女の先見性が印象に残っている。たとえばペレッツマンが即金でプライスライン・ドット・コム社の資金調達に応じたようなことだ。この会社は、今では航空券やホテルの予約を入札方式で行えるインターネット企業として高く評価されている。プライスラインの創始者で会長のジェイ・ウォーカーが言う。「ナンシーには二十人の大物の親友がいる。彼女はクライアントと長期的な関係を結んで仕事をする投資銀行家の最後の世代だ[2]」

ジェームズ・ケリーとナンシー・ペレッツマンは働く業界こそ違うが、どちらも並外れたアドバイザーであり、クライアントの大きなロイヤルティを獲得している。だが、二人は最初から偉大なアドバイザーだったわけではない。実際に二人とも、はじめのうちは長期的で広範囲な関係を築く方法を身につけるのに苦戦したと言うだろう。さまざまな経験から少しずつ学び、成長してきたのだ。専門分野の知識に加え、統合力を大いに発展させ、鋭敏な判断力を養った。本書で紹介する偉大なアドバイザーたちと同じく、二人は貪欲に学びつづける。いかに人の話を聞くかを知っている。客観性や主体性と、無私無欲とを両立させる。経験により培われた価値観から生まれる、深い信念を持っている。申し分のない誠実さと思慮の深さによって信頼を築くことができる。その結果は？　クライアントは、いつも彼らのところに戻ってくる。

プロフェッショナルのサービスとアドバイス――五〇〇〇億ドルの産業

偉大なる指導者、いや、成功を収めた多くの人の背後には、少なくとも一人の優れたアドバイザーがいることに気づくだろう。アレクサンダー大王の師であり助言者は、古代ギリシャの著名な哲学者であり科学者であるアリストテレスだ。フランスのルイ十三世は、主席アドバイザーにリシュリュー枢機卿を選んだ。リシュリューは近代国家の基礎を築いた人物となった。ルーズベルト大統領は、偉大なるジョージ・マーシャル将軍とともに、信頼できるハリー・ホプキンスを登用した。「エミナンス・グリーズ（黒幕）」や「メンター」、「マキャヴェリズム」[3]という言葉は、歴史や文学のなかの著名なアドバイザーたちの名が語源で、今日では常用語となっている。

現代では指導者たちに助言していた聖職者や哲学者に代わり、経営、法律、銀行、広告、ファイナンスや会計など、さまざまな領域でサービスを提供している五〇〇〇万人を超すプロフェッショナルがいる。こうしたプロフェッショナルは、全体で年間五〇〇〇億ドルを超える収入を生み出し、世界最大の産業のひとつとなっている。[4]営業のようにクライアントとの関係を築く職種も含めると、クライアントを持ち、助言しているプロフェッショナルは、全米でほぼ一五〇〇万人近くになる。

ほぼすべての大手サービス企業は、マッキンゼーやゴールドマン・サックスのように歴史的・文化的にクライアントと深い関係を築いているごく少数の企業の真似をして、クライアントへの助言やコンサルティングを行う関係を築こうと努力している。今では株式ブローカーは「フィナンシャル・アドバイザー」であり、会計事務所やコンサルティング会社は、リエンジニアリングプロジェクトを遂行するだけでなく、経営トップに助言することを志向している。ソフトウェアプログラマーは「コンサルタント」と呼ばれるようになり、ロイターなどの企業は単にデータベースを売るだけでなく、「情報アドバイザー」になりたがる。ところが、しばしば「アドバイザー」とか「コンサルタント」といった言葉に実体のないことが多く、言葉自体がむなしく響く。

皮肉なことに、こうした職業が大きく成長しているまさにそのとき、そして、多くの企業が信頼されるアドバイザーになろうと奮闘しているそのとき、多くのクライアントが、彼らの助言の質や振る舞いに不満を持っている。ジェームズ・ケリーやナンシー・ペレッツマンのようなプロフェッショナルを見つけることは、ますます難しくなっている。

なぜ多くのプロフェッショナルは、クライアントから高い評価を得られないのか。なぜ、卓越した役割を果たせないのか。

クライアントとの関係構築を妨げるもの

クライアントに対するビジネス上のアドバイザーになり、クライアントのロイヤルティを得て、プロフェッショナルとしての達成感を得るうえで障害となるものが三つある。

1 プロフェッショナル・サービスを提供する企業のほとんどは、専門特化することを求めている……大手のコンサルティング会社や会計事務所に勤めると、化学業界のリエンジニアリングや、自動車会社の監査を担当させられる。出発点としては悪くないが、問題は、会社が割り振った特定分野で専門特化すればするほど、少なくとも短期的に会社はそのエキスパートの「価値が高い」と考えるようになることだ。そうなると会社には、それ以外の分野を経験させようとするインセンティブが働かなくなる。

深い専門知識を養うことは大いに有益ではあるものの、クライアントに対して幅広い役割を担いたいと考えるなら、専門特化することは最終的に重荷を背負うことになる。この点を認識して、組織的に若いスタッフに多様な経験をさせようとしている企業はいくつかあるが、多くの企業はそうではない（専門特化の動きはビジネス界だけでなく、医療、大学、科学、その他の分野にも広がっている）。しかも大手企業の場合は、若手のプロフェッショナルに大きなチャンスを与え、教育を施す一方で、数値目標や成長目標を達成しなければならない。今や多くの企業が株式公開しているからだ。ときとして、こうした短期的なプレッシャーが、深い信頼に裏打ちされたクライアントとの関係を築くための長期的プロセスよりも優先されてしまう。

2 **専門技術が自動化され、汎用品に成り下がっている**……二十世紀後半には、サービスを提供するプロフェッショナルは情報化経済の恩恵を大いに受けていた。ところが今や多くの種類の専門性が価値を失いつつあるのは皮肉である。十九世紀初頭の産業革命において、技能の優れた職人が低賃金の工場労働者にとって代わられたように、プロフェッショナルが売りにしていた「専門性」は、インターネット時代のテクノロジー主導型経済において、簡単に取り替えられ、いつでも手に入り、ますます安価になってきている。すでにある種のプロフェッショナル（医者）の平均収入は減少しはじめている。[5] さまざまな要因が絡み合い、専門性の価値を減少させている。

● **サービスを提供するプロフェッショナルが大幅に増えている**……これまで厳格に管理されていた大学卒業生の数が緩和され、弁護士や医者といったプロフェッショナルの学位が必要とされてきた仕事に、大学卒業レベルのリーガルアシスタントや医師助手といった人たちが多数従事するようになっている。

● **プロフェッショナル・サービスの市場で、価格コンペが常態化してきている**……企業の論理で、プロフェッショナル・サービスもはや競争入札になっており、たとえば経営コンサルティングや広告代理店の世界では苛烈な競争が起こっている。

● **エキスパート用のソフトウェアやインターネットが、これまでよりはるかに安価に提供され、あらゆる種類の専門知識へのアクセスが可能となっている**……以前は何千ドルも払うか投資銀行の大口法人顧客でないと使えなかった市場調査レポートが、今ではインターネットを通してタダで手に入るようになった。プロフェッショナルは次第に、クライアントに対して自分たちの「専門性」を伝えるのにお金を使うようになっている。デル・コンピュータのマイケル・デルのような著名人が掲載されている、CEO向けのあるウェブサイトは、プロフェッショナル・サービス企業が記事や調査結果を掲載する特典に対し、五万ドルを請求している。

他の分野でもインターネットを介して販売が自動化され、コスト高な販売員の必要性を下げている。現に、何百万という消費者が、「ターボタックス」といった安いソフトウェアを活用して税務申告をしたり、遺言を書いたりしている。そうすれば税理士や弁護士を雇う必要がないからだ。

● **ナレッジワーカー**（知識労働者）**のあいだで労働力の移動が増加している**……たとえば、アメリカの企業は、インドや南アフリカ、オーストラリアといった英語圏の国々で人材を確保し、活用するようになっている。また、ロースクールの卒業生が、コンサルタント業務や投資銀行業務といった隣接する分野に進出するようになっている。

こうした流れが与える影響は明白である。法律、会計、コンサルティング、技術サービスといったいくつかの分野において、統合の動きが顕著になっており、新たな合併がほぼ毎月のように報じられている。かつては「ビッグ8」といわれた会計事務所は、今や「ビッグ5」に減った。これまではクライアントとの長期で固定的な関係を享受してきた法律事務所も、競争入札を求められるようになっている。一九九〇年代には完全に撤退するところさえあった。そして今、法律事務所の統合目的での合併件数が増加してきている。コンサルティング会社は、大手企業からコストの内訳、パートナーとアソシエイトの割合、請求予定などを提出するよう求められている。これによって、プロジェクトの利益を把握され削減されてしまうかもしれない。多くの企業は今、広告代理店の見直しを頻繁に厳しく行っており、広告代理店はクライアントとの関係を正当化しつづけなければならない。

こうした事例に限らず、厳しい競争や業界の成熟化の兆しは多方面におよぶ。M&Aアドバイザリーといった高度なサービスなら汎用化はしないかもしれない。しかし、我々が休暇をとる際、チケット販売価格を航空会社数社にインターネット上で入札させるように、サービスについても同じことができる日が来るのもそう遠くはないと思う。医者に対して一般的な外科手術について「入札」させたり、弁護士に相続対策で競争させたりするのを想像してみればいい。

3　クライアントが何を望み、こちらがどう振る舞うべきか、多くのプロフェッショナルが、ステレオタイプな考え方にとらわれている……次にあげるのは、プロフェッショナルから聞いた、典型的な発言である。

- 私の仕事は答えを提供することである。
- ある特定分野での専門性をできるかぎり高め、その分野で名前を売ることが大切だ。
- 見込みのあるクライアントに会う場合は、こちらの専門性を示す必要がある。結局、クライアントが買うのは専門性なのだから。
- 新しい業界や新しい業務機能を担当することになったら、基本的なことすら何も知らないことになる。ほとんど付加価値をつけられないので、クライアントは私のことなど受け入れないだろう。
- これはプロフェッショナルな、ビジネス上の関係だ。個人的な関係とは無関係。それに、私のロイヤルティは、組織の大きな目標に対してであって、クライアント個人に対するものではない。
- クライアントはこちらの弱みにつけこむかもしれない。自分の身は自分で守らねばならない。

こうした見解にも多少の理はある。だが不十分だ。逆に、長いあいだプロフェッショナルを使ってきたクライアントのコメントも見てみよう。

- 本当に優れたプロフェッショナルは、良い質問をしてくれる。解決策を提供してくれるのではなく、解決できるようにしてくれることが多い。
- 最高のビジネス・アドバイザーは、業界知識だけでなく、幅広い知識を有している。私が得たこれまでで最高の洞察には、他分野との類似性を示したプロフェッショナルたちからのものもある。

- 優れたプロフェッショナルは聞き上手だ。彼らは表面的な言葉ではなく、背後の意味に耳を傾ける。
- 先入観にとらわれず、自分の意図を押しつけない「正直なブローカー」を見つけるのは、かなり大変だ。やってくる誰もが何かを欲しがっている。
- 投資銀行家は、本当のアドバイザーにはなりえない。彼らは取引をうまくまとめることばかり考えている。
- コンサルタントは、いつも会議の終わりに「次のステップ」について三十分のプレゼンテーションをする。当然ながら、そのステップを実行するにはコンサルタントが不可欠となっている。私が本当に価値を感じるのはむしろ、我々の考えを前に進めてくれる会議だ。
- 我々の弁護士は、細かいことまですべて同じように重要視する。まあそれも大事だが、一歩引いて、我々が全体像を見られるよう手を貸してくれることはほとんどない。

つまり、多くのプロフェッショナルは、答えを出すことにとらわれ、自分は「専門家」だと認識し、優れた分析をし、専門特化することに励んでいるのだ。それに対して、クライアントは、プロフェッショナルが「適切な質問をし」、「深いだけでなく幅広い知識を提供し」、「分析のみならず大局的な考え方を示し」、「一方的に話すだけでなく、こちらの話にも耳を傾け」てくれることを望んでいるのだ。

ダートマス大学エイモスタック経営大学院の教授であるJ・ブライアン・クィンは、何人かのアメリカ大統領をはじめとする政治指導者やビジネスリーダーに対して、四十年近くアドバイスをしてきた。

彼は、ステレオタイプの問題について述べている。

「私はこれまで、問題を解決することが最重要事項だと信じていました。ところが、現実には、アドバイザーが提言するときには、そのほとんどはすでに実行に移されているのです。今では問題解決のプロセスのほうが解決策そのものよりも重要だと認識しています」

クライアントは、アドバイザーとして幅広い役目を果たせるプロフェッショナルを高く評価する。セオドア・ソレンセンはその著書『ケネディの遺産　未来を拓くために』で、ケネディは、就任のわずか数日前に、決断が必要な二五〇項目のリストを渡された、と書いている。このときケネディは、「なるほど、アイク〔第三十四代の大統領アイゼンハワーの愛称〕がシャーマン・アダムズ〔アイゼンハワー大統領の首席補佐官〕を必要としたわけだ!」と思わず口走ってしまった。一国の大統領であれ企業のトップであれ、どんな立場のクライアントでも、課題を俯瞰し、問題を解決し、より良く、より早い意思決定に手を貸してくれる者には感謝するものなのである。

エキスパートvsアドバイザー

本書のために我々がインタビューした多くのクライアントは、エキスパートとアドバイザーの違いを明確に語ってくれた。「アドバイザーの場合は、信頼が何よりも大事だ。単にエキスパートが必要な場合は、その人物を必ずしも信頼する必要はない」というのが典型的なコメントである。それどころか、我々の調査では、エキスパートとアドバイザーは、表1（次頁）のように多くの重要な点で異なっているとの示唆を得た。

つまり、アドバイザーは、クライアントへの振る舞い方がエキスパートとかなり異なり、クライアントと幅広く、奥深く、中身の濃い関係を築くということだ。両者の違いは、その技能と知識基盤によるもので、アドバイザーは、幅広く探究心旺盛に学ぼうとし、ものごとを大局的に捉えようとする。エキスパートも優れたアドバイザーも、深い専門性を持っており、キャリアを通じて継続的に深めていっている。だがアドバイザーは、他の領域の技量をも習得し、これにより専門性にレバレッジを効かせ、クライアントにとってきわめて有用な人間になる。態度からくる違いもあり、クライアントをコントロールするよりも、協働しようとするのである。

たとえば、エリック・シルバーマンは、ビジネスリーダーに法律問題に関する助言をしているが、それはビジネス全体を大局的に捉えたうえでの助言なのである。彼は、エキスパートから、信頼されるアドバイザーへと成長を遂げた人物である。ジョージタウン大学で法律の学位を取得したあと、一九八一年にニューヨークの大手法律事務所であるミルバンク・ツイード・ハドリ・アンド・マクロイに入所し、エネルギー関連のプロジェクト・ファイナンスに興味を

表1　エキスパートとアドバイザーの比較

エキスパート	アドバイザー
知識が深い	知識が深く、しかも幅広い
話す	聞く
答えを出す	良い質問をする
仕事上の信頼を築く	仕事上だけでなく、個人的な信頼関係をも築く
コントロールする	協働する
専門性を提供する	洞察を提供する
分析する	統合する

持った。彼は、事務所でこの分野を手がけているただ一人の弁護士を見つけだし、二人は少しずつこの分野のビジネスを立ち上げはじめた。

シルバーマンは、最初の数年、この大きなプロジェクト・ファイナンスに必要な契約書類を作ることに追われていた。だがこの分野で実際にやっているのは二人しかいなかったため、すぐにクライアントを持つようになった。彼は、このような数十億ドルにもなる、国際的なエネルギープロジェクトに固有の問題を積極的に研究した。シルバーマンや彼の事務所は、契約的な部分を担当するために依頼されるのであるが、彼の知識基盤はそれだけにとどまらなかった。この分野の企業そのもの、戦略、組織、エネルギー市場についてのエキスパートになった。

シルバーマンのクライアントは主として出納長、主任法律顧問やCFO（最高財務責任者）であるが、彼らは次第に幅広いビジネスに関する助言を求めて、シルバーマンを活用するようになった。他の弁護士たちは、クリアしなければいけない法律上の二〇〇項目といった障害ばかりを話したがる。シルバーマンが話すのは可能性や他の選択肢といったことで、制約についてではなかった。「私は言わば、こうした巨大プロジェクトの全体的なまとめ役のようなものです」とシルバーマンは謙遜して言う。「私は関係者を一致協力させようとします。そのために、いつもみんなの前に全体像を置きます。弁護士のなかには些細なことばかり気にする人がいますので」。現在、シルバーマンは、ミルバンクでグローバル・プロジェクト・ファイナンスグループのトップを務めている。十五人のパートナーと八十人のアソシエイトで構成される彼のグループは、この法律事務所の収入の四分の一を稼いでいる。

シルバーマンのケースと次のコメントを比較してほしい。これは大手経営コンサルティング会社のコンサルタントのコメントである。この人物が、約八年のコンサルティング経験があり、頭の切れる魅力的な人物であることを念頭に置いてもらいたい。

私の専門は製薬業界です。製薬会社でプロダクトマネジメントがどのように行われているかを的確に理解しています。世界中のどんな製薬会社とでも仕事ができます。そしてすぐにでもプロダクトマネジメントの運営について助言できます。基本的に、やり方は同じなのです。

この人物は会社にとってきわめて有益な、深い専門性を持っている。給料も高い。だが、現在の井戸——製薬企業でのプロダクトマネジメントという領域——をさらに深く掘り下げ、知識の幅を広げられなかったら、彼のキャリア、プロフェッショナルとしての満足感、さらに個人としての満足感は、いずれ干上がってしまうだろう。

逆境もまた予定のうち

誰しも、次から次へと成功してキャリアを上げようとやっきになるが、キャリアの質は、実際には苦闘や挫折の経験で高まっていく。ジェームズ・ケリーが経営する会社、MACグループは倒産寸前まで追い込まれながら、何度も生き延びてきた。ナンシー・ペレッツマンもエリック・シルバーマンも、自分たちのアイデアがクライアントの関心を引かない不毛の土地でさんざん苦労した。

本書に登場する歴史上の有名なアドバイザーの多くもまた、四苦八苦してきた。ジョージ・マーシャルは第二次世界大戦後のマーシャル・プランによって二十世紀の大物の一人となるが、士官学校への入学すらおぼつかないありさまだった。一九二〇年代、彼は、資金もなく見向きもされなかった陸軍の将来性のないポジションで、傷心の日々を送っていたのだ。また、ハリー・ホプキンスは、衰弱していく致命的な病気を患ったが、そんな不運からも力を引き出した。

苦難から学び、自身の成長を積極的にコントロールすることで、使命を達成できる統合的なプロフェッショナルへの道が開かれる。そうすればクライアントに対しても専門知識をはるかに超えたものを提供することになる。ナレッジワーカー＝雇われエキスパートから、知恵を働かせるウィズダムワーカー＝信頼されるアドバイザーへと進化できるのである。

再び職人と工場労働者の関係で考えてみよう。産業革命の時代に、職人が汎用品におとしめられ、その仕事がオートメーション化されたときでさえ、活躍しつづけたのは、職人のなかでも名人、つまり、単なる鉄や木材の加工技術ではなく、超越的な技能を持った名人だった。同じように、二十一世紀における優れたナレッジワーカーとは、単なる専門性を超越し、クライアントと協働し、相手をよく知るように努力しながら、クライアントに対して洞察を提供できる人たちである。

洞察×協働＝クライアントにとっての価値

信頼されるアドバイザーは、どのようにして価値を生み出すのだろうか。価値というのは複雑なコンセプトで、クライアントによってその意味は異なるし、クライアントがそのとき何を必要としているかによっても違う。一般的に価値とは、問題解決を通じて、クライアントの目標達成に貢献し、クライアント自身が満足すると同時に、あなたに対してプロフェッショナルとして満足できたとき、生み出される。

偉大と呼ばれる領域にまで到達したプロフェッショナルについてリーダーたちが語るとき、我々はあることに気づいた。リーダーたちが特に重視しているのは、得られる洞察の本質と、彼らとの関係性である。優れたアドバイザーになるための道筋は、まさにこの二軸で測定できるものなのである。専門性と情報だけを提供しているのか、それとも本物の洞察を提供できるか？ 作業や取引をするだけなのか、それとも、奥深く、長続きする、協働する関係を作れるのか？ 図1は、これら二軸を用いて、「はじめに」で説明したクライアントとの三つのステージを表現したものである。

誰でも最初は左下のボックスが出発点となる。取引ごとに仕事をする、雇われエキスパートだ（もっとも、さらに初期の段階ではエキスパートですらなく、雇ってもらうために専門知識を提供するだけだ）。クライアントとの関係が築きあげられるにつれて、いずれ安定したサプライヤーになるのが自然である。その関係をブレークスルーできるのは、安定したサプライヤーの役割を超えたときで、そうなれば信頼されるアドバイザーになる。このステージまでくると、いわゆる「クライアントの価値領域」に踏み込む。この領域に近づけば近づくほど、公私にわたる仕事のやりがいは高まり、クライアントとの関係もいっそう実りあるものになる。

「洞察」に関するクライアントの定義は幅広い。必ずしも斬新なアイデアやひらめきである必要はない。洞察力に優れたプロフェッショナルは、次のようなことすべて、あるいは一部を実行している。

- 長期的な課題や目先の問題について、まったく新しい視点をもたらす
- 最も重要な問題に集中するよう促す
- 課題に応じて、アイデアや解決策を提供する
- 上手に質問し、話を聞き出し、話し合いをすることで、クライアント自身が自らの力で解決策を見出すのを助ける

図1　クライアントの価値領域にいたる過程

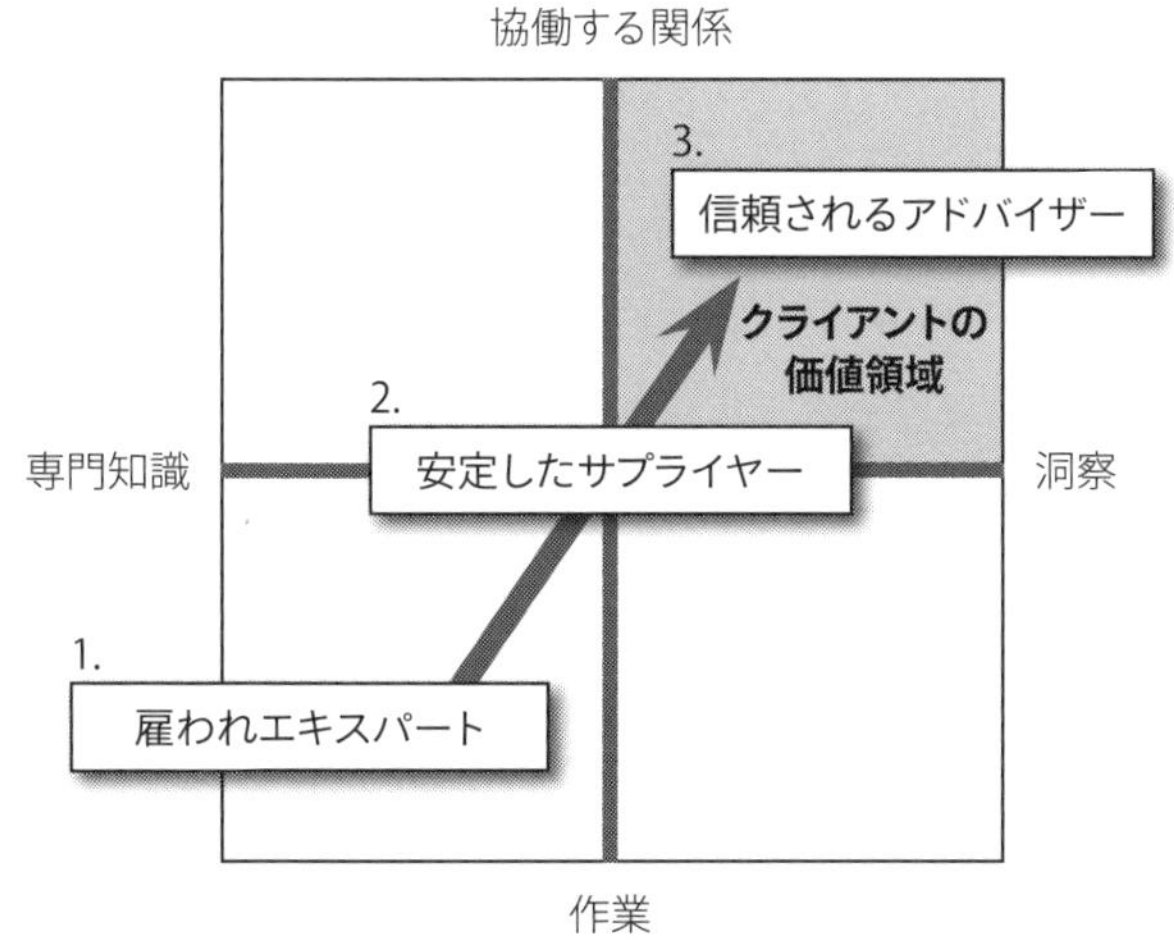

アドバイザーもまた、何らかの深い専門性を身につけていることが重要であることを忘れないようにしよう。自分の専門領域で、強く安定したプロフェッショナルな能力を見せることは、クライアントとの深い関係を築くためのきっかけでもあり、継続して必要とされるものだ。これを軽視してはならない。

クライアントが、信頼をおくアドバイザーとの関係を定義する場合に使うフレーズには、「信頼」「価値観の共有」「誠実さ」「相性」などがある。ゴルフやランチだけの間柄ではない。クライアントとの関係を通して、クライアントへの理解を深め、相手のニーズ、好み、習性について誰よりも詳しくなる。そうなれば、単なる情報やありふれた提案ではなく、洞察を提供する力が驚くほど増すのだ。これは、そのクライアントを奪おうとする競争相手のプロフェッショナルに対して強力な参入障壁となる。

関係を築くには時間がかかる。コックス・コミュニケーションズのＣＥＯであるジム・ロビンスのこんな言葉がある。「電話をかけてきて〈こんにちは、私はあなたのアドバイザーです〉などと言う者はいない。あり得ない！ 信頼を築きあげ、価値観を共有していかなければならない」。アドバイザーの側からも同じようなことが言われる。伝統あるイギリスの投資銀行で会長を務めたある人物が、こう話してくれた。「アドバイザーとしてのコツのひとつは、助言しようとする相手と仲良くなることだ。さもないと締め出しを食う」[6]

クライアントと協働すると、自分自身の専門性も高められることになる。単に情報や知識を伝えるといった一方通行ではなく、クライアントと協働して解決策を生み出すのだ。こちらの知識や経験と、クライアントの知識や経験が化学反応を起こす。それは建設的で創造的なやり方である。最終的に、クライアントとの関係が深まれば深まるほど、より深い洞察を提示することができ、それが自分の価値をいっそう高めることになる。

七つの特質

クライアントとの関係にブレークスルーをもたらすには、七つの重要な「特質」が必要である。この特質を適切に融合させれば、洞察を深め、奥の深い、信頼感のある関係ができあがる。これらは、生まれながらの才能と獲得したスキルと本人の姿勢とを混ぜ合わせたもので、どれをどれだけと正確に決めることに意味はない。一般的な言葉である「特質」を使ってそれを表しているのはこのためだ。たとえば「共感」は、若いうちに発達するもの（つまり「素質」）であるのは確かだが、それでも成長してからも共感力を高められることはわかっている。持って生まれた能力は確かに重要だが、懸命に努力しつつ変化を素直に受け入れられれば、生来の特質も高められる。これは、我々が調査した多くの優れたプロフェッショナルの経験に裏づけされた説である。

アドバイザーとしての関係を構築していくにつれ、これらの特質が高められ、作用しはじめるのは、自然で論理的なことである。クライアントにサービスを提供しようとするプロフェッショナルにとって、欠かせない基本的な特質は、「無私と自立」と「共感力」である。優れたアドバイザーは、経済的にも、知性的にも、精神的にも、完全に自立しているという姿勢を示す。だが、この自立することと無私とのバランスをとっている。彼らは、ひたむきで、忠実で、自分の問題ではなく、クライアントの重要課題に注力する。クライアントのニーズや問題に対応する一方で、常に客観性と誠実さを維持する。この無私と自立こそ、クライアントと顧客とを明確に隔てるものだ。

二つ目の特質である「共感力」は、学びへの入り口である。共感することで、クライアントの考え方や感情がわかるようになり、クライアントのやっていることを理解する能力を高める。本当の問題が何なのかを見極められるようになり、それがクライアントと共に学ぶ関係を支えるようになる。英国王室の診断医として有名な、医師のマイケル・ゴームレイは、この状況を示すのに医学的な比喩を用いて語っている。「患者を細切れにして、その一つひとつを顕微鏡で調べることなどできない。患者の毎日の生活について、その全体像を把握しなければならない」

次の三つの特質は、思考力と判断力に関係するものだ。長期にわたるプロフェッショナルとしての関係を育てるには、それだけ価値のあるものを伝えなければならない。学ぶことへの情熱は、プロフェッショナルの基礎である専門知識に磨きをかけ、継続的に知識の幅を広げることによって「ディープ・ジェネラリスト」への道を開く。「統合力」は、大局的にものを見る能力のことであり、大量のデータや情報から固有のテーマやパターンを引き出す能力のことである。また批判的な思考法や問題解決力といったスキルも含まれる。ビジネスのアドバイザーと、主に分析に頼り、狭い範囲の問題を扱うエキスパートとを区別するのも、この統合力である。いつもではないが、これまで得た情報と統合力をすべて活用して生まれる成果として、プロジェクトの会議やアドバイスの際に、しばしば示されるのが「判断力」である。

「信念」と「誠実さ」は、我々が調査した、群を抜いて優秀なプロフェッショナル全員に共通するきわめて重要な特質である。内容の信憑性が証明されれば、信頼は自然と生まれる。クライアントの信頼の深さは、クライアントがこちらの特質をどう評価するかによって決まるだろう。

アドバイザーが本格的に意見や提案、また判断を提供するにつれて、信念が働くようになる。だが信念は、何もないところから生まれてくるわけではない。信念の根底には、説得力があって明確な、個人的信条と価値観がある。適切に働かせれば、プロフェッショナル自身にもクライアントにもやる気を出させ、活気づけるのに絶大な力を発揮する。

誠実さは、信頼感を築くスキルや行動につながる。この信頼感がなければ、クライアントと協働できる関係にはなれないだろう。クライアントからは常に距離を置かれ、ただのサプライヤーとしてしか扱われないだろう。

むろん、プロフェッショナルにとって必要な特質はそれ以外にもある。やる気、楽観主義、粘り強さ、決断力や分析力などだ。だが、特に七つに絞ったのは、これらが本当に突出しており、プロフェッショナルとしての有能さに違いを与えるからだ。専門性を超えて、幅広いアドバイザーになることができる。これらは、洞察をさらに深め、クライアントに対して着実に価値創造をもたらす関係を育てる。優れたアドバイザーが直感的に培っているものでもある。要するに、クライアントの揺るぎないロイヤルティをほしいままにする、卓越したプロフェッショナルになりたければ、特にこの七つの特質を培い、強化する必要があるのだ。

総合力のあるプロフェッショナルになること

これらの特質は基本となるもので、相互に作用しあいながら全体を形作り、単なる足し算よりも大きなものになる。くだけた言い方をすれば、これらの特質をうまく一体化できた者を「年季の入ったプロフェッショナル」または「実務に長けている人」と呼べるだろう。クライアント・アドバイザーとして成功を収めたジェームズ・ケリーは、三十八年の経験を引き合いに出して、特質が一体化した結果どうなるか、またその有益性について率直に語っている。

私は、どんなに学習しても、すべてを知り得ることはできないと悟った。学習することで、人間を熱心に観察するようになった。物事が、決して第一印象のとおりでないことは知っている。ときには自分が間違っていることを受け入れる。自分は頭がいいなどとうぬぼれたり、図々しくも自分が正しいと考えたりすると、その代償を払うことになる。私のまわりにはエキスパートがいる、といつも感じる。彼らは私が呼びかけると、どこからともなく集まる人材だ。自分のエゴを脱却し、リラックスし、観察者に徹すれば、さまざまな経験をし、次々とアイデアが湧いてくる。私はクライアントのために働いているが、それでもクライアントからは独立した存在だと思っている。私が仕事をするのは、お金を払ってもらうからではない。クライアントに手を貸したいと思うからだ。クライアントが学び、高い目標を達成するのに手を貸したいからだ。こうした状態にあれば、アイデアや解決策は無尽蔵だ。

先週もこんなことがあった。トップ経営者向けの三日間のカンファレンスで、私は最後の講演者だった。若いときなら、数日前からスピーチを準備していただろう。それも決まりきった内容の。今回、私は最初の二日間は聞き手に徹し、参加者をじっくり観察した。スピーチや話し合いのなかで示された多様なアイデアにも進んで耳を傾けた。なかには気に入らないアイデアもあったが。三日目の朝、早く起き、ペンと紙を取り出した。話すべきテーマが自然に湧いてきた。自分が何を話すべきか、カンファレンスの集大成になるべきものが、たちどころにはっきりしてきたのだ。

こうした特長の一つひとつは、基本的なものであって、特別なことでも何でもない。しかし現実には、ほとんどのプロフェッショナルが実行していないか、積極的に身につけようとしていない。あるいは、すでに自分はそんなものをマスターしていると勘違いしている。クライアントに「洞察」として通用すると思っているものは、ただの専門知識にすぎないことが多い。今年は洞察として通用しても、その賞味期限は短く、たちまち単なる専門知識に成り果ててしまうことを忘れている。たとえば、債券引き受け業務やリエンジニアリング関連のコンサルタントなども、かつては付加価値のあるサービスだったが、今では事実上の汎用品だ。

著名な学者であり戦略家、そして最高の経営アドバイザーである、C・K・プラハラードが教えてくれた。「いつもいきいきとしたアドバイザーでいるためには、継続的に新しい分野や、なじみのない領域に自分を向かわせねばなりません。自分の安心領域から出なければなりません」。安心領域から抜け出せば、自分の領域はさらに広がり、クライアントに対する多様性と有益性を高められることになるだろう。

クライアント・アドバイザーとして成功する人の特長

□ クライアントが、こちらの専門分野に直接関わる問題についても、また、関係する周辺分野についても頻繁にアドバイスを求めてくる。

□ クライアントとの関係は長期的なものが多い。クライアントの大半が、他のクライアントに進んで推薦してくれる。

□ クラインアントとは、仕事上でも、またプライベートでも、互いに強い信頼関係で結ばれている。

□ クライアントとは広範囲にわたって協働し、提供するサービスや製品を明確にして、それがクライアントのニーズに合うよう心がけている。

□ 特に頼まれていないアイデアや提案についても、頻繁にクライアントにコンタクトしている。

□ クライアントは、こちらが常に料金以上の価値を提供していると信じている。同じサービスを安い価格で受けられるとしても、目移りすることはめったにない。

第2章

無私と自立

特質❶

献身的でありながら中立性を保つ

プロフェッショナルなアドバイザーは、人に左右されないだけの富を蓄えているのが理想である。そうすれば、客観的で、独立した立場を保ち、自分の利益を主張する必要もなくなるだろう。

――チャック・リリス（メディアワン　CEO）

死刑を宣告されたその囚人は、午前五時に看守に起こされ、こう言われた。「おまえは、絞首刑ではなく、斬首のあと、引き回しのうえ、八つ裂きにされる」。ロンドン塔の高みにある独房は真っ暗だった。一週間前に彼の著書や論文が没収されたときに、彼は独房の狭い窓を布切れで覆ったのだ。最期の数日を、祈りと瞑想に捧げた。

痩せて髭づらの髪の長いこの男が断頭台に送られる様子が一番よく見える場所を確保しようと、たくさんの群衆が塔の外に詰めかけていた。「私のために祈ってくれ。私は天国でみなのために祈る」。男は群衆にそう言った。そして、死刑執行人が斧を振りあげると、一撃のもとに男の首を切り落とした。

こうしてトマス・モアの命は尽きた。モアは、かつて英国の大法官であり、ヘンリー八世の主席補佐官であり、その時代の最も優れた法律家だった。王に次ぐ地位まで昇りつめたモアは、ヘンリー八世とその妻キャサリンとの離婚の承認を拒否し、カトリック教会への反目を認めなかったため、国王の寵愛を失った。モアは、自身の信仰心や大義に反する国王のこうした行為に嫌悪感を覚えた。クライアントに対して献身的ではあったが、アドバイザーとしての中立性を、命がけで遵守したのである。

トマス・モアは一四七八年にロンドンの中心部で生まれた。法律家として教育を受け、英国の法曹界の階層を着実に昇っていき、一五一五年に、財産や称号に関する法的な争いを解決する枢密院議員に任命された。わいろにも惑わされず、他の役人の上に立つという誘惑にも屈しなかった。優れた洞察力、英知に富むソロモン王のような判断力、そして非難されるべきものが一切ない高潔さを持つモアの評判が、何よりもアドバイザーを探していたヘンリー八世の目を引いたことは間違いない。

モアが生まれつき鋭い頭脳に恵まれていたことに疑いの余地はないものの、さらに二つの重要な特性も備えていた。彼はこれを意識的に高め、ただの優れた法律家だけでは終わらなかった。一つ目は、不変の信仰である。モアは神への信仰が厚く、カトリック教会の教義を堅く信じ、実際に聖書に書かれているような美徳を実践した。二十代のはじめには四年間、ロンドン中央部にあるカルトゥジオ会修道院に寄宿生として住んでいて、慈善活動には惜しみなく寄付した。大法官になったあとも、地元チェルシーの小さな教会に必ず出席し、聖歌隊の一員として歌い、ミサが終わるまで国王ヘンリーを待たせたことも何度かあった。

モアが神に次いで生涯を捧げた二つ目の大きな愛は、学ぶことだった。彼はよく「明日死ぬかのように生き、永遠に生きるかのように学問せよ」と言った。[1] ギリシャ語、ラテン語、フランス語に通じたモアは、読書や学問を欠かさず、知識を増やしていった。四人の娘たちには、チェルシーにある邸宅に学校を作り、優秀な教師たちを呼んで、自らカリキュラムを作成した。当時、正規の教育を受けられる女性はほとんどいなかった。モアは、「女性の教育を真剣に考えた最初のイギリス人であり、女性が男性よりも知性や学問において劣っているとは少しも考えない人」だったのである。[2]

モアの失脚が始まったのは、彼のクライアントであるヘンリー八世が、アン・ブリンに目をつけたときだった。アラゴン王の娘キャサリンとの十八年にわたる結婚生活で、跡継ぎの男子に恵まれなかったヘンリーは、離婚を決意していた。教皇が難色を示していることが判明したとき、ヘンリーは、カトリック教会の権威を弱体化させる、一連の議会立法を公布した。宗教上でも国王の優位を確立しようとしたのである。

まず、大法官であるウルジー枢機卿を解任し、代わりにトマス・モアを任命した。この地位に聖職者でない者が就くのは一〇〇年ぶりだった。この行為が現代のアドバイザー業務と類似しているのは驚くべきことである。企業のCEOがプロフェッショナル・アドバイザー（たとえば会計士やコンサルタントなど）をクビにして、自分の言いなりになる人間を雇うように、ヘンリーはウルジーとモアを交替させた。ウルジーはヘンリーに協力的だったが、彼はカトリックの高位聖職者だったため、教皇との対立がこれ以上激しくなれば、同調するのをためらうのでは、と考えたのだろう。

だが、なぜヘンリーはモアを選んだのだろう。モアが他人に流されない性格だと知っていたはずなのに。また、なぜモアは、王が離婚を正式に認めるようにプレッシャーをかけてくるのを知っていたのに受けたのだろう。

モアは十年以上もヘンリーの側近だった。ヘンリーはモアを信頼し、いずれは自分の考えをわかってもらえると考えていた。一方のモアにすれば、大法官への昇進を断れるはずもなかった。十六世紀のイギリスで、国王がその国の最高位の仕事を提示しているのに、「いいえ、けっこうです」などと言えはしまい。しかも、モアは、国王に仕えることは、神から授かった義務だと信じていた。意地を張りあってヘンリーと一戦交えることになるのは百も承知していたはずだ。おそらくは、ヘンリーの強い宗教的な信念にアピールすることで説得できると考えたのだろう。

ヘンリーが、イギリスにおける教会の権威を損なう法案を通過させるようになると、大法官となって三年経ったモアは、その地位を辞任した。その後、三つの反逆的行為によって国王を激怒させた。一つ目は、ヘンリーの新しい女王、アン・ブリンの即位式に出席しなかったこと。二つ目は、キャサリンとの離婚を正当化する論文の執筆を拒否したこと。三つ目は、「王位継承法〔アン・ブリンとの結婚を正当化し、その嫡子だけが正式な王位継承者と認めるもの〕への宣誓」を拒否したことだ。ここにおいてモアは反逆罪に問われ、監禁された。だが、モアは王に逆らうような発言は一度もしていない。むしろ、王の神への信仰とカトリック教義への遵守を弁護する意見を述べたくらいだ。

人との関係の基礎を築く

優れたプロフェッショナルは、クライアントとの関係で、献身と独立性とのバランスをうまくとっている。いわば「無私と自立」を発揮しているのだ。これは、クライアントから信頼されるアドバイザーを目指す者にとっては、欠かせない特質である。無私と自立がなければ、アドバイザーとしての実体を欠くことになり、単なる雇われエキスパートにすぎなくなる。無私と自立を持っていれば、クライアントからロイヤルティと尊敬の両方を得ることができる。

トマス・モアは、無私と自立の勇気ある一例である。彼は国王ヘンリーに身も心も捧げつくしたが、それでも決して手をつけようとしないことがあった。それは、かつては別のものと定められていた教会と国家の権力を、ヘンリーが掌握するのを容認することだった。クライアントに対するモアの献身ぶりとその私心のなさは、多くの側面に体現されている。モアは、自分の仕事は、できるかぎり国王に仕えることだと信じていた。彼が心を砕いたのは国王の政治課題であって自分のそれではなく、一切自分を表に出さなかった。その一方でモアの主体性は、深い信念と価値観に根ざしていた。この信念のあり方は、法律家としてのキャリアで大きな富を築いたことと結びつき、クライアントに縛られない知性、感情、経済力をモアに与えた。こうした要因がすべて強い自信を燃え立たせ、国王と一線を画す姿勢がとれたのである。

ありがたいことに、現代のプロフェッショナルは、クライアントの意に沿わなかったからといって断頭台に登る必要はない。もっとも、短期的には経済的な損失や一時的なキャリアの挫折を味わう覚悟はしなければならないだろう。

クライアントは、プロフェッショナルが自分たちの目的に貢献してくれることに高い価値を置く。経営トップが口にする最も多い不満は、雇っているプロフェッショナルが、彼らの目標やニーズにばかり目を向けすぎる、というものだった。その代表的なコメントが次のようなものである。「プロフェッショナルと話し合いを始めると、彼らの関心事、彼らのための解決策ばかりが目立つ。自分たちにばかり目がいって、こちらの問題にきちんと対応できない」。また別のクライアントは「組織のなかで地位が上がっていくと、こちらの幅広い課題を何よりも重視し、心からこちらに関心を持ってくれるプロフェッショナル・アドバイザーを見つけるのは難しい。孤立がますます深まることになる。なぜなら、いっしょに取り組む誰もが一つの課題しか見ないからだ。彼らの野心が邪魔になる」

無私と対をなすのが、自立である。あるクライアントがこう語る。「私は活用するアドバイザーを二つのグループに分けている。私の言うことを何でも聞くアドバイザーと、自立したアドバイザーに」。

無私であっても、自立していないのは、ただへつらっているだけだ。クライアントが求めることは何でも喜んでやり、クライアントの言うことにいちいち賛成する。優れたアドバイザーは、クライアントが成功するよう、できるかぎりのことをするが、言うべきことははっきり言い、信念を曲げたりはしない。どうやってけじめをつけるかを知っているのだ。

多くのクライアントが、客観的なアドバイスや情報源を見つけるのが難しくなっていると感じているし、それには相応の理由があることが多い。銀行や証券会社のアナリストの推奨銘柄を考えてみればいい。ファンドマネジャーや個人投資家は、銘柄選定のガイド役として、これまでは証券アナリストの徹底した調査と助言に頼ってきた。一九八三年には、「買い」の推奨銘柄が二四・五％、「売り」の推奨銘柄が二六・八％だった。今日ではしかし、すべてのアナリストの「売り」推奨はわずか一・四％である。[3] 残念ながら、売り推奨しないようにという、アナリストへのプレッシャーはとてつもなく大きい。所属する証券会社がそもそも、その会社の引き受けをしている場合や、投資銀行としてクライアントと取引している場合は、その銘柄について好意的なレポートを書くようにとの内部のプレッシャーがある。アナリスト自身のクライアントがプレッシャーをかけることもある。アナリストがある企業について否定的なことを書けば、その企業の経営幹部を激怒させるリスクを負い、それとなく締め出されたり、重要な情報をもらえなくなったりする可能性がある。しかし、独立性が保たれなければ、アドバイスの信用も落ち、結局は、クライアントもプロフェッショナルも不快な思いをすることになる。

この問題は銀行や証券業界だけの特殊なものではない。アドバイスの公平さを保つため、連邦規則は、プロフェッショナル業務について多くの側面から規制している。たとえば、会計士は監査する当の企業と密接な関係を持つことができないし、医者は、経済的な利害関係のある臨床試験の研究所を、患者に推薦することを制限されている。個々のプロフェッショナルにとって最善の道が自己規制であるのは言うまでもない。プロフェッショナルは、揺らぐことのない独立性と公平さを持っているという評判を構築する必要がある。

ハーバード・ロースクールの教授であるアラン・ダーショウィッツは、クラウス・フォン・ビューロー［イギリスの法律家で、妻をインシュリンの過剰投与により殺害した罪に問われ、ダーショウィッツによって無罪を獲得した］やマイク・タイソンといった著名人の弁護人を何度も務めた、クライアントに手厳しい弁護士である。彼はまた、独立性については非常に明確な哲学を持っており、互いに立場が同格であるとの認識を、クライアントが持つ必要があると考えている。彼は単刀直入に話す。

「近ごろでは、クライアントから真に独立しているプロフェッショナルにはめったにお目にかかれない。私の興味はその訴訟に勝つことで、クライアントを守ることではない。アドバイザーのなかには、クライアントに寄り添って、クライアントが聞きたいことしか言わない者もいるが、私はそんなことはしない。たとえば、レオナ・ヘルムズリーにはこう言った。従業員につらく当たったり、ひどいことをしたりすれば、従業員はますます敵対するだけだと。彼女は私をクビにしたよ」（ヘルムズリーは有名なホテル王で、従業員に厳しいことで悪名をはせ、脱税やその他の罪で収監された）。さらに言う。「多くの弁護士はまた、クライアントと金銭的な結びつきがある。私も以前、著名な投資家をクライアントにしていたことがある。他のアドバイザーはみな彼に投資についての情報を求めた。私ならクライアントからそのようなアドバイスなどもらわない。そんなことをしたら骨抜きにされてしまう」

自立——尊敬の源

政治といえば、裏で取引したり、本心を隠したりするのが相場だが、政治の舞台にも絶対的な信念を持ったリーダーの名前が浮上することがある。このようなリーダーは、他の誰をもしのぐ存在だ。思い浮かぶのは、北アイルランドの和平合意をとりまとめたジョージ・ミッチェル上院議員（民主党）や、アメリカの健全財政の確立を早くから唱えたリーダーの一人であるウォレン・ラドマン上院議員（共和党）といった人物。湾岸戦争当時に統合参謀本部長を務めたコリン・パウエルの名前も想起される。政治的な立場はともかく、我々がこうした人物を尊敬するのは、彼らが決して他人に影響されなかったからだ。報酬をもらって裁判で証言した者のように、お金で自分たちの意見を売りはしなかったからだ。こうした人々の名前は、公平、誠実、平静、そして何より自立といったイメージを呼び覚ます。

自分の信念を貫き、何を本当に信じるかを伝えるプロフェッショナルに対しては、多くのクライアントも同じような尊敬の念を抱く。企業幹部は、組織内部から率直な意見が得られないことがときどきある。スタッフは自分たちの仕事や生活に大きな影響を与える問題について客観的になれない可能性があるからだ。客観的な視点と知的な誠実さは、あなたの評判を上げ、真のプロフェッショナルとみなされるだろう。クライアントの目から見れば、かけがえのないものである。ある企業の役員がこんなふうに言っている。「私が本当に評価するプロフェッショナルは、考えを率直に言ってくれて、でたらめが一切ない者だ。このような誠実さは実に貴重だ」

誰もがそのような誠実さを求めているのだろうか？　大手プロフェッショナル・サービス企業のマネージング・パートナーは、こう言っていた。「役員は誰でも率直な話を歓迎するとは言うが、実際に歓迎するのは半数くらいのものだ。残りの半数は腹を立てたり、身構えたりする」。プロフェッショナルにとってはここが肝心である。クライアントが本来持っている保身の気持ちと、誠実さや率直さの必要性をいかにうまく調和させるか。悪いニュースや批判に対してきわめてオープンなクライアントもいれば、ネガティブなものには一切耳を貸さないクライアントもいる（クライアントが悪いニュースを受け入れられる条件については、第9章で掘り下げる）。常に無遠慮で率直、そして手心を加えないアドバイザーもいないわけではない。彼らは、自分の意見を提示して、クライアントに選択の余地を与える傾向にあるが、クライアントを説得するくらいなら、その仕事から手を引いてしまうことが多い。自分たちのやり方を気に入ってくれるクライアントとは良好な関係を築くが、それ以外のクライアントとはうまくいかないのだ。

だが嫌気を起こしてしまっては、チャンスを失ってしまう。アドバイザーたるものは、クライアントを説得するという姿勢で臨むべきである。それには長い時間がかかることもある。全面否定するのではなく、働きかけによって、積極的に変化を促すことが必要だ。

イギリスの巨大化学企業ＩＣＩのジョン・ハーベイ・ジョーンズ卿は、ＣＥＯを引退すると、多数のヨーロッパ企業トップのコンサルタントになった。彼は押しの強い、経営の第一人者といった人物である。愛嬌はあるが歯に衣を着せない彼のスタイルにほれこんだＢＢＣは、『トラブルシューター』というシリーズ番組を制作した。ジョーンズ卿のコンサルタントとしての経験を基にした番組で、それぞれのエピソードには共通するパターンがあった。ジョーンズ卿は、経営者としての並外れた直感によって、クライアントの戦略的方向に重大な欠陥があることをすぐに突き止める。彼は、毎回クライアントに「そんなことではだめだ。自分の会社のこともわからないのか」と叱りとばす。それでも時間とともに、彼の言葉の真意がわかるにつれて、クライアントの多くは少しずつ軟化していく。IBMに準拠しないPCメーカーとして成功していたアプリコット・コンピューターズ社に対し、コンピュータの製造から手を引き、ソフトウェアとサービスに徹するように話したとき、相手は怒りと冷淡な不信感を示した。「彼らは不可能なことをやろうとしている」とジョーンズ卿は番組の視聴者に訴えた。アプリコット社は、最初は抵抗したが、結局ハードウェア部門を売却し、やがて数年ぶりに黒字を出すまでになった。人はゆっくりとしか変わらない。

怒りと保身は、耳の痛い話に対する典型的な反応である。言われたことをさんざん考えた揚げ句、ついにはこちらの見解を受け入れるかもしれない。いずれにしても、客観的で率直であることがアドバイザーとしての責任である。反応が芳しくなくても、やるべきことはやる。最終的には、自分たちと同じ見解にしか興味を示さないクライアントとは仕事をしないという選択肢もあっていい。

自立の三つの側面

優れたプロフェッショナルが発揮する自立には、三つの側面がある。

知的自立……多くのプロフェッショナルは、自分が雇われた理由が、独自の観点を提供することにあるのを忘れる。クライアントとの関係がどの段階にあっても、その支えになりたいと思うものであり、その思いが、知的な誠実さを危うくすることがある。付き合いがまだ浅いうちは、相反する意見ばかり述べると警戒させてしまうのではと考えるかもしれない。また、長期的な関係の場合は、個人的な友情がかえって足かせになる可能性もある。優れたアドバイザーは、常に、自分の見解を伝える最適な方法を知っている。しかし、これは「言うは易く、行うは難し」である。悪いニュースに潔く耳を傾けず、悪いことはすべて相手のせいにするクライアントもいるからだ。

精神的自立……プロフェッショナルなら誰でも、クライアントを相手に仕事をするには、感情のコントロールが必要になるとわかっている。クライアントやその組織が「もう限界だ」と言っているときに、冷静沈着な態度をとるのは難しい。さらには、生活の向上や昇進の可能性は仕事のでき次第であるため、クライアントが示すちょっとした気分の違いにも注意を払うだろう。

あるクライアントはアドバイザーの役割について、「プロフェッショナルというのは実に難しい仕事だ。感情的になっているクライアントを相手にしているときでも、常に冷静さと分別を持たねばならない。つかず離れずという関係を保たねばならないのだ」と言う。本当に力のあるプロフェッショナルは、相手がクライアントであろうと、他人の意見に左右されない自尊心と自信をかなり発達させている。ただし勘違いして、聞くことと対応することをおろそかにしてはいけない。

● **経済的自立**……アドバイザーは経済的な自立という考え方を養うべきである。最高のアドバイザーなら報酬も高いものだ。しかし、報酬など受け取っていないような、お金など必要ないような態度をとることだ。経済的に貧窮していると感じれば、知的な自立や精神的な自立に影響をおよぼし、負け犬になってしまう。あるアドバイザーがこう言った。

「もの欲しそうに振る舞うな。そんなことをすると、みんなが立ち止まって蹴飛ばしたくなる」

前ハーバード・ビジネス・スクール教授でコンサルタントのディック・ヴァンシルがよく言っていた。

「私の場合、お付き合いしたいと思う人は、普通の人ほど多くはなかった」

ヴァンシルは決して自慢しているわけではない。彼はプロフェッショナルなアドバイザーには自立が重要だと心底信じている。だから、クライアントが彼の誠実さを踏みにじろうとしていると感じたら、その仕事は決して引き受けない。

むろん、完全に自立したプロフェッショナルを好まないクライアントもいる。イギリスのメディアの大物であったロバート・マックスウェルは、アドバイザーを自分の思いどおりにすることで悪名高かった。ある評判の高い企業のＣＥＯであるキートン卿は、マックスウェルに何を助言したのかを尋ねられてこう答えた。

「マックスウェルに助言したいなら、そして彼からの尊敬を勝ち取りたいなら、金を受け取らないことだ。彼から支払いを受けたら、その時点で彼はこちらを所有物と考える」

「ノー」と言うことの重要性

自立した状態を保つには、短期的に経済面やキャリア面を犠牲にする必要がある。最高のクライアント・アドバイザーにアンドレア・デ・コルノキーがいる。彼女は、ヘッドハンティング会社のスペンサー・スチュアートで、金融部門を担当する共同責任者である。この会社は、クライアントと長期的で深い関係を築く企業として有名である。デ・コルノキーは言う。

「仕事に就いて間もないころは、ゴールドマン・サックスで投資銀行業務をしていました。そこで私は重要なことを学んだのです。自分の誠実さを維持するうえで最良の方法は、付き合いのあるクライアントも誠実であるかどうかを見極めることです。ゴールドマン・サックスでは、マネージングパートナーに至るまで、ビジネスの相手の性格にかなり気を使いました」

多くの優れたプロフェッショナルと同じように、デ・コルノキーも独立性を保つため、仕事を断ることもある。彼女は言う。

「こちらが真実だとわかっているものに基づいてアドバイスや方向性を与えるべきで、クライアントの意向に左右されるべきではありません。さもなければクライアントに価値を提供できません。あるポジションに関心を持った候補者に、クライアントがまったく非現実的な期待を抱くことがあります。一方で、人的資源というものに価値を見出していないこともあります。こういったケースは、いずれもお断りします。目先のことを考えれば、困るのはいつものことです。でも私は、毎日、自分が恥ずかしくないように、自らの行動に満足できるような仕事をしています。それに、時間が経てば、失ったものを取り戻せます。自分がプロフェッショナルとしての腕を磨けば、クライアントにとっても実り多いものになるからです」

無私を貫く——クライアントに集中する

自立は、無私を貫く態度によってバランスを保たなければならない。無私を貫くといっても、それはクライアントに服従することや、提供するサービスに殉教することではない。クライアントに従うだけでは双方にとってマイナスになるだけだ。無私を貫くとはむしろ考え方であり、誠実さを保ちながらも、クライアントに仕えることに集中し、クライアントのニーズを満たすことだ。この考え方をすべての業務で活かすべきだ。会議では、相手の身になって話を聞き、効果的にこちらの態度を示し、相手の要望には素早く対応する。また、提案書を作成するときは、自身の売上ノルマではなく、クライアントの課題をきちんと反映することである。

無私を貫くとは次のようなことである。

自分のではなく、クライアントの課題を中心にする……会議に入ったら、自分のニーズではなく、クライアントのニーズについて考えるべきである。つまり、自分がどれだけ売上を達成するかではなく、クライアントがその目標を達成するにはどうすればいいかを考えることだ。

クライアントのニーズに応え、それを満たし、支援するために自分がいることを理解する……基本的にそうした考えを持てないなら、この業界には向いていない。クライアントやクライアントが直面している問題には心から関心を持つべきだ。

クライアントとは、快く五分五分の関係を保つか、コントロールを放棄すること……エキスパートはコントロールしたがるものであり、アドバイザーは五分五分の関係を保てるものだということを頭に入れておこう。クライアントにはそれぞれ好みのペース、スタイル、アプローチがある。とはいっても、限度があることは言うまでもない。クライアントが、無理に短い時間で業務を完了させるよう望む場合もある。計画したのがクライアントだとしたら、契約を断る必要があるかもしれない。

アドバイザーの責任は、適切な質問をすることだと確信する。正しい答えは、ほとんどクライアントが持っている……プロフェッショナルの存在意義は、絶えず答えを提供することだと信じている者が多すぎる。ピカソが話したコンピュータに関するジョークが頭に浮かぶ。「コンピュータなんて役立たずだ。答えをくれるだけじゃないか」。具体的な解決策やアイデアを提供することで付加価値を与えることもあるが、多くの場合は、クライアントが自ら答えを見つけるのに手を貸すべきなのだ。

クライアントを尊重する……ある大手コンサルティング企業のパートナーがジャーナリストに言った。「クライアントから学ぶことなど何もない。我々同士で学ぶだけだ」。思いあがりも、はなはだしい。クライアントを愚かで無知だと決めつけた横柄な態度だ。

控えめであること……ここで言いたいのは、きわめて単純なことだ。クライアントに対して何をしたかを定期的に知らせるのは重要なことだが、手柄はあくまでクライアントのものだ。最高のアドバイザーは、気づかれないようにそっと後ろに下がり、クライアントが拍手喝采を浴びられるようにする。自分の手柄を公にしないほうが、クライアントはひそかに称賛してくれる。

クライアントのニーズを、ありのままいっさい歪曲せずに理解する能力……セラピストとしてキャリアを積もうと思ったら、自分自身の神経症や心理的な問題を確認し、それと縁を切る。深く根づいた感情に気づかないと、患者の治療に影響を与え、患者の病状を誤って診断するリスクがあるからだ。同じように、真剣なプロのアドバイザーは、個人的な目的やニーズを棚上げにしてクライアントの問題に集中しなければならない。ベイン・アンド・カンパニーのCEOであるオリット・ガディシュは、それを簡潔に表現している。「すべてはクライアントのためであって、アドバイザーのためではない」

アドバイザーの原型

無私と自立の見本ともいうべきは、謎に満ちた伝説的な人物、アーサー王の相談役であったマーリンである。マーリンを実在の人物と信じる歴史学者もいるが、彼が一人の人間なのか、何人かの人物が合成されたものか、単に民間伝承の類なのかは明らかではない。いずれにしても、マーリンは我々の文化における、賢くて献身的、完璧に主体性を持ったアドバイザーの原型となっている（マーリンをモデルにした書籍、映画、関連商品などは数限りない。たとえば、映画『スターウォーズ』は、マーリンのキャラクターをジェダイの騎士オビ＝ワン・ケノービとして使用している）。

マーリンは、アーサー王に一身を捧げたが、一方で、自分の主体性を確保するために、その関係に距離を置いていた。アーサーが戦いに手こずれば、マーリンの象徴である赤い竜の化身が必ず戦場にやって来る。そばに自分が来たことを知らせているのだ。だが戦闘が終わると、手柄をすべてアーサーに残して、森のなかに姿を消す。マーリンはアーサーの城ではなく、ウェールズ沿岸にある自分だけの要塞に住んでいた。しかも決してアーサーから報酬をもらわなかった（と思われる）。王室のクライアント（何人かクライアントがいた）に貢献すると同時に、ウェールズと北イングランドをサクソン人の侵略から守ろうと固く決意し、考えつくあらゆる手を尽くした。つまり、彼には強い信念があり、それが彼の主体性を支え、他の誰に対する忠誠よりも上回っていた。

無私と自立を高める

プロフェッショナルが無私と自立を高めるために重要なことは、一つは、自分自身の信念、価値観を育て、それを明確にしておくことだ。そのプロセスについては第7章で詳しく説明する。これが信念をかきたて、無私と自立という方程式の自立の部分に必要なものだ。さらに、他にも役に立つ方法を紹介する。

道徳的な信条を明確にする……まずは、自分が何者で、自分の望まないものが何かを知っておくことだ。はっきりしていることがいくつかある。嘘、プロフェッショナルの倫理に反すること、人権侵害、違法行為をすることなどは、誠実なプロフェッショナルにとって禁止事項であるのは明らかだ。公私にわたる信条に反するものもまた、禁止である。たとえば、優秀さに信を置いていて、常に自分の力を最大限に発揮して仕事をしているなら、出来の悪いサービスを提供することなど考えられないはずだ。公明正大を信条にしている場合は、クライアントに送る請求書の金額が、不当に高すぎたり低すぎたりすることはないだろう。

トマス・モアと同じで、たいていの人は意見の合わないクライアントの主張を支持したりはしないものだ。しかしあいまいな部分はあるし、慎重に考えなければいけない部分や、自分で判断すべき部分もある。たとえば、クライアントが、組織内でもっと多くのスタッフに配布したいからと、レポートに「手を加える」ように頼んできた場合はどうだろう。「たいしたことではありません」と答えるかもしれない。手を加えてほしいと言われた部分に、最も強調したい見解や提案が含まれていたらどうだろう。それでもまだ困ることはないだろう。さらに踏み込んで、仮にクライアントが、集めたデータを粉飾し、事実をもっと歪曲するように頼んできたらどうだろう。レポートに手を加えるのを断るのも一つのやり方だ。クライアントとじっくり腰を据えて、そうせざるを得ないのは、いったい何を恐れているからなのかを話し合ってもよいだろう。

しかし、実際には、クライアントへのサービスとプロフェッショナルとしての主体性との折り合いをつけねばならない状況で、どう対応すればいいかは誰も教えてくれない。弁護士や会計士といった一部のプロフェッショナルは、クライアントへの主体性と公平さを維持するための、倫理的かつ法的なガイドラインをあらかじめ提供している。いずれにせよ、個人としての基本的な信条を前もって明確にしておくことが、大切なことである。

独立した経済力という考えを育てる……クライアントに対していっそうの成果を上げるために、最も重要な事項である。「独立した経済力」という意識は、お金をおろそかにするという意味ではないし、ビジネスに関する経済の基本や、利益を上げる必要性を無視することでもない。むしろ、金銭的な見返りなしには、まっとうなことはできない。独立した経済力という発想を現す行動や見解の例をいくつか見ていくことにしよう。

- クライアントに追加の仕事を提案する場合は、クライアントのビジネスにとって適切であり、自分がそれに適任であるという絶対的な自信があることが前提だ。自分のボーナスを増やすためとか、仲間にいいところを見せたいがためにサービスを売ってはいけない。限度はあるが、自分の考えや行動と、経済的な影響とを分離すべきである。
- 誠実さを損なうか、付加価値をつけられないクライアントや特定の業務を引き受けないこと。自分が背伸びしているか、仕事の質を維持できないとわかっている場合には、その仕事を引き受けないことだ。「ノー」と言って、仕事を断るのをいとわないように。
- クライアントと個人的な金銭関係を持たないこと。クライアントがこちらのビジネスに投資している場合、あるいは逆にクライアントのビジネスにこちらが投資している場合、クライアントという関係ではなく、ビジネスパートナーという関係になる。
- クライアントのために必要以上のことをしたからといって、彼らから直ちに、同等の見返りを要求しないこと。むしろ、それをより大きな関係に持ち込むことだ。適切なクライアントが相手なら、努力を惜しまなければ、いずれ実を結ぶだろう。

このように考えて行動すれば、クライアントもそれを認め、こちらへの信頼は劇的に高まるだろう。つまり、全体的な収益性を確保しながらも、毎日の業務では、常に自分の信念に基づいて仕事をすることだ。この独立した経済力という発想は、クライアントについて意思決定する際に、ある意味で金銭的な問題を無視することになる。しかし、金銭的なことに気をとられて収入のためだけに気の進まない仕事を引き受けるよりも、はるかに多くの富を蓄積できるようになるのは、何とも皮肉なことである。独立した経済力があれば、考え方に余裕が生まれるようになるからだ。これについては最終章で触れることになる。考え方に余裕のあるプロフェッショナルは、あくせくしたプロフェッショナルよりも、クライアントにとって、はるかに魅力的である。

クライアントを厳選する……実際、ふさわしくないクライアントというものはある。個人的に合わないとか、会社がターゲットとするクライアントの条件に合わない場合である。前者については、関係を築きあげる初期段階でわかるだろう。後者については、会社独自のビジネスをはっきりさせておかねばならない。ノーと言うことは、実務に専念し、こちらを評価してくれる、やる気のあるクライアントに時間を割くための効率的な方法である。大手企業にとっては、ビジネスチャンスであっても不適切なものを却下することは、戦略の大きな柱だ。プロフェッショナルにも同じことが言える。クライアントとのビジネスでは、面白いものでなかったり、何も学ぶものがなかったりする場合や、付加価値がつけられず、満足のいく仕事ができない場合、ときには「ノー」と言う必要がある。トム・ピーターズは『サラリーマン大逆襲作戦』シリーズで、クライアントの選定についてすばらしい助言をしている。

「〈まあまあの〉仕事で満足するようなクライアントとは仕事をしない。君たちを試そうとする、いたって〈冷静な〉クライアントには、せっせと投資しよう。そうすれば、君たちも成長する」

ピーターズは定期的にクライアントを格付けするよう提唱している。ランクは1から10までで、1は「ありふれてつまらない」、10が「こちらを刺激し、継続的に能力を引き伸ばしてくれ、(中略)いっしょにいるのが楽しい」だ。[4] 格付けして、低いランクのクライアントをじっくり検討することだ。本当にそんなクライアントと仕事を続けるべきだろうか?

クライアントのニーズと、そのニーズを満たすにはどうすればいいかを絶えず考える……多くのプロフェッショナルが、クライアントに対して受け身の態度をとり、彼らが喜んで報酬を支払う特別なリクエストのあるときだけ素早く行動する。そうではなく、どのように付加価値をつけられるかを確認するために、継続的に、観察し、質問し、探ることだ。

数年前、経営コンサルティング会社のあるパートナーが、大手自動車メーカーの役員と仕事をしていた。ある日この役員が、ランチの席で物思いにふけっていたので、どうしたのか尋ねると、「いったい、我が社の車は、どれくらいのオプションの組み合わせが可能なんだろうか」と答えた。このパートナーは、頼まれもしないのに相手の質問に答えようと調査を行い、そのメーカーでは、何万もの組み合わせが可能であることを発見した。さらに、現在のシステムを単純化できるアイデアのリストも作成した。役員は、調査結果に驚き、あらかじめオプションをパッケージ化することで組み合わせの数を減らす取り組みを推進したのである。

対照的に、多くのプロフェッショナルは、そもそも、クライアントの質問に答えたり、質問を引き出すことさえしようとしない。もともとの提案書や契約にはないことをクライアントに尋ねられると、ぶっきらぼうに「それはこのプロジェクトのスコープ外です」と答えるのが関の山だ。この自動車メーカーの場合でも、コンサルタントがクライアント第一という意識を持っていなければ、相手がほとんど話題にもあげなかった問題を取り上げはしなかっただろう。確かに、仕事を新しく広げるという関心はあったかもしれないが、それについて分析しても、元をとれるかどうかの保証は何もなかったのだ。

クライアントのどのようなニーズにも常に手を貸す……クライアントを満足させる第一歩は、請け負った特定の仕事やプロジェクトで際立った腕を見せることだ。しかし、アドバイザーとして優れたプロフェッショナルなら、その枠を超えて、他の面でもクライアントを助ける。人事の問題に関する意見や、組織にとってすばらしい発想を得る方法などについて助言するといったことである。

ある企業の社外弁護士が、CEOに金融機関を何社か紹介して、会社の一部門のレバレッジド・バイアウトを成功させることに一役買った、というケースもある。他に、こんなケースもある。ヨーロッパのあるクライアントが、コンサルタントの女性に、「娘のことが心配で、いてもたってもいられない」とこぼした。十八歳になる娘は、その夏、数千マイルも離れたニューヨークで過ごしていた。このコンサルタントはたまたまニューヨーク出身だったため、すぐ友人や家族と連絡をとってその娘に会ってもらい、この娘が落ち着いて生活できるように手配した。どちらのケースも、アドバイザーの提案はプロジェクトの枠を超えるものだった。クライアントから見れば、感謝の気持ちだけでなく、目に見える付加価値があったのだ。

肝心なのは、クライアントの犬を散歩させられる羽目にならないことだ。これは、昔からプライベート・バンカーが懸念していることだ。つまり、金持ちのクライアントは、サービスと名のつくものなら何でも要求するからである。プロフェッショナルは、手を貸し、サービスを提供する方法に常に留意すべきだ。イギリス王のヘンリー八世でさえ、彼のろくでもない息子の適切な教育について、トマス・モアに相談したくらいなのだから。

＊＊＊

無私と自立を定義すれば、両極端のバランスをうまくとった状態ということができる。つまり、お高くとまったアドバイスの伝達役でもなければ、お世辞だらけのイエスマンでもない。独立性を完璧に備えていても、クライアントを中心にする考え方に欠けていれば、一度はクライアントを惹きつけることはあるかもしれないが、それだけで終わってしまう。その逆もまた危険である。「言われたとおりのことをする」プロフェッショナルと同列に見なされたくはないだろう。クライアントのために最善を尽くすとしても、ビジネスを失うことを恐れて、誠実さや独立性の切れ味を鈍らせてはいけない。

あなたは、無私と自立を実践しているか？

□ 自分の意見を引っ込めない。クライアントにとって重大な問題について意見があるなら、相手に本意を伝える方法を探す。

□ クライアントとのあいだに、どこで線を引くかをわきまえている。自分が手をつけないこと、我慢できないことをはっきりさせる。

□ 場合によっては、仕事を断ったり、クライアントとの関係を打ち切ったりしている。

□ 自分の経済状況がどうであれ、お金にはとらわれない。

□ クライアントから依頼されていないにもかかわらず、アイデアを提供したり、提案したりして喜ばれることがよくある。

□ クライアントにとってどのような意味を持つかを見極めながら、クライアントとのビジネスというレンズを通して、自分のまわりで起こっているすべての事象を見ている。

□ 重要な役割を果たしたとしても、公にはその成功をクライアントのものにしている。

特質❷

第3章 共感力

隠れたサインに気づく

プロジェクトの発注に際して、数社からプレゼンを受けた。そのなかに、飛びぬけて頭のいいコンサルタントがいたが、我が社の役員たちは口をそろえて言った。「アドバイザーとしては失格だな。彼には共感力というものがない」

——ウィン・ビショフ（シュローダー 会長兼CEO）

「ベル様。ファイサル国王が、お会いになりたいそうです」とメイドが知らせにくると、ガートルード・ベルは、バグダッドのうだるような暑さのなかを宮殿へ向かった。

ファイサル国王は、一九二一年八月二十三日、イラク王国の最初の国王に任命されたばかりだった。彼は、メッカの守護者の息子にして、預言者ムハンマドの直系だった。

イギリス政府は、第一次世界大戦後、イラク復興を支援したが、ガートルード・ベルも、その立役者の一人だった。彼女は、ファイサルが国王に即位するまでの二年間、彼の重要なアドバイザーとして尽力してきた。その明快で健全、しかも客観的な判断力に、ファイサル国王は万全の信頼を寄せるまでになっていた。

国王は、ベルのことをハートゥンと呼んだ。有力婦人、あるいは、国の利益のために目を開き、耳を傾ける人物という意味である。ベルが宮殿に赴くと、国王は、憂慮しているさまざまな問題について助言を求めた。イラクの新たな国境内にいる、異なる部族の忠誠を得る最善の方法は？　ベドウィンのリーダーたちと個人的な関係を打ち立てるには、どうすればいいか？　新しいイギリスの統治者たちに、どう対処すればいいのか？

ベルは国王の話に真摯に耳を傾け、彼の真意を理解しようと努めた。ファイサルは心底ベルを信頼していた。中東全土において、この国の動静を把握し、さまざまなリーダーの気持ちを理解できる人間はベルをおいて他にいないとわかっていた。T・E・ロレンスでさえ足元にもおよばないだろう。

ファイサルは、彼女の意見やアドバイスが、きわめて客観的なものであると思っていた。何より重要なのは、ベルが彼を理解していると感じていたことだ。王家の三男として、国の舵取りという難題を前にして、気の進まない権力の座につき、第一にアラブ人として、第二にイギリスの被支配国として振る舞う必要がある彼のことを理解していると。いつしかファイサルは、国政から家族に至るまでのあらゆる問題について話し合うため、彼女との会合をたびたび望むようになっていた。ベルが五年後に亡くなるまで、ファイサルにとって最も親しい、最も重要なアドバイザーになっていた。[1]

ガートルード・ベルにアドバイスや助言を求めたのはファイサル国王だけではない。チャーチルをはじめ、さまざまな地位にある、アラブやイギリスの多数のリーダーたちもベルと定期的に会い、政治や経済の問題について幅広く話し合った。なかには、二十年以上にもわたって継続的に会合を持った者もいる。ベルは、アラブ諸国の政治や文化に精通していたため、イギリスの軍事情報部への所属を勧められ、のちに中東情勢に関するイギリス政府のアドバイザーになった。彼女は、論文「メソポタミアにおける自立」により、一九一九年にパリの平和会議に招待された。彼女はこの論文のなかで、第一次世界大戦後、中東地域をいかに統治するかについて助言している。

ベルの鋭敏な頭脳、知識欲、自信、信念は、すべて彼女の成功に寄与した。しかし、彼女を際立たせていたのは、深く培われた共感力だった。一八八九年に、「オックスフォード大学を卒業したイギリス史上初めての女性」という最高の栄誉を獲得したあと、ベルは北アフリカや中東を訪れ、アラブ世界やベドウィンに深い共感を覚えた。砂漠の文化を学び、アラビア語など五カ国語に精通した。このあいだに、アラブ諸国のリーダーたちの意図や気分を読みとるという、並々ならぬ能力を培ったのである。ベルは他人の心の動きを理解し、西欧とアラブ両方の文化を深く理解するようになった。

つまりベルは、共感力の重要な土台になるものを習得し、これが、並外れた偉業の中心にあったのである。人間に対し尽きることのない関心を持ち、謙虚で、学ぶ姿勢を崩さなかった。相手が国のトップでも、部族の一人でも、優れた聞き手になった。自分を知り、自制心を育てた。ファイサル国王に信頼されるアドバイザーになり、他の多くのアラブ部族リーダーの腹心の友になることは、一九〇〇年代初頭の中東において、外国人（特に女性）として並外れた功績だった。

共感力――個人の能力を上げる秘訣

一般的に「共感力」は、他人の感情や考えを理解する能力として定義されている。この力によって、以下のことが可能になる。

- いっしょに仕事をしている人々の性格、考え方、やる気、価値観を理解する。
- 公私にわたって深く意味のある関係を築く。
- 適切で効果的な方法で人に対応する。

つまるところ共感力は、クライアントについて学び、いっそう創造力を高めて成果を出せるプロフェッショナルになることを可能にする。クライアントとの親密な関係を築くのを助け、クライアントが抱く期待について、いつも対話することができるようになる。これは、クライアントのロイヤルティを高めるための重要なポイントである。クライアントが満足するには、期待に対する目に見える結果が必要だからだ。クライアントが何を期待しているかを理解して対処できれば、クライアントを喜ばせる確率は驚くほどあがる。

以下に示すのは、企業トップから聞いた、アドバイザーの理想像と共感力に関するコメントの代表的なものである。

- 良いアドバイザーは、頭だけでなく、心でも聞く。
- 本当に共感力のあるプロフェッショナルは、私が放った言葉ではなく、その背後の意味に耳を傾ける。
- 優れたアドバイザーとの会合は、講義ではなく対話になる。
- 何度付き合っても気持ちのいい人というのは、こちらのニーズについて考え、どうやってそのニーズに対応するかを考える人だ。自分たちのサービスを売りつけようと考える人ではない。
- 私が付き合うプロフェッショナルには、私の課題や問題に真に関心を持ってほしい。
- 本当に優れたアドバイザーは、こちらの業界、組織などに精通している。さらに肝心なのは、経営者としての私と、個人としての私をよく理解していることだ。長期的な関係が育つのは、そういう人とである。

共感力の三つの側面――感情、思考、状況を理解すること

気持ちを理解することは、共感力の第一の側面である。この点に優れている人は、どこで主張すべきか、いつ話題を変えるべきかをわきまえている。彼らは相手の気分を察知し、どんなときに相手が引いてしまうか、ジョークを飛ばすタイミングはいつがいいかを熟知している。多くの優れた演説者は、感情を感知する力やこれに反応する力が発達している。キング牧師はその最たる例だ。

共感力はまた、思考を理解する能力でもある。これが、第二の側面である。ただ聴くのではなく、じっくり耳を傾けるのだ。クライアントが「考えておく」と言った場合、本気なのか、断る口実なのか。これを理解するには、クライアントの思考法を把握することだ。たとえば、ニクソン大統領は、真夜中によくキッシンジャー国務長官に電話をかけ、ある補佐官を即刻クビにしろと言った。「あの野郎をたたき出せ」と電話口で叫んだ。ときには何度も電話してきて、「あいつをたたき出せ。まだクビにしていないのか?」と催促した。しかし、キッシンジャーは一週間くらい放っておくことが多かった。ニクソンがその話を二度と持ち出さないことがしばしばあったからだ。ニクソンのメッセージの本意は、当の個人をクビにすることではなく、ただこう言いたかっただけだ。「あいつには腹が立つし、忠誠心のかけらもない。やつから目を離すな」

共感力の第三の側面は、状況を読む能力である。クライアントの活動状況を知り、正しく理解する

能力のことだ。いま現在、クライアントに影響を与えている勢力やプレッシャーは何か。同僚との関係はどうか。ボスとの関係は？　仕事に満足しているか。市場で起こっていることや個人レベルで起こったことがクライアントの気分、思考プロセス、感性に影響を与えているかもしれない。若手のプロフェッショナルに共通するミスは、この状況を理解しなかったり、鈍感であったりすることだ。

コンサルタントや弁護士、フィナンシャル・アドバイザーなどが、自分たちの言いたいことに集中してしまうのはごく当たり前のことだ。何週間も何カ月も費やして、何を話すべきかを考えてきたのだから。しかし、その結果、クライアントの言葉に表れないサインをすべて見逃してしまう。もし気づいていれば、クライアントの心理状態を理解し、自分たちのメッセージをクライアントにわかりやすく、納得できるように変えられたかもしれないのだ。この過ちは、実は深刻な誤解が原因である。詩人のロバート・フロストも言っている。「意図していないことを勝手に誤解されるか、意図したことが伝わらないとき、家族はばらばらになる」。図1（次頁）は、こうした共感力のいくつかの側面を要約したものである。

優れたアドバイザーは、自分の経験や考え方を用い、それぞれのクライアントに合わせたアプローチをとる。共感力をうまく働かせ、クライアントの価値観やパラダイムを理解する。たとえば、株主価値の向上を第一に考えている役員にとって、離職率を低くするプロジェクトを採用するのは、「採用やトレーニングのコストが下がり、資本収益率が上昇する」という効果を見せられたときである。別の役員なら、従業員のロイヤルティや仕事に対する満足度の向上、企業環境の改善といった目に見えない効果に価値を感じるかもしれない。

より高度な視点

さらに共感力を発揮するには、クライアントの思考や意思決定プロセスに関する感情的、合理的、政治的な状況を検討する必要がある。たとえば、ある投資銀行家が、証券会社の最高財務責任者（CFO）であるクライアントに合併を提案している場合。この銀行家は、予備的な分析を行って、合併の合理的な根拠をすべて示した。この分析には、会社統合後の仮の財務諸表、この取引の戦略的妥当性、支払スキームなどが含まれていた。

ところが、新会社のCEO候補である当のCFOは、この取引そのものに大きな不安を感じていた。表に出ていない感情や政治的影響を気にしていたのだ。取締役会や他の役員はこの計画をどう見るだろうか。しかも計画を話すのは彼自身なのだ。役員のあいだの彼の立場は高くなるのか、低くなるのか。なかにはきわめて保守的な役員もいる。統合プロセスに時間がかかりすぎたら、あるいは何か問題が発覚したら

図１　共感力の要素

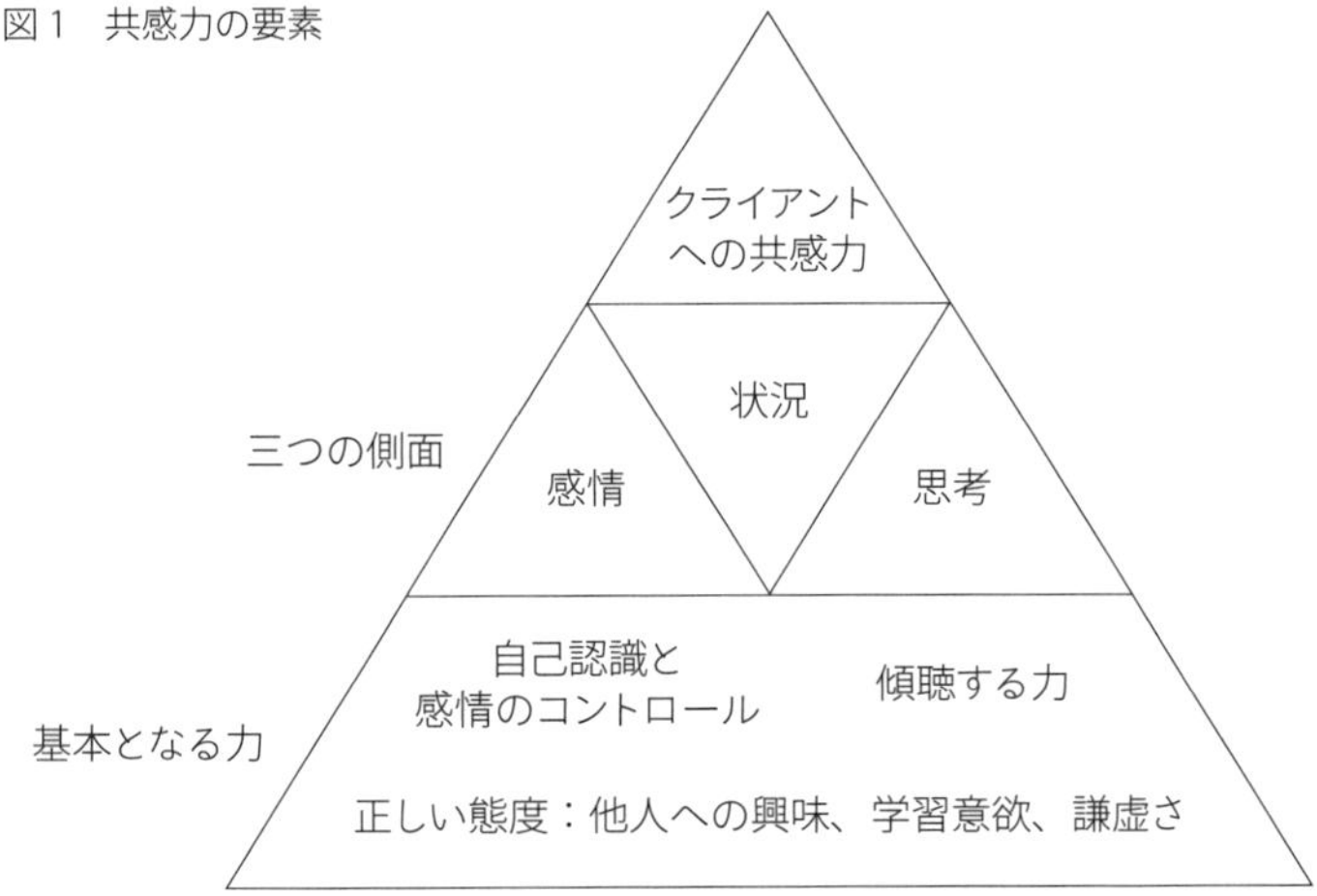

どうなるだろう。統合先の企業には、業界でも有名で、きわめて有能なＣＦＯがいるという事実はどうだろう。

このようなデリケートな状況をうまくまとめるには、交渉手腕や気配り、それに技能が必要だ。クライアントはリスクに神経質になっていた。この取引の感情面や政治面を理解し、ＣＦＯ個人に関する部分も含めて明確に対応することによって、銀行家はこのクライアントからサポートを得て、取引を成功に導いた。

このような取引が持つ複雑さや、感情面や政治面の重要性について、著名な機関投資家が言った。

「合併や買収は数字だけの問題ではない。役員や取締役会をどうコントロールするかの問題だ」

共感力の基本となる力

共感力を活かすには、三つの基本的な前提条件がある。

- 正しい態度
- 自己認識と感情のコントロール
- 傾聴する力

正しい態度

他人への興味

きわめて単純なことだが、共感的になるためには、他人に興味を持たねばならない。一流の経営思想家で著述家のピーター・ドラッカーは、その著書『傍観者の時代』でこう書いている。「私は常に抽象的な概念よりも、人間に興味を持ってきた。（中略）人間は私にとって興味深くて多様なだけでなく、重要な存在なのである。なぜなら人は、進化し、広がりを見せ、変化し、何者かになるからだ[2]」

真に人に関心を持つことは、人との関係に、驚くような影響を与える可能性がある。イギリスの保守党で首相を務めたベンジャミン・ディズレーリは、とてつもなく大きな共感力を持ち、多くの人を魅了した。こんな逸話がある。ある女性が、ディズレーリとグラッドストンの人物比較を質問されたときのことだ（ウィリアム・グラッドストンは、ディズレーリの政敵である自由党の党首で、何度か首相を務めたこともある）。その女性は、こう答えた。

「グラッドストンと食事をしたとき、彼こそ、イギリスで最も聡明な男性ではないかと思いました。でも、ディズレーリと話したときは、私がイギリスで最も聡明な女性ではないかと思ってしまったのです」

敵対者に関心を抱くのも有益である。第二次世界大戦のさなか、イギリスのモンゴメリー将軍は、敵対するドイツ軍の司令官たちの写真を引き伸ばして自分の宿舎の壁に貼っていた。将軍は、敵の強さや弱さ、戦術などを把握するために多くの情報を集め、敵の特徴を細かく研究した。

残念ながら、プロフェッショナルのなかには、他人の考えや発言にそれほど関心を持たない者もいる。こうしたプロフェッショナルは、自分のことしか考えないか、うぬぼれが強いため、人の話に耳を傾けない。あるいは、技術的な面にばかり気をとられて、人間よりもモノを相手にしがちだ。プロフェッショナル・サービスを提供する大手企業、特にコンサルティング会社や会計事務所や法律事務所は、長年、後者のタイプのプロフェッショナルばかりを採用してきた。しかし、技術的に優れていても、クライアントと関わることができない人間とどう付き合えばいいというのだ。クライアントとの、特に長期的な関係は、どの企業にとっても不可欠なものだ。振り返ってみると、クライアントを管理する能力のないプロフェッショナルは、二流の位置に格下げされてきた。企業は、こうしたプロフェッショナルにもキャリアパスを与えようと悪戦苦闘し、彼らを「スペシャリスト」とか「プロジェクト貢献チーム」あるいは「テクノロジーコンサルタント」と名づけて、主流のプロフェッショナルと区別してきた。

学習意欲

正しい態度の二つ目の要素は、真の学習意欲である。ほとんどの人にとって、共感する気持ちは子どものころに植えつけられるものだが、その多くは、人から学びたいという思いと関係している。しかし、もう何もかも知っていると思い込んでいるプロフェッショナルは、学習への関心がほとんどない。そんな必要などあるだろうか、というわけだ。

たとえば、数年前に、アメリカの大手法律事務所の弁護士が、メキシコシティを拠点とする多国籍企業との仕事を監督していた。彼はそれまでの数年間メキシコに何度か足を運び、メキシコやその文化について必要な知識は身につけたと思い違いしていた。さらにチームが扱っているのは、ごくありふれた単純な問題だと思い込んだ。月に一度、一日だけメキシコシティに出張し、表向きはこの仕事を管理した。午前中はニューヨークのオフィスに電話して、伝言をチェックすることでほとんどつぶれた。長距離電話の値段がとてつもなく高いころの話だ。ランチに長い時間を費やし、その後、クライアントには通り一遍のあいさつをして、帰国するため空港に向かった。この取引は、事務所にとって国際的な足がかりにもなるはずだったが、当然、一度だけの付き合いで終わってしまった。

謙虚さ

最後は、謙虚さである。残念ながら人間は、成功するにしたがって謙虚な心を忘れていく傾向にある。フィナンシャル・コンサルタントのフレッド・ブラウンが言う。

「ゲームの頂点に登りつめると、聞く耳を持たなくなる。私は、二十五年前の最初のクライアントと同じように、現在のクライアントにもじっくり耳を傾けるよう、全力をあげなければならない」

対照的なのが、ある経営学の教祖的人物。彼は最近あるセミナーで、企業トップに対し、自身の新しい本の内容が「過去三十年に発表されたなかで、唯一オリジナリティのある経営哲学である」と語った。彼は数時間にわたって話をし、帰って行った。企業トップたちから何ひとつ学ぶことなく。

多くの優れたアドバイザーは、謙虚にならざるを得ない体験を通して成長し、率直さと共感力を養ってきた。ガートルード・ベルがアラブの文化を学びたいと思ったときも、最初からその国の偉い人を訪ねたわけではない。そこに住む普通の人々とじかに会い、彼らといっしょに、乾いた砂漠で何カ月も過ごしたのだ。

ロンドンで優れた医療コンサルタントとして活躍するマイケル・ゴームレイ医師は、アルコール依存症のリハビリテーション施設で一カ月間を過ごした。そこで彼は、すべての患者が受けるグループセラピーを体験し、患者と同じように胸の痛む思いをした。この経験はつらいものであったが、彼自身の共感力を高める大きなきっかけとなった。

「最初の日、患者の一人が私のところに来て、目の前で言いました。〈あんたはケンブリッジから来た鼻持ちならない医者にすぎない。俺たちを観察して、自分は完璧だとほくそ笑むんだ〉。私にとって、とてもつらい一カ月でしたが、あのときの経験で、患者への共感力がとことん養われました」

トマス・モアは、法廷でサテンとベルベットの法衣の下にいつも毛のシャツを着ていた。このシャツは、ごわごわで、肌を刺すような馬の毛でできていた。モアは「目上の者には謙虚に、同等の者には礼儀正しく、目下の者には気高くあるのは義務である」と書いている。現代のプロフェッショナルに馬の毛のシャツを勧めようとは思わないが、当時、毛のシャツを着ることは、宗教的な信念と、貧しい者への共感をいつも自覚していようとする者には適切な行為だった。

謙虚さと学ぶことのつながりを、マハトマ・ガンジーが見事にとらえている。

「自らを塵のようなものだと謙遜せよ。そうすれば真実が見えてくる」

あるアメリカ人の役員が、たまたま東京のホテルでピーター・ドラッカーに出会った。彼は、パートナーである大阪の企業に腹を立て、提携を解消しようとしていた。状況を説明すると、ドラッカーが言った。「明日の朝一番の新幹線に乗って向こうに行き、少しは自分の間違いも認めなさい[3]」。この二社の関係は、どうやら驚くほど改善したらしい。

正しい態度はビジネスにつながる

大手銀行の役員の話を紹介しよう。コンサルタントの共感的なスタイルは、大きな契約を獲得するのに役立つ。

我々は資産運用ビジネスの転換点におり、コンサルティング会社に依頼して今後どのような方向に進めばいいか熟考するのに手を貸してもらうことにした。我々が国内の上位三社にランクされ、このビジネスでの評判もまずまずの企業だということを頭に入れておいてもらいたい。いくつかのコンサルティング会社に声をかけ、プレゼンテーションをしてもらった。最初のグループは、かなりの時間を割いて協働作業のプロセスを説明してくれた。資産運用について当社の役員と連携し、一連の戦略的なオプションを作成するということだった。この業界における彼らの経歴はすばらしいものだったが、それをことさら自慢したりはしなかった。プレゼンのあいだも、現在の動向や合併をどう思うかなどについて我々にたくさん質問した。

二番目は、業界でも一流で、コンサルタントが非常に頭が切れると評判の会社だった。我々は、このような有名ブランドの企業を使うことに興味を持っていた。しかし、彼らは、プレゼンテーションのほとんどを業界の動向や同業者など、資産運用ビジネスを語ることに費やした。彼らが引き上げると、社長が怒り狂った口調で言った。「私はやつらのプレゼンテーションから、何ひとつ新しいことを学ばなかった。ただのひとつもだぞ！」。社長はこんな会社と仕事をするのはたくさんだと言った。我々は最初の会社と組むことにした。彼らは、我々が問題を明確にするのに手を貸し、我々の話に耳を傾けた。その一方、二番目の会社は、自分たちが資産運用の権威であることばかり強調して、チャンスをつぶした。

クライアントは、こちらの経験や業界に関する専門知識を知りたいと思ってはいるが、講釈を聞かされるのは望まない。むしろ、我々が自らの経験をどのように生かして、クライアントと独自に関わり、問題を理解するかを知りたがる。正しい態度を持たない、頭でっかちだった二番目のコンサルティング会社は、この点を完全に見逃し、一流のクライアントと仕事をするという大きなチャンスを逃してしまった。

自己認識と感情のコントロール

自己認識と自分の感情を抑える能力が、共感力を発揮させる基本的条件であることは広く認められている。それは当然である。自分の気持ちさえわからないのに、他人の気持ちをわかろうとしても無理というものだ。それに自分の感情に溺れていては、人の話をきちんと聞くだけの精神的な余裕など持てないだろう。

自己認識の重要性について、ヘンドリー・ウェイジンガーは『仕事に生かすEQ』のなかで述べている。

「自分の怒りをコントロールするためには、何が怒りの引き金になったのか気づかねばならないし、そもそもどうしてこんな激しい感情にとらわれたのかを知らねばならない。（中略）落胆せずに意欲的でありつづけるには、仕事を台無しにするような、自分に対する否定的なメッセージを、いかに許容できるかにかかっている。人を助けるなら、人との関係に影響を及ぼす、自分の感情の動きに気をつけていなければならない[4]」

自己認識さえ持てれば感情面の自制心は自然に備わってくる。クライアントとの広範囲な関係を求めるプロフェッショナルにとって、避けられない嵐の最中で冷静さを保つことはきわめて重要である。国際的な投資銀行シュローダーのCEOであるウィン・ビショフは、それをこう言い表している。

「真のアドバイザーたる者は、意思決定を急げというプレッシャーに負けたりはしない。大声を出したり、おおげさな身振りをしたりはしない。ストレスのかかる状況下でも、落ち着いてアドバイスを与え、積み重なった問題の皮を少しずつ剥がしていく。そうして、彼らは徐々にクライアントを導いていく」

クライアントとより深い、そしてより長い関係を望むなら、クライアントの役員がそばにいてほしいと望む唯一の条件は、こちらが常に冷静でいることだ。

傾聴する力――忘れられたスキル

ヒューレット・パッカードのCEOで、それ以前はルーセント・テクノロジーズの最高幹部であり、営業のスーパースターだったカーリー・フィオリーナは、よくクライアントのトップに「どうして夜眠れないのですか」と尋ねたものだ。熱心にクライアントのことを考えるフィオリーナは、絶えず質問したり、話を聞いたりする。

話を聞くスキルについて語る場合、まずは個人のプロフェッショナルと、その人物が所属する事務所や企業とを区別しなければならない。企業レベルでの「聞く能力」が、複雑なサービスや製品を売る企業にとってきわめて重要なのは明らかだ。クライアントのニーズや要求を組織的に聞くには、アカウント・レビュー・ミーティング、クライアントとの委員会、フォーカスグループ、クライアント向けのセミナーといった手段を用いる。企業レベルでのプログラムには価値があり、必要なことだが、我々の焦点は別のところにある。我々が関心を持っているのは、最も広い意味において話を聞くという個人的な、スキルである。クライアントと直接接するプロフェッショナルが、個人レベルで相手の話を聞けないなら、クライアントとの二人三脚の関係を築くことは難しいだろう。

優れたアドバイザーは、優れた聞き手でもある。その能力は、仕事を進めるうえで欠かせない情報を得るのに役立つだけでなく、クライアントにも自分たちで問題をじっくり考えさせる機会を与える。

共感力が、クライアントとの公私にわたる関係を支え、長いあいだにそれをさらに成長させるのである。話を聞くことが主要なスキルだと言われて納得できない人は、統計をチェックしてみればいい。

●平均的なビジネスパーソンは、一日の約四〇%を話を聞くことに費やしている。効率的に話を聞く力を少しでも高めれば、労働時間のかなりを活用できることになる。

●会話による意思疎通のほとんどは、声の調子やボディランゲージなどを通して行われる（真意の多くが言葉を使わずに伝えられている、という調査報告もある）。言葉以外のサインに注目すると、会話に隠された意味の理解は大いに高まる。

しかし、いくつかの要因は、最高の聞き手さえ惑わす。

●権威や名声は、どのような状況であっても、聞き手ではなく話し手に帰せられるのが一般的である。中身がどうであれ会議で多くを話す人が、同僚からリーダーの資質があると見なされる。

●会話する速度より理解する速度のほうが速い。人は一分間に二〇〇～二五〇ワードを話す一方で、一分間に三〇〇～五〇〇ワードを消化できる。聞くことには忍耐力が必要なのだ！　多くの人が相手の話を途中で遮るのはそのためだ。

●いずれにしても、エキスパートは話すことの集中力を高めている。「エキスパート」にお金が払われるのも、「話す」からこそである。しかし、聞くことも同じように強調されるべきである。

話を聞く能力が低いと、どんな結果を招くか。こんな事例がある。

消費財メーカーのＣＥＯが、マーケティング機能を強化しようと考え、以前の会社で同僚だったテッドに声をかけた。テッドはマーケティングのプロとして豊富な経験を持っていたので、ＣＥＯは「まずは数カ月、コンサルタントとして働いてくれないか」と誘った。

テッドは、ひと月かけて、その会社のさまざまなビジネスを一通り見て回った。ＣＥＯのもとには、似たような報告が次々と届いた。

「彼は非常に頭が切れるし、アイデアも優れています」ある部門長の言葉だ。

「彼は我々の業界のことを熟知しています。ただ、自分が話すばかりで、人の話を聞かないのが気になりますが……」

テッドとの一年契約の書類が作成され、サインを待つばかりになっていた数日後、企画会議が開かれた。テッドは、この会社のマーケティングや流通戦略を刷新しようと、五つの戦略を含むマーケティングプログラムを提案したが、数人の役員が難色を示した。にもかかわらず、テッドは役員たちに向かって、自分の提案をごり押しした。「何はともあれ、今朝、我々全員が賛同した五つの戦略で、この会社に一石を投じようではありませんか」

その夜のディナーで、テッドは「フルタイムで契約するつもりだ」とＣＥＯに伝えた。その話を耳にした役員から、否定的な意見が人事担当役員に相次いで寄せられた。「彼は人の話を聞かない」「頭は切れるが、自分のアイデアに固執しすぎる」「この男には我慢できない」といったものだった。

結局、テッドは、この会社でどの仕事にも就けなかった。ＣＥＯから、お詫びの電話が入った。「我々には、なんとしても利益を出さなければならないというプレッシャーがあり、君に負担をかけるわけにもいかなくてね……」

むろん本当の理由は、テッドに、あきれるほど共感力が欠如していたことだ。彼は、他人の考えや気持ちを読みとるレーダーを備えておらず、自分のエゴが、チームの不和を招いていることに気づいていなかった。頭は切れるが、人の話を聞く能力に欠けていたため、接した人々をことごとく怒らせていたのだ。

ＩＭＰＡＣＴグループのローラ・ヘリング社長にとって、クライアントの話をじっくり聞くことは、自社のビジネス戦略の目玉であり、新たなサービスの提供が成功する秘密でもある。ＩＭＰＡＣＴグループは、従業員の人事異動をサポートする企業で、その成長ぶりは目覚しい。ＩＭＰＡＣＴの最大にして長年の顧客であるジョンソン・アンド・ジョンソンのゲーリー・ゴランは、「ローラや他のスタッフは、いつも話を聞き、質問をしてくれる」と言う。[5] 話を聞くというこの手法のおかげで、ヘリングは常にクライアントから継続的にサービスを頼まれ、クライアントと打ち解けた関係を築いている。そのおかげで、双方向のコミュニケーションが頻繁に行われている。たとえば、ヘリングはある若手幹部から、その会社の重要な施策がうまくいっていないという話を聞くと、すぐにクライアントの上級管理職に状況を確認した。ヘリングの言い方はこうだ。「うまくいかない要因が何かを解明するのに手を貸してくださらないと困ります」。クライアントは言われたとおりにし、問題は解決した。このクライアントは五年後も、最もロイヤルティの高いヘリングの支持者となっている。

共感力を高める

共感力を育てるには時間がかかるし、ひと晩でどうこうなるものでもない。しかし、優れたアドバイザーとなった多くのプロフェッショナルが、共感力は育てられるものであることを示している。いくつかアドバイスを述べよう。

熟達していない、また、コントロールできない、不慣れな状況に身を置く……これこそは、ガートルード・ベルがアラブの砂漠を探検して成し遂げたものだ。新しいスポーツを覚えるとか、筏での川下りやロッククライミングのように、体を使って自然を体験するのもよいかもしれない。新しい業界での仕事に取り組む場合には、話を聞き、いつも以上にじっくり観察して、頭を使うことになるだろう。このようなとき、熟達しているという感覚は一時的に弱まっている。

旅行する……外国旅行は、共感力や他人を理解するのに直ちに効果を発揮する可能性がある。イギリスのロマン派詩人であるバイロン卿から、現代作家のヘミングウェイまで、多くの作家が、人間心理をさらに深く理解し、人間が置かれた境遇を学ぶために旅行したのは偶然ではない。ソローの『森の生活』は、自然を対象にした研究として注目を浴びているが、これは、ソローが、マサチューセッツ州コンコードの人里離れた土地で、さまざまな観点から文明について考えた賜物である。

我が家という居心地のいい生活を離れると、突然、さまざまな新しい光景、匂い、味、ものの見方、困難に触れるようになる。知り合いのある外科医は、医者として視野を広め、共感力を養うために定期的に南アメリカに旅行している。あるときは、ペルーのクスコからマチュピチュへの険しい山道を歩き、あるときは、数週間、田舎の農作業を手伝う。こうした経験によって、患者の恐れや不安、悩みに敏感になることができる。

ときには失敗や挫折を受け入れ、そこから学ぶ……「並外れた業績をあげる人」のキャリアに関する最近の調査では、やる気を起こすきっかけとして「失敗」が重要であることが明らかになっている。その顕著な例として、弁護士のリンカーン以外にふさわしい者はいまい。五十二歳で第十六代のアメリカ大統領になるまで、家族の死や選挙での度重なる落選など、普通の人では耐えられないほどの挫折をいくつも味わってきた。共感力を養うという意味で、また、特に謙遜を養うという意味では、失敗するのもいいことだ。失敗は、我々に、完璧な者にはなれないことを教えてくれる。辛酸をなめたとしても、他人を傷つけるわけではない。

自分の基本的な長所、短所、そして性格を理解する……自分の性分、個人的な偏見や態度を本能的に理解している人もいるが、ほとんどの人は違う。理解していると思って自分をごまかしている場合もある。マイヤーズ・ブリッグスのような標準的な性格検査を受けることは、プロフェッショナルにとってきわめて重要である。マイヤーズ・ブリッグス検査では、ユング派の性格分類に基づいて、個人の行動や思考プロセスなどの主要な側面を理解できる。あくまでも事実にこだわるか、直感を信じるか、また、内向的あるいは外向的な度合いといった側面である。

観察力と判断力の違いを知る……共感力がかなり高い人は、おおむね観察力も鋭い。観察力という特質については本書で何度も取り上げるが、本書でいう観察力と、判断力とをはっきり区別することが重要だ。たとえば、「彼は、我々の報告書の論拠を評価する件について感情的になりすぎている」というのは判断であり、「我々は、自分たちの論理をうまく伝えていない」というのは観察の結果だ。観察力によって我々はまったく別のやり方に気づくことができる。

先入観による決めつけも我々がしばしば下す判断のひとつである。誰かが言ったことを理解する際に、その人物の役職、性別、人種などの要因に大きく左右される。たとえば、最近の調査によれば、アフリカ系アメリカ人の心臓病患者は白人患者に比べると、医者から不完全な診断が下されることが多いとされている。同じことは女性にも当てはまる。男性患者に比べ、不満や症状を訴えても男性医師には真剣に取り合ってもらえない場合が多い、との調査がある。

常に、最も深いレベルで耳を傾ける……聞く能力に関する研究において、典型的な三つのレベルが特定されている。[6]

●レベル1……会話の一部だけを聞き、それ以外の部分には注意を払っていない。

●レベル2……すべての言葉を聞いていても、必ずしもその意味を完全には理解していない。言葉以外のサイン（ボディランゲージや声の調子など）まで観察したり、注意したりすることはない。

●レベル3……共感的に聞いており、じっくり話を聞いているあいだも、熱心に観察し、言葉以外のサインを読みとっている。そして言葉の裏に秘められたメッセージを察知している。

ほとんどの人はレベル1か2に該当する。クライアントの言った内容を確認したり、言い換えたりすることを実践すれば、集中して聞く力が鋭くなる。

自分が色めがねで見ていることを認識し、それを排除する……作家のスティーヴン・コヴィーは、聞く力を妨げる四つの反応を「自叙伝的な反応」と呼び、解説している。

「一つ目は判断するタイプ。自分が賛成か反対かによって決めつける。二つ目は探りを入れるタイプ。自分の視点だけで、あれこれ質問する。三つ目は忠告するタイプ。自分だけの経験に基づいて提言する。四つ目は解釈するタイプ。自分の動機や行動に基づいて、相手の動機や行動を説明しようとする」[7]

コヴィーはまた、共感的な聞く力についてすばらしい表現をしている。彼はそれを「精神的な空気」と名づけた。

「こちらが相手の話を聞いていないのを感じると、相手はその部屋の空気がすべて吸いとられてしまったように感じ、息が詰まるのだ」

クライアントが言おうとしている内容について、じっくり考える……多くのプロフェッショナルは、あるクライアントの会議から次のクライアントの会議へと駆けずり回っている。彼らの頭のなかは、つい最近立てた手柄や、次に提案したい新しいアイデアなどであふれている。完全に自分の考えに集中しているのだ。他人の気持ちを読むことに優れていたリンカーン大統領はこう言っている。

「人に会う場合、私は自分の時間の三分の一を使って何を話すか考える。そして残りの三分の二を、相手が何を言おうとしているか考えるのに使う」


クライアントが自分で答えを見つけられるように、引き出す質問をする……オープン・クエスチョン（相手の答え方を限定しない質問）は、相手の課題や懸念について幅広く知るためにはいい方法である。「どうしてそうなったのですか」「どんな計画がありますか」「全般的にどのように進んでいますか」といった質問である。一方、クローズド・クエスチョン（相手の答え方を指定する質問）は、具体的なデータなどを集めるのに有効である。たとえば、「北アメリカでの御社のマーケットシェアは？」のような質問だ。

しかし、さらに質問する必要がある。クライアントが自分たちで問題点を明らかにし、独自の解決策を生み出すための引き出す質問である。それには次のようなものがある。

- 一年後に成功するとして、その成功はどんなものですか？
- このプロジェクトが完了したら、あなたのビジネスにどんな変化が現れますか？

●ここまでなら想定内だと言えるリスクの割合を、どのように決定しますか?
●この決定には、どのように取り組みますか?
●あなたにとって、どの判断基準が重要ですか?
●これまでに、どのような障害がありましたか?

引き出す質問には、基本的な事実を確認するだけでなく、重要課題や望ましい成果についてクライアントにじっくり考えてもらう効果がある。

こちらの仕事ぶりや、クライアントとの関係のあり方について、クライアントから率直なフィードバックを求める……こうした類の、クライアントの視点からの業績評価を求めるプロフェッショナルはほとんどいない。むろん、多くのサービス企業は、品質管理機能を持っており、取引に直接関わっていない別のパートナーが、コメントやフィードバックを求めてクライアントに会う仕組みはある。このように組織化された手法も重要だが、ここで我々がいうプロフェッショナルとクライアントとの一対一での打ち合わせは、まったく別物である。

一年に一度か二度はクライアントに尋ねるべき質問をいくつかあげる。これらの質問は、自分のスタイルや言葉遣いに合うように言いなおす必要があるだろう。さらに自分で取り上げたいテーマもあるだろう。状況によっては、質問次第で、「私」よりも「我々」を使用したほうがふさわしいかもしれない。

- 私の仕事について、率直な評価をお願いしたいと思います。
- 私は、お客様にとって最も主要で重要な問題に取り組めていますか？
- 私は、できるかぎりお話に耳を傾けられていますか？　どうすれば、お客様やお客様の組織にとって、もっといい聞き手になれるでしょうか？
- お客様のビジネスや組織について、私がもっとよく理解しておくべき点はありますか？
- 全体的に見て、お客様が目標を達成するために、望まれていることはありますか？
- どうすれば私とのビジネスがもっとやりやすくなるでしょうか？

クライアントがこちらの仕事ぶりを「とてもじゃないが、すばらしいとは言いがたい」と答えるようなら、もっと身を粉にして働くことだ。

コミュニケーションスタイル――クライアントに合わせる

数千年も前、古代ギリシャの医者であるヒポクラテスは、数百人の患者を診察した経験に基づいて性格の分類法を編み出した。彼は生理学的な四つのタイプを明らかにした。すなわち、多血質、胆汁質、黒胆汁質、粘液質の四つである。多血質は、社交的で表情が豊か、胆汁質は衝動的で高圧的な性格、黒胆汁質は、用心深く分析的に考える人、粘液質は堅実で愛想のいい人。現代では、先に触れたマイヤーズ・ブリッグスをはじめとする多くの研究や多くの書物などが、ヒポクラテスの直感を裏づけている。基本的な性格タイプは実際にそれほど多くはないし、それはヒポクラテスの当初の（そしてのちのユングの）分け方とかなり似通っている。

クライアントと上手く付き合えるプロフェッショナルは、性格タイプをよく理解し、それぞれに合ったコミュニケーションスタイルを採用している。事実重視で仕事優先の人には、単刀直入に話すべきだと知っている。一方で、自分の考えをはっきり出さない無口な人からは、慎重に意見を引き出さねばならない。会議に社会的な意味を持つ人は、ビジネスの話だけでなく、個人的な話題もいろいろ話したがるだろう。

あなたのクライアントについて考えてみてほしい。たとえば、分析に基づいて文書化されたものにこだわるクライアントがいるとしよう。一方で顔を合わせる会議や口頭での報告を好むクライアントがいる。前者に、インフォーマルな口頭での状況説明をすれば、あなたをいいかげんで、検証もしない人間だと考えるだろう。後者に対して詳細なメモを提供すれば、大局的な問題に目を向けられず、さして重要でもないことを文書化するのに時間を食っていると考えるだろう。このような区別は決して瑣末なことではない。それどころか、クライアントとの契約がうまくいかなかったり、次の依頼が来なかったりする背景には、しばしばこの点への誤解がある。

確かに人間というものは、すべてのクライアントと気が合うようにはできていない。だが、優れたプロフェッショナルは、人の性格を学び、人との関係の領域を大幅に広げている。また、個々のクライアントに応じて、そのコミュニケーション力を意識的かつ系統的に採用している。

＊＊＊

共感力はかなり若いときに養われるものではあるが、大人としての共感力は、どんな年齢であっても高めることができる。そのための三つの基本的な要素は、「正しい態度をとること（つまり、他人への興味、学習意欲、謙虚さ）」「自己認識と感情のコントロール」「傾聴する力」である。これによって、クライアントの感情、思考、状況に気づけるようになる。共感する能力が発達していると、身の回りの見えないサインが見えるようになるだけでなく、クライアントに対してもっと高いレベルでの働きかけができるようになる。それは、自分でも驚くような方法で、あらゆる種類の学習への道を開くだろう。

あなたは、どのくらい共感的か？

□ クライアントが問題や不安を抱えて夜も眠れないことを知っている。

□ 特定の人物や特定の状況に対するクライアントの反応に驚かされることはめったにない。

□ 相手の話を聞くほうが話すよりも倍は多い。

□ クライアントがどのようにコミュニケーションをとりたいかを理解し、さらに、クライアントのスタイルにうまく合うようにしている。

□ 自分の目下の関心が何かを知っている。自分を怒らせている行動や状況に気づいており、それを特定でき、かつ、自分の反応を制御できる。

□ クライアントが話している内容と、実際に意味する内容とがかなり違っていることがあると理解している。だからといって驚くわけでも、困るわけでもない。

□ クライアントも自分もいっしょに過ごすことを楽しんでおり、クライアントも頻繁にそれを打ち明けてくれる。

□ プロフェッショナルとして、自分の仕事ぶりについて、クライアントからの定期的なフィードバックを進んで求めている。

特質❸

第4章 ディープ・ジェネラリスト

広く、深い知識を身につける

エキスパートとは、新しいことを学ぶのを恐れる者である。新しいことを学べば、もはやエキスパートではなくなってしまうからだ。

――ハリー・S・トルーマン（第三十三代大統領）

オグルヴィ&メイザーを創設した広告界の天才、デイヴィッド・オグルヴィは、ディープ・ジェネラリストに転じたエキスパートの典型である。彼は転身によって、自分自身にもクライアントにも大きな価値をもたらした。まだ駆け出しの頃、彼は有名なロールスロイスを顧客として獲得した。広告キャンペーンを企画するには、会議室に閉じこもってブレインストーミングをするのが一般的だったが、オグルヴィはロールスロイス社とその車に関する徹底的な調査を始めた。数週間かけてエンジニアや管理職などにインタビューし、会社について書かれたすべての文章を熟読した。そして地味な技術系専門誌に「時速一〇〇キロで走行中の新型ロールスロイスの室内で、最大の騒音源は電気時計である」と書かれているのを読んだとき、オグルヴィにアイデアが浮かんだ。エンジニアにとってはただの事実のひとつにすぎないものが、独創的な広告人にとっては、とてつもない成功への足がかりとなった。オグルヴィはこのコピーで印刷広告を企画し、イギリスの高級雑誌に全面広告を出した。ロールスロイスはこの広告で賞をとり、他の自動車メーカーは自分たちの宣伝にオグルヴィのアイデアを使った。その結果、長年にわたって車内の静粛性が、何百という車の広告の主要な訴求ポイントとして使われることになった。

オグルヴィは、学ぶことについて明確な哲学を持っていた。広告関係のプロフェッショナルの多くが、新しいアイデアを生むために「クリエイティブな直感」だけに頼っていたにもかかわらず、オグルヴィは、その企業の製品、顧客、さらに競争相手に関するすべての側面について詳細なリサーチが必要だと考えていた。彼は著書『「売る」広告』のなかの「知識を求めて」と題する項目で、こう書いている。

「かつて、イギリス国王ジョージ五世お抱えの医者であるヒュー・リグビー卿に、〈どうすれば優れた外科医になれるのですか〉と尋ねたことがある。リグビー卿は〈手先の器用さではさほど違いはない。優れた外科医を際立たせるものは、他の外科医よりも多くを知っているということだ〉と答えた。広告代理店にも同じことがいえる。優れた代理店はライバルよりも多くを知っている」[1]

この教えは、ビジネス・アドバイザーにも当てはまる。リーダーシップの権威であるウォレン・ベニスも、オグルヴィと同じことを言っている。「真に優れたアドバイザーへと進化するプロフェッショナルは、ディープ・ジェネラリストである。彼らは、広く深い知識を独特の方法でブレンドして、身につけている」。ディープ・ジェネラリストになったプロフェッショナルは、平均的なプロフェッショナルに比べ、より多様な方法で、より多く、より一貫して付加価値をつけることができるのだ。

より多くを知るプロフェッショナル

ディープ・ジェネラリストは、組織開発や財務会計など核となる専門知識を持っている。その上に、関係する知識を（ときには関係ない知識も）積み重ねている。その結果、専門的なスペシャリストというよりは、幅広い専門的知識を持ったビジネス・アドバイザーになる。ある種のソフトウェアプログラミングのように、一時的に特定のスキルが市場に不足することはあるが、そうした場合を除き、ただの専門的なスペシャリストはいつでも交換可能な汎用品にすぎない。真に価値のあるプロフェッショナルとは、弁護士、会計士、コンサルタント、あるいは、セールス・エグゼクティブのうち、機能的な専門知識を提供するだけでなく、クライアントのビジネスの全体像も理解している人たちである。

バンク・オブ・アメリカでクレジット・カード部門のトップだったアイリーン・フライアーズには、記憶に残る弁護士がいる。

「彼はものごとのビジネス的側面に対して強い興味を示し、戦略的な問題についても独創的な考え方を持っていました。案件についても全体を考えました。弁護士業にだけ、つまり法的な視点だけに固執する人たちとは違っていました」

ブロードバンドvsナローバンド

ディープ・ジェネラリストの喩えをあげるなら、鉄道と通信の発達が手っとり早い。十九世紀、アメリカの鉄道会社が使用する軌間（レールとレールの幅）の種類はたくさんあって、そのほとんどが狭いものだった。だが、幅の広い軌間には、狭いものに比べて格段の利点がある。安定感があって輸送力があがり、運転手もカーブのずっと先を見通せ、列車の速度を速めることもできた。今日では、かなり広い軌間が標準仕様となっている。同じことが、通信接続にも当てはまる。同軸ケーブルや光ファイバーによって、音声、動画、データなどデジタル化されたさまざまな形式の情報を伝えることができる。現代のブロードバンドは、ダイヤルアップの電話線のようなナローバンド接続とは比べ物にならないほど速い。

今日のクライアント・アドバイザーは、学習や知識獲得に、広い軌間ゲージ、つまりブロードバンドアプローチを導入する必要がある。積極的に取り組まなければ、自分の専門知識など「ありふれた資産」になってしまうおそれがあるのだ。コロラドの山のなかに取り残され、もはや二度と全米の鉄道網に接続されることのない、ゲージの狭い線路のように。

並外れたプロフェッショナルは、学ぶことが好きであり、得意である。ロイズTSBグループの会長であるピットマン卿は、こう要約している。

「優れたアドバイザーは、絶えず学ぶ人であり、過去の概念にとらわれない。クライアント企業内部の学習能力を促進するのに手を貸している」

確かに、クライアントと息の長い、深い関係を持つプロフェッショナルと話していると、知識を得ることについて、伝染性ともいうべき熱意を持っているのがわかる。アメリカの卓越した講師派遣エージェントであるレイ・ビューローのトップ、ビル・レイは、この点を強調する。

「数年前、私は頭の切れる弁護士と組んで、大手テレビ局と取引の交渉をしていた。当時それは私にとって新しい分野だったので、じかに理解し、経験したかった。取引全体で、時間にしてほぼ三〇〇時間かかったが、報酬はほとんどゼロに近かった。技術的に難しい取引だったし、私もゼロからスタートしなければならなかったが、それでも私にとって、集中的に学習するいい経験だった。学習するには自ら投資する必要がある」

ディープ・ジェネラリストを育てる

プロフェッショナル・サービス企業のなかでも、経営コンサルタントは明らかに、ディープ・ジェネラリストの育成に長いあいだ奮闘してきた。マッキンゼーは、このコンセプトをもとに発展した企業である。以前のマッキンゼーは、地域別の組織体系になっており、各事務所の権限が強かった。そのため、事務所ごとにジェネラリストのコンサルタントを抱えて、経営トップへの助言を行っていた。ところが、七〇年代に、ボストン・コンサルティング・グループやベイン・アンド・カンパニーといった新しい戦略コンサルティングファームが、この支配的な地位を侵食しはじめた。競合の脅威に反撃し、クライアントによりよいサービスを提供するため、マッキンゼーは新しいコンセプトを開発した。ジェネラリストとして複雑な問題に対処する経験を積みつつ、同時に一つの業界や機能について深い知識を兼ね備えるという「T型」コンサルタントという考え方だ。七〇年代後半、マッキンゼーはこのアプローチをさらに強化するため、地域別の組織体系に、一連の「業務機能別グループ」（たとえば、グローバル・マーケティング）と、「業種別セクター（たとえば、銀行など）」を重ね合わせたのである。

創設時からのパートナーとして、マッキンゼーの企業文化と組織作りに最も貢献したマーヴィン・バウワーは、このジェネラリスト的な視点を強く信じていた。この視点を持つには、コンサルタント同士でアイデアや経験を共有することが必要だと感じた。バウワーは、ニューヨークのオフィスで頻繁に昼食会を主催し、コンサルタントが、自分たちの仕事や苦労話について情報交換するよう奨励した。今では、多くのサービス企業が情報技術に多額の投資をして、経験の共有を制度として確立させている。その場所はランチルームからイントラネットへと変わった。大手企業において、こうした知識ネットワークの効率はさらに高まり、欠かせないものになっているが、昔ながらのバウワーの昼食会の楽しさにはとうていおよばない。

通常、プロフェッショナルを育てるには、スペシャリストの道からスタートさせる。個人のキャリアにとっては、そのほうがスムーズである。だが専門化することは、組織にとっても個人にとっても、将来の阻害要因になりがちである。狭い領域の専門化は、視野狭窄に陥りやすい。ディープ・ジェネラリストへの道を進むにも、深い専門知識の獲得が必要だ。重要なのは、専門知識の獲得に引き続き、あるいは専門知識の獲得と同時に、周辺知識を加えていくことである。ディープ・ジェネラリストへの道は一夜にしてならず。目指すのは早ければ早いほどよい。

まずは核となる専門知識を身につけることだ。サービス・プロフェッショナルは、最初は自分の分野によってそれが決まる。広告、法律、コンサルタント、財務などの専門分野だ。その後、その分野のなかで得意なものが決まる。エグゼクティブ・セールスなら、自分の業界や製品と同様に、セールス機能そのものが、自分の基本的な専門分野となる。すでに述べたように、深い専門知識だけでは、本書の主眼であるクライアントとの長期的な関係は築けないが、敬意と信用は生み出せるだろう。それがクライアントとの関係の出発点となる。

自分の得意分野を確立するときも、目標は高くもつことだ。今日の競争の激しい市場においては、専門分野での卓越性を備えていなければ、クライアントの目を引くことはできない。さらに、その分野での能力だけでなく、独自性も示す必要がある。アモス・タック・ビジネス・スクールのJ・ブライアン・クィン教授が示した粘り強さは、示唆に富んでいる。イノベーションに関するMBAコースを準備するために、クインは五〇〇〇冊に及ぶ書籍や専門誌を読み、研究した。のちにクインはこの分野に関する大統領顧問となった。

学習者の心構え

ディープ・ジェネラリストになるための必要条件は、学ぶという意識を高めることである。この重要性を要約したものが、古いとはいえ、いまだに新鮮な禅の格言にある。「学ぶ者の心構えができれば、教える者は自ずと現れる」。この力強いメッセージについては一言ずつじっくり見ていく価値がある。

●**学ぶ者**……優れた学習者は、自分のことを永遠に学ぶ者と考える。古代におけるその顕著な例はアリストテレスであり、現代ではピーター・ドラッカーだ。彼らは、教えているときでさえ自分の知識を増やそうとしている。ドラッカーはこう言っている。「経験の浅い学生は私から学ぶことがあまりない。私が彼らから何も学ばないからだ[2]」。偉大なる禅の指導者、鈴木俊隆はこう書いている。「初心者の心には多くの可能性があるが、達人の心にはほとんどない[3]」

●**心構え**……学習者になろうとするだけでは不十分だ。古い教えや概念を捨て去り、学ぶための心構えを持たなければならない。多くの人は、既存の問題を考えるのになかなか新しい方法を受け入れようとしない。最初に「昔、試してみたけど、役に立たないね」という反応を示す人が多い。その次は「多少のメリットはあるかもしれないけど」という反応。最後には「確かにそうだし、我々はもうずっと前からそのことを考えていた」とまで言う。学ぶ心構えのある者には、「自前のアイデア以外は価値がない」という意識はなく、新しい情報やアイデアを積極的に見つけ出して取り入れる。

●**教える者**……ほとんどの人は、教える者をかなり格式ばった意味で考える。大学の教授、指導者、著述家。我々の教え子や弟子でさえそうだ。一方で、貪欲な学習者は、教える者がさまざまな形で現れることを知っている。ときにはその姿を隠していることさえある。クライアントは教える者であり、配偶者や家族も同様だ。我々が読む書籍や雑誌も教える者であり、最も困難な経験も、すべて教える者だ。どんな競合他社も同じだ。たまたま出会った行きずりの人、たとえば飛行機で隣に座った人も、教える者になるかもしれない。

「若い人が私のところに来てひどいボスについて不満を言うとき、私は〈あなたたちはラッキーよ〉と言います。なぜなら、悪い上司に出会えば出会うほど、学べるからです[4]」。そう言うのは、オキシジェン・メディアの会長、ジェラルディン・レイボーンである。

●**自ずと現れる**……学ぶ心構えのある者は、教えてくれる人々、教えられる経験への目配りを怠らず、どんなときでもそれが現れるのを知っている。ある日ポール・マッカートニーは、曲作りのためにジョン・レノンの家に向かっていた。途中で乗ったタクシーの運転手に、仕事がきついかどうか尋ねた。「きついかだって？」運転手は答えた。「一週間に八日働いているようなもんさ」。うんざりするほど運転しているという彼の話を注意深く聞いたその日の午後、マッカートニーは、レノンといっしょにあの有名な曲『エイト・デイズ・ア・ウィーク』を書いたのである。

アリストテレス――世界で最も偉大な学習者

アリストテレスほど知識や学ぶことを愛した者はいないだろう。紀元前三八四年から三二二年まで生きたアリストテレスは、教える者にして、哲学者であり、科学者でもあった。書物などほとんどなく、苦労の末パピルス紙の巻物に手書きしていた当時、アリストテレスはギリシャで最大の図書館を個人で所有していた。ある隣人は、アテネの郊外にあるこの哲学者の家を「本を読む者の家」と呼んだ。有力者のコンサルタントにして、自身の学園（逍遥学派）の長であり、古代世界に知られていた事実を整理したアリストテレスは、永久に学ぶ者の態度を体現する人物だった。生物学、動物学、物理学、芸術、論理学、哲学、数学、行政学、その他もろもろ、アリストテレスが学ばなかった学問、習得しなかった分野や試みはほとんどなかった。たとえば、アリストテレスの動物界の分類法は、その後二〇〇〇年も使われつづけた。アリストテレスが最も貢献したのは、つまるところ、知識を整理し、それを系統だって学び、他の人々に伝えられるようにしたことである。彼の時代以後、我々は、物理学、医学、経済学などの「知識体系」を当然のものと考えている。この知識体系は、精査され、検証され、試されるとともに、組織的に研究されている。

アレクサンダー大王は、三十歳にして当時知られていた世界のほとんどを征服した。彼は、十代の三年間、このアテネの師から薫陶を受けた。アリストテレスは、アレクサンダーに対して、本書で論じているような意味（つまりアレクサンダーをクライアントとする意味）でアドバイスをしたわけではなかったが、この古代の哲学者こそ、学ぶことへの愛を象徴している。こうして彼は、アドバイザーとしての専門的知識をさらに深め、あらゆる分野にわたる知識をさらに広げた。アリストテレスは、学ぶことへの情熱を若きアレクサンダーに植えつけ、アレクサンダーは、征服先の外国で見つけた見知らぬ植物や動物を、師のもとに持ち帰ったと伝えられている。アリストテレスは、祖国においてこの贈り物を有効に生かし、この時代の学者たちに新しい発見の研究を勧めた。

優れたプロフェッショナルの学習習慣

クライアント・アドバイザーが知識を習得する戦略は、その内容もその方法も、エキスパートが追求するものとは根本的に異なる。アドバイザーは、さまざまな分野における新しい情報を絶えず吸収し、多様な学習方法を採用しながら、核となる専門知識の枠をはるかに超えていく。奥の深い、クライアントを中心に据えた学習を実践して、洞察力と、付加価値をつける能力をさらに高めていく。以下に示す図1がこの違いを示している。

学習領域

まずは三つの学習領域を検証しよう。すなわち、「核となる専門知識」「周辺環境」「個人的な興味」の三つである。

核となる専門知識

ほとんどのプロフェッショナルは、自分の分野での新しい展開に追いつこうと学習時間の大半を使っている。仕事を通して得られるものであれ、研修であれ、本や論文を読むことであれ、専門家としての自分たちを決定づけるコアな知識をさらに深めようとしている。

自分が選んだ分野で、真に卓越した奥深さを極めることは、新しいクライアントを獲得し、彼らに耳を傾けてもらい、

図1　学習の焦点

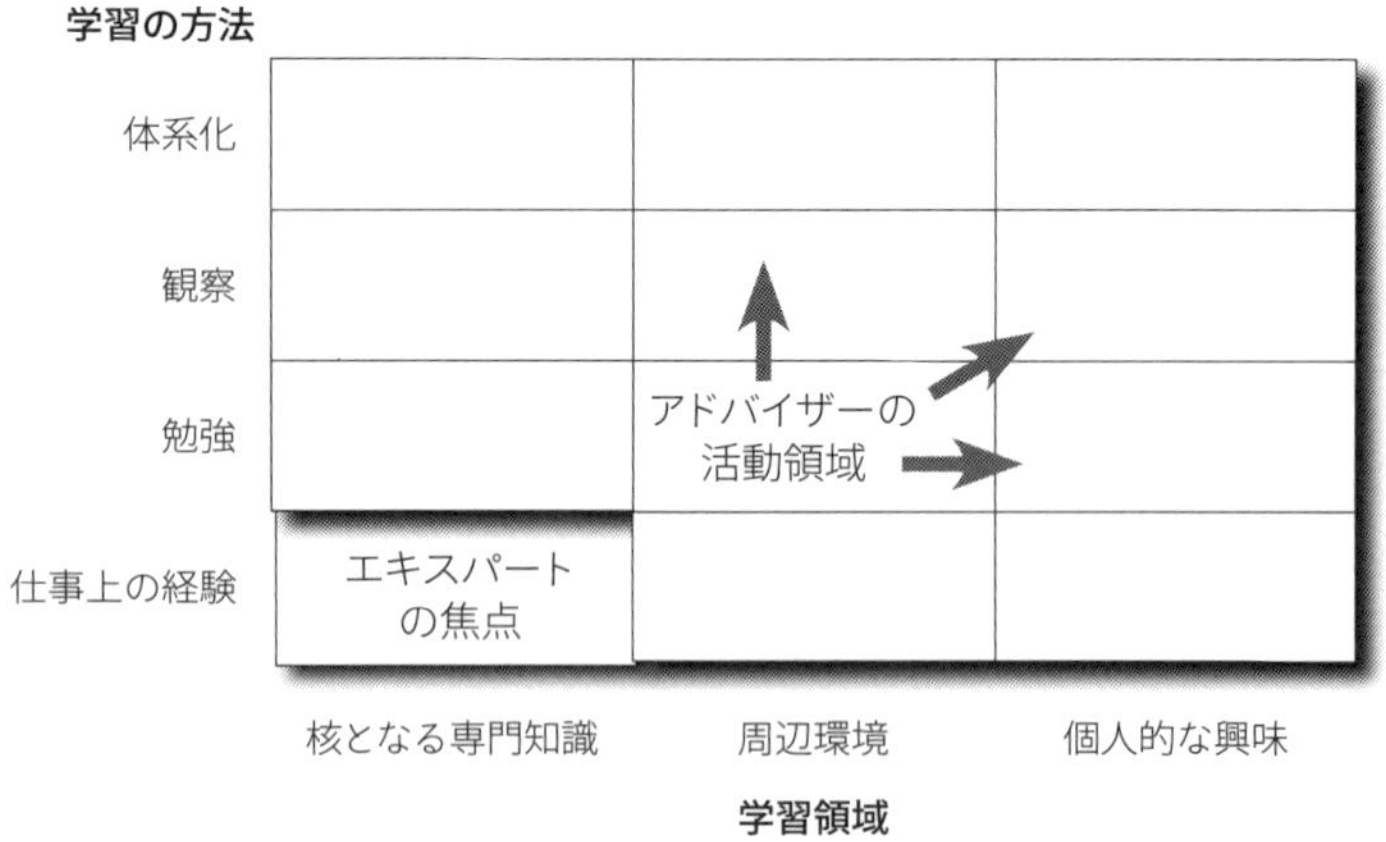

やがて固定客になってもらうためには欠かせない要件である。自分の核となる専門知識を最新にしておくだけでも並大抵のことではない。非常に長い時間を要するだけでなく、知識が陳腐化するスピードも、かつてないほど速くなっているからだ。ソフトウェアや医学の一部の専門分野では、その知識は数カ月とは言わないまでも、わずか二年ほどで陳腐化してしまう可能性がある。したがって、最新の知識を獲得するには、とてつもない努力が必要となる。

周辺環境

自分の専門分野の最新知識を仕入れるだけでは、クライアントのロイヤルティを高めるには十分ではない。すべてのプロフェッショナルは、自分の専門知識をより大きな周辺環境に適用している。周辺環境といえば、多くの場合はビジネス環境や経営環境を意味するが、医療や行政の分野で働くプロフェッショナルのなかにも、専門の領域を広げている者は多い。この基準で見ると、脱落するエキスパートは多い。企業戦略に関する最新の考え方に詳しい弁護士が何人いるだろうか。IT関連のコンサルタントで、行動心理学やマーケティングを理解している者が何人いるだろう。ここでいう周辺環境は、次のように多くの領域から構成される。

- クライアントの競合先、サプライヤー、顧客
- その業界の変化を促す戦略的な力
- 国際的な開発や政策のように、クライアントに影響を与えるマクロトレンド

● 組織体制、製品、販売網、テクノロジーなどを含めたクライアント企業自身
● 自分の特定の専門知識を取り巻く機能的な分野。すなわち、戦略、マーケティング、業務、IT、財務など
● 隣接する業界、あるいは類似した業界

さらに注意を払うべき個人的な周辺環境がある。クライアントの願望、目標、価値観のほか、職業上の地位や家族の状況などの情報である。ほんの一部でも、ここまで調べているプロフェッショナルはほとんどいない。とはいえ、こうした知識を習得すれば、クライアントに合った、画期的な解決策を生み出し、クライアントの目に際立った存在として映るのは明らかだ。

第1章で紹介した経営コンサルタントのジェームズ・ケリー、投資銀行家のナンシー・ペレッツマンは明らかに能力が高かった。二人とも、クライアントを取り巻く周辺環境に身を投じたからだ。たとえばペレッツマンは、かなりの時間を割いて、その業界、つまりニューメディア、インターネット、コミュニケーションなどについて書籍を読み、研究した。クライアントを取り巻く状況を理解したことで、多くの有効なアイデアが生まれたのである。

MACグループの社長というキャリアの真っただなかでヨーロッパに移ったジェームズ・ケリーは、その掌中にまったく新しい専門知識、すなわち国際的ビジネスを加えた。一九八〇年代半ばにグローバリゼーションが熱を帯びるにつれ、クライアントが業務展開するうえで、彼の国際的知識が、多大な付加価値を提供し、その権威を大いに高めた。

個人的な興味

自分の楽しみのための学習は、それが、外国語を習うことであれ、旅行や、歴史物とか哲学の本を読むことであれ、趣味を追求することであれ、今日では不足気味である。多くのプロフェッショナルは、自分の得意分野を維持し、関連する最低限の読書だけでも手に余ると考えている。しかし、優れたプロフェッショナルの学ぶ熱意は、ビジネス書や、自分たちの専門分野に限らない。クライアント・アドバイザーとして著名な、ベイン・アンド・カンパニーのコンサルティング部門長であるオリット・ガディシュが話してくれた。

「私は一年に一〇〇冊は本を読む。そのほとんどはビジネスと関係ないものだ。ビジネスリーダーが私と話すのを楽しんでくれる理由はこれではないかと思う。私の視点は、仕事の話の枠を超えているのだ」

個人的な興味が、いつ、仕事上のチャンスやクライアントの役に立つかは誰にもわからない。ある経営コンサルタントが、自分の興味から大学でフランス語を学び、その後一年間をパリで過ごした。数年後、彼はロンドンで働いていたが、所属するコンサルティング会社がフランスの企業を買収した。経営陣は、社内で人望があつく、フランスのトップとしてこの合併をまとめるのに役立つ人物として、このコンサルタントを選んだ。彼は、この仕事をこなすだけの語学力を持ち、フランス文化への造詣も深く、実質的には、数百人のなかでこの条件を満たすただ一人のプロフェッショナルだったのである。赴任後は、フランス語をさらに掘り下げて勉強しただけでなく、優れたフランス人コンサルタントをよく観察し、その仕事を体系化した。経営の経験とフランスに関する知識と感性があいまって、現地でのクライアントとの関係は非常に良好だった。

探求者になる

周辺環境と個人的な興味において、優れたアドバイザーは、探求的な学習に取り組んでいる。ひとたび自分の専門知識を確立すると、特にあてのない、好奇心にかられた調べものに多くの時間を割く。「一日に新聞を八紙読み、それぞれから異なる視点を得る」と話すのは、ウォレン・ベニスだ。「過去のテーマにしがみつかず、この二年間で自分の研究対象を根本から変えてしまった」とC・K・プラハラードは言う。これらは、偉大な学習者の象徴的なコメントである。彼らは、あくなき探求者なのだ。まわりにあるものなら何でも知りたいという子どものような欲求を持っている。よちよち歩きの幼児が家中の引き出しの中身をすべて手にしようとするのと同じだ。

我々は、子どもから大人へと成長し、制約があることを知るにつれて、「間違った」答えにひるむようになる。自分の専門知識に満足し、次第に好奇心は薄れていく。もはや、一見してばかげた（だが重要な）こと、たとえば「ヤマネコはガラスを食べられるか？」などと尋ねはしない（この質問は最近、著者が六歳の子どもから受けたものだ）。アインシュタインの、大人になってからの研究のほとんどは、彼が十代のころによく空想していた、ふざけ半分の疑問に端を発している。たとえば、十六歳の若きアインシュタインは自問した。「光速で移動したら、まわりはどう見えるだろう？」「光を追い越すことはできるだろうか？」。彼はまた、箱に入って長い縦坑を落ちていく人のポケットの中身はどうなるだろうと考えた。中身を取り出したら、箱の底に落ちるのか、それとも空中に留まるのだろうか、と。[5]

我々は、すべてを知りたいから始まって、すべてを知っていると考えるようになる。環境への反応が遺伝的にプログラムされている多くの動物の子とは異なり、人間は、その行動や反応を外部の刺激に合わせて変化させる。我々は互いに情報をやりとりして環境を学ぶようにできているのだ。若いころの興味や知的好奇心を失わず、大人になっても探求者でありつづける人もいる。イタリアの歴史家で作家、旅行家でもあるパオロ・ノバレシオは、探求者の考え方についてこう述べている。

「成人が探求を続けるには、遊びという装置が必要だ。（中略）探求者とは、いつも浮ついており、異色の存在、アウトサイダーである。ある意味で彼らには〈子ども〉の部分が残っており、彼らが生きている社会の抑圧から解放された心を持っている[6]」

学習の方法

ディープ・ジェネラリストになりたいなら、いかにして学ぶかを考えるべきである。これは、学習態度と、具体的な学習戦略の両方を機能させることを意味する。

最も効率のいい学習者は、心を開くという意識を育てる。これは、古くからの仏教徒の概念で、ハーバードの心理学者エレン・J・ランガーが、現代の教育現場で研究してきたものだ。ランガーは、心を開いた学習には三つの要素があるとしている。すなわち、「新しい領域の継続的な創出（異なるフレームワークなど）」「新しい情報を受け入れる姿勢」「暗黙のうちに、二つ以上の視点を認識すること」の三つである[7]。心を開くとは、本質的に、柔軟性のある、開放的な知性を育てることを意味する。心を開いた学習の反対は、「古いパラダイムにとらわれてしまうこと」「新しい情報やアイデアへの感受性が鈍くなること」「かたくなに、この世界をただ一つの視点で見ること」である。

「学習の焦点」と題した先の図1（一二二頁）を思い出してほしい。縦軸に書かれた「学習の方法」のすべてを活用することによっても、学習速度を速めることができる。

● **仕事上の経験**……ほとんどのプロフェッショナルは、学習の大部分を日々の仕事を通して行っている。しかし最高の学習者は、経験で得た学習だけにとどまることはない。

● **勉強**……読書が中心だが、公教育、セミナー、ワークショップなどにもおよぶ。

● **観察**……観察そのものが知識獲得の方法になる。我々は人々やまわりの状況をどこまで注意深く観察しているだろうか。

● **体系化**……この方法は、多くの優れたプロフェッショナルによって実践されている。彼らはキャリアの早い段階で、成功したロールモデルを特定し、それを模倣する。たとえば、メンタリング（指導教育）というのもこの体系化が基になっている。

エキスパートが大半を仕事上の経験によって学習するのに対して、アドバイザーは、経験に基づく学習に加えて、勉強も行う。鋭い観察力を育て、それがさまざまな状況で学習する力をさらに強化する。しかも彼らのまわりにいる個人を成功のロールモデルとして活用する。

学習量

普通のプロフェッショナルと優れたプロフェッショナルの学習習慣に関する大きな違いは、後者が積極的に知識を獲得するためより多くの時間を費やしていることだ。核となる専門知識を強化する時間を比較しても、割合は少なくなるものの、実際に費やす時間量は、平均的なプロフェッショナルよりはるかに多い。

両者の学習習慣のもう一つの違いは、どこに学習時間を費やすかだ。エキスパートは、大半を自分の分野に割いている。アドバイザーは、その専門知識をさらにいっそう大きな文脈でとらえるようにしている。彼らはまた「雑多な」学習にも力を入れている。つまり、楽しみや趣味のためなのだが、それが彼らの直感力や統合力を高める効果を持っている。こうして、学習時間のおよそ半分を探求的な学習領域、つまり周辺環境と個人的な興味に費やしている。一方、典型的なエキスパートは、こうしたものにわずかな時間しか割かない。この章の冒頭で、トルーマン大統領が、新しいことを覚えるのを恐れるエキスパートについて嘆いたとおりなのだ。「新しいことを学べば、もはやエキスパートではなくなってしまう」

比類なきディープ・ジェネラリスト、ピーター・ドラッカー

ドラッカーは、ほぼ独力で現代の経営学の世界を築いた人物である。彼こそが、偉大なるアドバイザー

の最高の手本であり、学習に関する三つの領域のすべてを楽しんだ。一九二〇〜三〇年代初頭、若き日をウィーンで過ごしたドラッカーは、さまざまな人々、さまざまな経験に親しみ、それがのちの経営学に関する画期的な著作の基礎を築いた。両親のインテリの友人仲間（フロイトもいた）と長い夜を過ごし、オーストリア・ハンガリー帝国の崩壊やナチの台頭を目の当たりにした。さらには、著名なウィーンのサロンにも加わった。サロンでは、当時の主要人物たちが個人の家で長々とディベートを繰り広げた。博士号をとったのは公法と国際関係だったが、卒業するまでに経済学や歴史にも没頭した。ＧＭに関する研究は独創性に富んだ著書『企業とは何か』へと結実した。ドラッカーが取り組んだ職種は幅広く、ジャーナリスト、編集者、銀行家、証券アナリスト、大学教授などがある。

ドラッカーは、まわりの人々を観察し、彼らから学ぶという並々ならぬ能力を持っている。その著書『傍観者の時代』には、小学五年生のときの教師から、「キッシンジャーを作りだした男」として知られるフリッツ・クレーマーまで、幅広い人々の横顔が見事に描かれている。そしてその一人ひとりから、人生の教訓を引き出している。我々なら見逃してしまうだろう。

ドラッカーはどうやって、こうした広く深い知識を生み出したのだろう。彼のおかげで、経営学はただの専門領域ではなく、より広い学問になったのだ。伝記作家のジャック・ビーティは、ドラッカーの言葉を使って、こう要約している。「経営とは、人間の価値観や行為、社会秩序や知的な探求を一体化していくものであり、経済学、心理学、数学、政治理論、歴史や哲学を原動力とする。言ってみれば教養科目なのである」[8]。現代の経営学の実践に、ドラッカーがどう貢献したかは、今我々が当然と考えている多くの基本的な概念を考えればわかる。目標管理（ＭＢＯ）、分権化、知識労働者のコンセプトなどである。

歴史への造詣の深さによって、現代の現象を、我々の思いもよらない文脈で捉える。たとえば、アメリカ心臓医学協会が、医療現場のオペレーションを再編成したのも、彼が理事たちに、イギリスはわずか一〇〇〇人の若い男たちだけでインドを支配したことを示したからだ。[9] 情報技術に関するドラッカーの最近の論文「新情報革命[10]」では、現代の情報技術のプロフェッショナルとマーケティング・エグゼクティブの関係性と、十七世紀の印刷業者と出版社の関係の類似性をその深い洞察力で描いている。

ドラッカーがこのような見識の高さを示したのは、頭がいいからだけではない。むしろ、自然に備わった知性と、底の深い、幅広い知識とがうまく融合しているのが彼のユニークな点だ。それらすべてがクライアントとの仕事にはっきり表れている。シティコープの前会長であるウォルター・リストンは、一九六〇〜七〇年代にドラッカーと仕事をした時代を思い出す。「彼はかなり視野の広い人間で、いつも誰にも真似できないものを見据えているようだった。クレアモントでの最後の年だけ、彼といっしょに教壇に立った。それはもう実に楽しい経験で（中略）歴史的な事実を現代の視点から見直して、我々を驚かせた。まったく疲れを知らない学習マシンだよ！」。他のクライアントも同じような反応を示す。「彼は問題の答えを考えさせるだけではなく、その理由まで考えさせる[11]」

幅広い知識がイノベーションに火をつける

専門知識と、より広い視点とを融合させるというテーマについては、次章で再び取り上げ、優れたアドバイザーが、単なる分析ではなく、大局的な思考、つまり統合によって付加価値をつける方法を検証する。最も高い価値をもたらすのは、幅広い専門分野にわたるアプローチをとる人のようだ。これが、多くの分野で課題となっている。

ノーベル賞を受賞したマレー・ゲルマン、全米科学財団の前ディレクターであるエドワード・クナップなど数人の主要な科学者による、一九八四年のサンタフェ研究所の創設の背景には、この問題意識があった。すなわち、現代の科学者たちは、あまりにも深く専門領域に入りすぎたため、専門外の人間は彼らが書く研究論文を読むことさえできない。ニューメキシコ州のサンタフェ研究所では、物理学、数学、生物学、歴史、オペレーションズ・リサーチなど、多様な分野からの科学者や教授陣が集まり、プロジェクトごとに連携する。サンタフェ研究所の研究結果は注目の的であり、複雑系理論、学習し進化するコンピュータ・シミュレーション、生命の起源に関する新しい見解といったアイデアにあふれている。今や世界中のコンサルタントや学者たちが、定期的にこの研究所を訪れ、新しいコンセプトが生まれる土壌をじかに経験している。

マッキンゼーでワールドワイド・マネージング・ディレクターをしているラジャット・グプタは、多くの専門分野に関わる、幅広い視野が持つ実務的な利点をこう要約する。

「当社の最も優れたスタッフは、文学や古典を勉強し、そのあとでビジネスを学んだ者たちだ。彼らは、さまざまな組織で仕事に与える数々の影響力をかなりよく理解しており、意思決定をするにも調和のとれた方法を使う。私から若い人たちにアドバイスするとしたら、あまり早くから一つのことに的を絞ろうとしないことだ[12]」

クライアントに関する学習の三つの段階

プロフェッショナル・アドバイザーは、ディープ・ジェネラリストへと進化する過程で、知識の深さと広さを、枠にとらわれない方法で追求していく。この知識獲得については、特に強調すべき際立った側面がある。クライアントについて学ぶことである。第1章で述べたように、いい仕事をすることと、クライアントを「満足させること」だけでは、長期にわたるクライアントを獲得することはできない。優れた仕事をして、その上で洞察力を発揮し、公私ともにクライアントとの関係を発展させることで、継続的に付加価値を与えることができれば、高いロイヤルティが得られるだろう。クライアントに関する徹底した知識を得ることが、最善かつ最短の道である。

クライアントに関する学習については三つの段階があり(図2、次頁)、それぞれの段階をこなしていけば、提供する価値がいっそう高まる。

● **クライアントの業界**……今日、ほとんどのクライアントは、業界に関する知識や専門性について一定のレベルを求める。クライアントが属する業界や、そのなかでのクライアントの位置づけに精通していなければならない。これは最初のステップとして重要であるが、この知識だけではプロフェッショナルとしての差別化は図れない。

●**クライアントの会社やその組織**……クライアントの戦略や業務に精通する。そうすれば、新しいアイデアや解決策を提供する能力が格段に増す。組織内の人間について理解することもまた重要である。助言する相手がCEOだろうと部門長だろうと、その人の部下を知れば、アドバイザーになるにはますます有利になる。

●**クライアント本人**……最後のステップは、公私にわたってクライアントを知ることである。クライアントの強み、弱点、好みなどを理解するようになれば、いつ押しの一手を使うか、どこで引くかがわかるようになる。相手の世界観やパラダイムを評価し、自分のアイデアをどう売り込むか、また、どうすればそれらを最も効率的に理解してもらえるかがわかる。クライアントに関する学習でこの段階に至れば、並外れた付加価値を提供することができ、唯一無二の存在になれる。

あなたが税理士、ファイナンシャル・プランナー、ある

図２　クライアントに関する学習

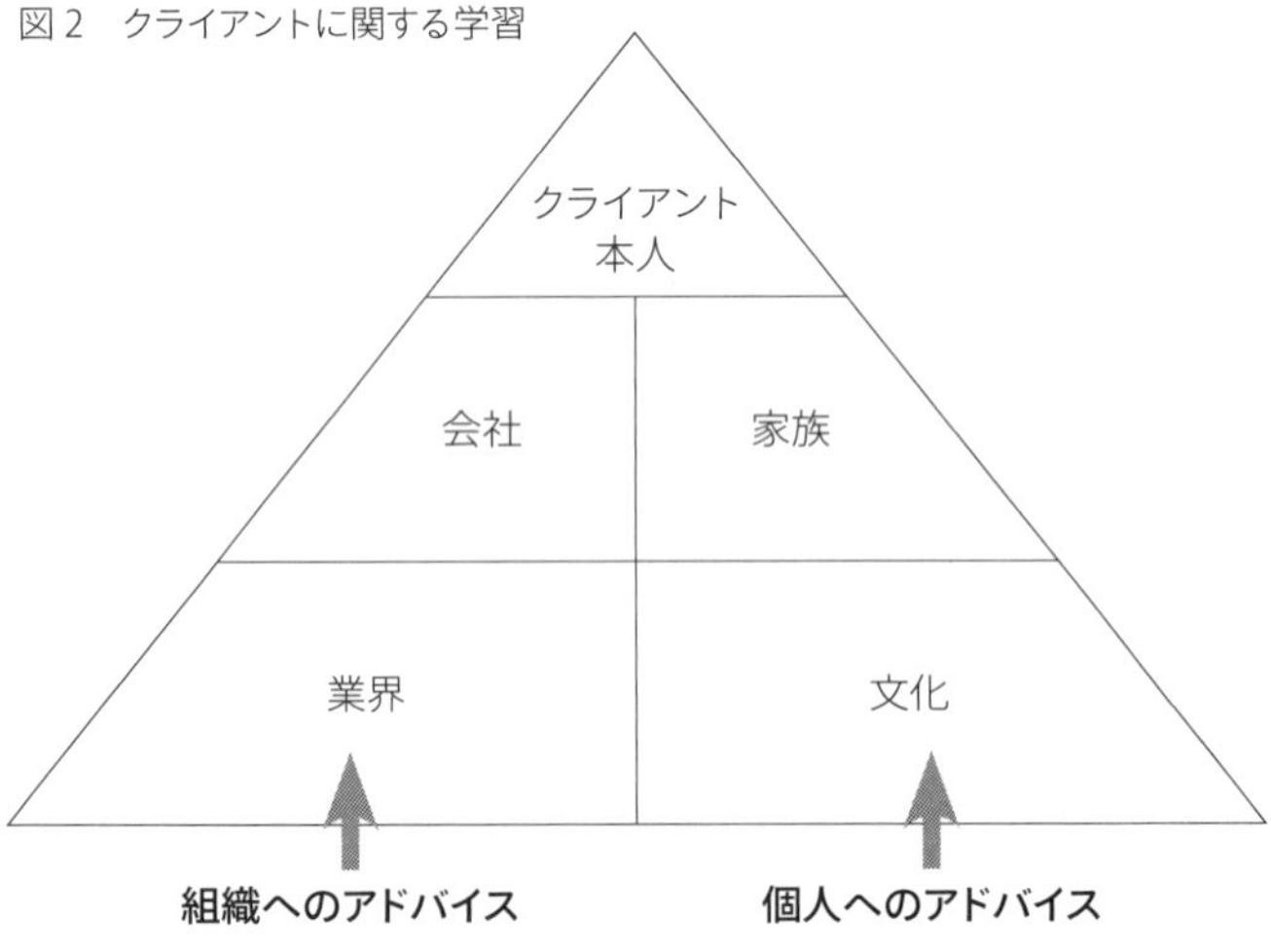

いはその他のプロフェッショナルで、組織にではなく個人に助言している場合、図2の右側に示された部分に類似した階層があり、これを習得する必要がある。

● **文化**……クライアント個人は、その人の文化によって、まったく異なる価値観、世界観、リスク選好を持つ。ここで文化が指すものは、さまざまだ。人種や民族、宗教を意味することもあるし、地理的な場所を示すこともある。たとえば、個人が借金の山を作っても、ある文化圏では奨励され、称賛すら得るかもしれないが、別の文化圏では忌み嫌われることもある。

● **家族**……企業弁護士やコンサルタントが、助言先の企業の組織を研究するのに対して、個人のアドバイザーはクライアントの家族について知らなければならない。何人いるのか、どんな家族か、家族関係はどうなっているか。それを知っていれば、よりよいアドバイスを提供できるだろう。

● **クライアント本人**……ここでも、このピラミッドの頂点は、クライアント本人であり、さまざまな点から理解するようにしなければならない。

この三つの段階をすべてクリアしたとき、クライアントのニーズを先取りする能力は頂点に達する。思いがけない解決策やアイデアをもたらし、クライアントに対する健全な第三者機関として役立ち、さらにはクライアントに快適さや安心を提供する。クライアントについて学習するには、共感力が非常に重要である。健全な共感力がなければ、クライアントに関する知識をこの段階まで高めることはできない。

独自の知識を身につける

クライアントに関する単なる一般的な知識を身につけるだけが目標ではないことを頭に入れておこう。クライアントの組織、企業について、クライアントさえ知らないことを学ぶ必要がある。相手のビジネスの側面について、顧客ニーズ、組織的な力学、技術的な課題などについて教えられるくらいの立場に立つ必要があるのだ。それまでクライアントが気づきもしなかったような側面だ。新しい知識は、クライアントにとって真の価値を意味する。二番煎じの、古い情報など無益なだけだ。

十九世紀初頭、ヨーロッパで銀行業を営んでいたロスチャイルド家は、秘密兵器を持っていた。伝書鳩である。伝書鳩は、彼らのクライアントが知るよりはるかに早く、ワーテルローでウェリントンがナポレオンに勝利した、といった大きな出来事に関する情報を伝えた。フランスの政治家であるタレーランが、かつてため息をついたことがある。「イギリスの内閣にはロスチャイルドがいるから、スチュアート卿に報告書が到着する十~十二時間前にはすべてを知らされている[13]」。この「情報優位性」こそ、ロスチャイルド家にとてつもない競争優位性を与えたものだ。

巨大保険企業フォルティスの会長であるアレン・フリードマンは、長年彼の担当者だった銀行家が転職したとき、その銀行に口座を移した。理由をこう明かした。

「戦場では、息のあった戦友が必要になる。厳しい状況にあっても、その人物がどんな行動をとるか予測できるからだ。この人物を私の戦略に沿うよう教育するのに数年もかかった。長年の取引を通じて、彼は我々が何に強く、何に弱いかを知っている[14]」。業界、会社、クライアント本人という、三つの段階にうまく取り組むことによって、この銀行家は「生涯のクライアント」を獲得したのである。

ディープ・ジェネラリストになること

デイヴィッド・オグルヴィが示唆したように、より知識の幅を広げつづけるディープ・ジェネラリストになるにはどうすればいいだろう。決まったやり方などない。それでも、我々が検証したアドバイザーには、ある習慣や行動特性が見られる。

教えることを通じて学習する

優れた学習者は教えることを好み、教えることで自ら学ぶ。アリストテレスにとっては学ぶことも教えることも不可分に結びついていた。ある主題について、自分の知識を他の人に伝えられないかぎり、それを本当に習得することはできない、と彼は信じていた。ドラッカーも同じ考えを持っている。ドラッカーが教えることが好きなのは、学生から多くを学べるからだ。それどころか、歴史上の優れたアドバイザーには教職を経験した者が多い。キッシンジャーは、ニクソン政権で国務長官になる前は、ハーバード大学の教授を長く務めていた。ルーズベルトの戦時アドバイザーだったジョージ・マーシャル将軍は、長いあいだ軍の士官学校やその他の訓練センターで教鞭をとっていた。

何かを教えるには、自分の知識を整理し、系統立てたものにしなければならない。このプロセスが、考えを固め、ギャップを突き止め、知識をさらに深化させる。

プロフェッショナルが教える機会はたくさんある。企業に勤めているなら社内教育、クライアント向けのセミナー、業界のカンファレンスでの講演、メディアへの寄稿、大学や大学院でゲストとして講義するといった機会である。何らかの教育機関で実際に講座を持つこともあるかもしれない。

探求すること

管理職から経営幹部に昇進する際の最大の障害は、狭い、きわめて技術的な視点である。同じことはプロフェッショナルにも言える。もしあなたが会計士なら、ファイナンスと相互に関係する機能、つまり、マーケティング、販売、エンジニアリングなどの機能に関する知識を身につけなければならない。コンサルタントなら、対象領域が情報技術であれ、物流であれ、人事であれ、クライアントの広いビジネス戦略に適合させる方法を理解しなければならない。

もう一つの重要な領域は、ビジネス上の周辺環境とはまったく無関係なところにある。文化、政治、宗教である。自分自身の文化や国の状況、そして先入観を理解するためには、他人のことを知らなければならない。その方法はいろいろある。状況が許すなら外国に住んでもいいし、旅行したり、勉強したり、さまざまな友人や仲間を持ってもいい。この領域については、ウィリアム・デュラントの『世界の歴史』シリーズや、チャールズ・ヴァン・ドーレンの『知の全体史』を読むのがいいきっかけになるかもしれない。これさえ読めばディープ・ジェネラリストになれるという本はないが、これらの書物は読むだけでわくわくするし、過去三〇〇〇年にわたる、最も重要な知識や文化、発見を手際よくまとめてある。二晩かけて読むだけでも、古代ギリシャがいかに重要だったか、また、十七世紀のヨーロッパに書物がどのような影響を与えたかがわかるだろう。そんなものに何の意味があるかって？　ドラッカーに聞いてみればいい。ただし、歴史や文化について学習するには、長期にわたって学ぶ習慣が必要であることを念頭に置いてほしい。無関係な事実や、とりとめのない雑学を蓄えてもあまり役には立たない。

アレグザンダー・ポープも『批評論』にこう書いている。

「生半可な知識は危険だ。深く飲みこむことだ。さもないとピエリアの泉［古代ギリシャにあったとされる神聖な泉で、この水を飲むと学識や霊感を得るとされた］を味わえない……」

遊びの役割

創造力がきわめて高い学習者の多くは、アイデアを思いつくときに子どものように考えることが研究によって示されている。彼らは新しいアイデアを「おもちゃのように扱う」のだ。批判や文句など気にせず、新しいアイデアをいじくり回し、さまざまな視点から眺める。子どものように「どうして？」と尋ねることが多い。アインシュタインは、遊び心を「生産性に富む思考には欠かせない要素」と見ていた。ニュートンも「自分がこの世界でどのように見られているかは知らない。だが自分にとってこの身は、海岸で遊ぶ少年にすぎない。真実という大洋が自分の前に未発見で横たわっているのに、ときおり、ツルツルの小石やちょっときれいな貝殻を見つけて遊んでいるようなものだ」と書いている。興味深いのは、最近の研究が、「遊びに夢中になる大人は認識力にも優れている」という裏づけを示していることだ[15]。どちらが先なのかはわからないが、相関関係はあるように思われる。

観察力

並外れたプロフェッショナルは観察力が発達している。仕事場だろうと、家庭だろうと、遊びの場だろうと、彼らは常によく聞き、観察している。ニュートンは、隣人から頭がおかしいのではと思われていた。その隣人はニュートンの浴室の窓から、彼がバスタブに何時間も横たわって石鹸の泡をじっと見ているのをよく眺めていた。いい加減お湯も冷めてしまうというのに（それにしてもこの隣人は一体何をしていたのだろう！）。むろん、ニュートンは時間を無駄にしていたわけではない。泡の動き、泡の形を維持している表面張力、浴室の窓からの光の回折をじっくりと観察していた。頭は忙しく回転していたのである。同じようなことが、フランスの細菌学者で、ワクチンを開発したパスツールにも言える。農地の変色した場所では、炭疽菌がいつまでも表土に生きつづけるように見えていたが、その理由は誰にもわからなかった。彼は、その土地を観察して、炭疽菌に関する重大な発見をした。農夫がその場所に病気で死んだ豚を埋めていて、さらに、ミミズが土の奥深くに潜り、炭疽菌を地表に運んでいたのである。[16]

あるプロフェッショナルが、海洋生物学者の助手として働いた、夏休みのアルバイトについて話している。仕事を始めようとすると、その生物学者は、ぬるぬるした冷たい魚を彼に与え、観察しておくように言うと姿を消した。日がな一日、魚を観察するのは死ぬほど退屈だった。二日目の観察が終わると、これまで気づかなかった、ウロコの模様や、皮膚や目など、その他の特徴に気づくようになった。三日目にしてやっとこの仕事から解放されたとき、彼は魚をじっくりスケッチしており、最初の二日間で見逃したさらに細かい点にも気づいていた。

「なぜ?」と自問することは、観察と学習を結びつける。じっくり耳を傾け、よく観察するだけでは十分とはいえない。常に「なぜか」と問いつづけ、観察したものに説明をつけようとすべきである。これを体系的に続ければ、脈絡のない観察も少しずつ知識へと変換できるだろう。

知識の獲得を日課にする

とかく我々大人は、学習をばらばらにしがちだ。学習が細切れになるのだ。セミナーに行ったり、ワークショップのために一週間休みをとったり、大学院に入学したり。学習は、運動やダイエットのように取り組むべきだ。それぞれのライフスタイルに組み込まれていなければいけない。毎日、何紙かの新聞を読むために時間を割くか、あるいは就寝前の二十分を読書に充てるようにすべきだ。

新しいものをすぐに読むことは、多くの有能な学習者が採用している優れた方法である。いつか読もうと思って、新聞記事や本や論文を山積みにしていても、読む時間などまずとれないだろう。しかも、それさえも、そのうちにもっと最新のものや急ぎのものにとって代わられるだろう。名高い未来派であり、『シナリオ・プランニングの技法』の著者であるピーター・シュワルツは、時流に乗り遅れないことについて、次のように述べている。

「僕が集めている資料すべてをどうやって記録しているかって思うだろうね。僕はすごいファイリングシステムを使っているわけでもないし、データベースがあるわけでもない。フォルダに入っている何百万という記事に見出しをつけているわけでもない。以前はシステムを整備していたが、そんなものは結局一度も使わなかった。ファイルを見直すこともほとんどない。むしろ、自分で自分を教育するように心がけているんだ。情報を頭のなかに放り込んで、自分のものの見方に影響を与え、楽器のように自分の注意力を調律している……ファイルのことなんて心配するな。自分の直観を磨くんだ[17]」

プロフェッショナルとしての専門分野と経験の範囲を広げること

経営改革のコンサルティングや消費財の広告に成功したからといって、その専門分野を今後何十年も維持する必要はない。とはいえ、我々はとかくそうしがちである。何しろそれによって自分の評判を築いたのだから、居心地のいい安心領域にとどまってしまうのも無理はない。我々が調査した多くの優れたプロフェッショナルは、その際立った専門知識を継続して育てるだけでなく、その上に新たな知識も積み重ねている。それがわかるのは、まったく新しい業界、まったく新しいタイプのクライアントや新しい専門分野に進むときだ。

クライアントは誰でも新しいアイデアやコンセプトに魅力を感じるものだ。十七世紀のイエズス会の賢い司祭であり、スペイン貴族のアドバイザーだったバルタザール・グラシアンはこう書いている。

「誰でも目新しいうちは尊重される。新しいものは誰にでも喜ばれる。まったくの新参者なら、凡人であっても、慣れ親しんだきわめて才能のある人間よりもはるかに高く評価される。優れた者も手垢がつけば、急速に色あせる[18]」

この現象に立ち向かうには、継続的に自分の専門範囲に新たな領域を加え、経験を広げることだ。

＊＊＊

案件ごとのエキスパートから、信頼されるビジネス・アドバイザーへと成長するためには、学習者としての心構えを身につけねばならない。知識獲得には多くの方法を活用し、コアとなる専門知識をはるかに超えていく必要がある。何よりもクライアントについて学ぶ努力を中心に据えるべきだ。すなわち、広く、深い知識と、クライアントやその世界を詳細に理解すれば、洞察力と、一貫して付加価値をつける能力を増幅するという力強い相乗効果が得られるだろう。

共感力が学習への道を開くように、ディープ・ジェネラリストになることで、大局的にものを考えることができるようになる。それが統合力であり、それによって自分を、真に人並みはずれたプロフェッショナルとして差別化できるようになるのだ。

あなたは、ディープ・ジェネラリストか？

- □ あなたの専門領域を超えた問題に関しても、クライアントからアドバイスを求められ、その判断は尊重される。
- □ 仕事にまったく関係のない問題を追究するのが好きだ。
- □ 出会う人や遭遇する状況に何かしら興味深い部分を見つける。
- □ 景色の細部、プレゼンテーションでの大事なポイント、他人の素振りなどで、人が気づかないことに気づくことが多い。
- □ 仕事は自分の学習にとって重要な情報源だが、それは多数の情報源のうちのひとつにすぎない。多くの知識は、幅広い読書、勉強、友人や家族との話し合いや議論、専門外の知識の追求、成功した人を注意深く観察することなどから得ている。
- □ 自分の得意分野から離れたことがある。新しい業界や専門領域などについて学んだり、見知らぬ土地に引っ越したり、場合によっては大きく仕事を変えたりしたことがある。
- □ コアとなる専門性に優れており、その専門分野を常に最新の状態にしている。

特質❹

第5章 統合力

大局的に思考する

経営者の多くは、自分の会社ばかり見ており、細部に入り込みすぎて道に迷ってしまう。引き返して、全体を見渡す大局的な視点を持つことは難しい。優れたアドバイザーは、それを可能にする。

——レジナルド・ジョーンズ（GEの元会長兼CEO）

マキアヴェッリは、フィレンツェ共和国の外交官として、また影響力を持つアドバイザーとして活躍していた。しかし一五一二年、商人一族のメディチ家が政権を握ると、あえなく失脚してしまった。政争の犠牲となったマキアヴェッリは裏切り者呼ばわりされ、監禁され、拷問を受け、ようやく釈放された。所持金はほとんどなく、プライドも踏みにじられた彼は、フィレンツェ郊外のサンタンドレアの小さな村にあるつましい自宅に引きこもった。七年にも及んだそこでの追放生活中に、これまでで最も洞察力のある、不朽の政治分析書を生み出した。それが『君主論』である。

この都落ちのあいだ、マキアヴェッリは、集中して読書に没頭した。リウィウス、キケロ、オウディウス、ダンテ、ペトラルカ……そのほとんどはラテン語やギリシャ語で、ペルシャ、ローマ、カルタゴ、スペインなどの帝国の動乱の歴史を年代順に綴ったものだ。

彼は学ぶこと自体にも大きな喜びを感じていたが、いくつかはっきりした目的を持っていた。第一に、君主の権力について本を書くことによって、自分の政治的な聡明さを新たに就任したメディチ家の支配者にアピールし、可能ならばメディチ政権でのポストを獲得したかった。さらに重要なのは二つ目で、彼はイタリアに安定と調和をもたらす構想を描くと同時に、これを広めたかったのである。

今日、我々が企業経営者やその組織について研究するのと同じように、マキアヴェッリは君主や政府について分析した。田舎の家に隠遁しながら、二〇〇〇年にわたる歴史の教訓を支配者のための簡潔な本にまとめたのである。権力を手に入れ、それを維持するための実践的なガイドブックである『君主論』は、フィレンツェの実質的な統治者だったロレンツォ・メディチに敬意を表すものとして捧げられた。

『君主論』がロレンツォに感銘を与えたかどうかは知るよしもないが、この作品は、以来多くの支配者や政治学者などから熱狂的な支持を得ている。称賛する者もいれば、忌み嫌う者もいたが、『君主論』は時の試練にも耐える数少ない名著となった。フランスのヘンリー三世は、一五八九年に暗殺されたとき、ポケットにこの本を入れていたと言われている。戦乱で混迷した十六世紀という状況を考慮しても、マキアヴェッリが提案した、指導者がとるべき冷酷な手法については受け入れがたいものがある。しかしそれでも、『君主論』に示された多くの教訓は、五〇〇年経っても驚くほど新鮮なのだ。

『君主論』で示されたリーダーシップや権力行使についての深い洞察は、クライアントに助言する現代のプロフェッショナルにとっても、重要な教えである。大局的なものの見方をしたいなら、この書物は特に参考になる。なぜなら、成功した支配者やその政策に特徴的な基本的なパターンを見事に抽出し、驚異的な統合力の手本を示しているからだ。君主の権力に関する重要な要素を統合していくにあたり、マキアヴェッリはさまざまなスキルやツールを活用し、実践した。本章はそれについて論じていく。

大局的思考の構成要素

マキアヴェッリはまず、彼のいう統合を進めるための基盤を整備した。彼は、統一され、安定したイタリア国家を実現するという、明確で包括的な目的を持っていた。当時、まだイタリアという国家は存在しておらず、五つの都市国家が権力闘争にしのぎを削っていた。そのうえ、フランスやスペインなどの外国軍が、頻繁に攻め込んで来ていた。マキアヴェッリは、安定と統一を重要な目的と位置づけ、それは強くて有能な君主によってのみ達成されると考えた。彼はまた、全体像を理解し、戦略的課題を整理することで、さらに基盤整備を進めた。フィレンツェ共和国の外交官として働いた経験と、豊富な読書量によって、彼は、十六世紀ヨーロッパの政治的・軍事的戦略の仕組みを完璧につかんでいた。さらには、この時代を通して、政治的な安定の鍵を握るものが何であるかもよく理解していた。

こうして基盤整備を終えると、マキアヴェッリは大局的思考へと統合するために、さまざまな〝ツール〟や〝テクニック〟を駆使した。政治史や軍事史を詳細に研究し、成功した支配者たちの傾向や共通点を探り出した。まず、過去の教訓から類推して、時代に合ったものを得た。次に、力のある大国だけでなく、防御力の低い国など、多視点での考察を行った。そして、それらを並べ、分類し、グループ化することで、結論を見事なフレームワークにまとめた。

たとえば、『君主論』の最初の章は、どのようにして他の公国を併合するかを取り上げているが、これは現代のビジネス・プロフェッショナルが、企業買収について与えるアドバイスと酷似している。マキアヴェッリは、古代ローマからの歴史的な実例をあげながら、併合を成就するための五つの洞察を導き出した。さらに、イタリアの征服に失敗したフランスのルイ七世を引き合いに出して、それをうまく要約している。征服した君主には、常にそれ以前の君主一族を追放し、一方で、征服した土地では税制を決して変更すべきではないと、この項を締めくくっている。現代に置き換えれば、買収したときは自分の経営陣を送り込み、従業員の報酬を変えてはいけない、ということになるだろうか。

最後にマキアヴェッリは、こうしたツールの使用を進め、統合を進めるのに必要な精神的、実践的習慣を多数取り入れた。隠遁していた時間を、リラックスし、思索にふけり、熟考することに利用した。来る日も来る日もひたすら集中し、田舎の家の狭い書斎で調べものをしては『君主論』の執筆に明け暮れた。こうして、科学、歴史、文学および軍事戦略などをまんべんなく研究しながら、総合的かつ大局的に考えることを実践したのである。

統合と分析

「統合（synthesis）」はギリシャ語の「複数のものを一つにまとめる」という意味から来ている。実際のところ、統合力の本質は、大局的な視点を持つことで、包括的なパターンやテーマを見つけることにある。この能力は、戦略的思考の根幹をなすものであり、アドバイザーがエキスパートよりも価値がある理由でもある。一本一本の木と、森全体と、両方に目を配れるプロフェッショナルは、すばらしい統合力を持つ人である。

統合について理解するには、多くのプロフェッショナルが得意とする分析と比較することだ。統合と分析はまったく別のプロセスを伴う反対のものである。分析とは、物事を要素分解し、所定の論理的な手順を踏んでその一つひとつを検証することである。対照的に、統合とは、アイデアやコンセプト、フレームワークを詳細な要素から組みあげるプロセスを伴う。その方法は、ときに非論理的、非標準的あるいは遠回りな方法であったりする。我々には統合力も分析力も必要であり、この二つは互いに補完しあうものである。ある問題の個々の要因を十分理解せずに統合していくことはできないし、ただ問題を分析するだけではクライアントへのアドバイスも限られたものになる。

分析するときは往々にして、古いフレームワークをそのまま使うことが多い。これでは、どこかで聞いたような結果しか出てこない。優れた統合力によって、パターンを見出し、重大な問題を単純化してフレームワークを構築し、古いデータから新たなアイデアや新たな結論を導くことができる。これは、ますます希少となり、価値の高まっているスキルだ。クライアントが問題に優先順位をつけ、実際に何をするべきか、把握するのを助ける。単に現状を示すだけではないのだ。

ヘンリー・ミンツバーグは、マギル大学の経営学の教授で、企業戦略の権威である。彼は、戦略的計画と戦略的思考との対比によって、分析と統合の違いを明確にした。

「戦略的計画は常に分析によって行われる。目標や目的を細かく分解し、それぞれの段階で予測される結果を理路整然と説明する。これとは対照的に、戦略的思考は、統合によって行われる。これには、直感と創造性が必要だ。企業全体を見る総括的な視点が得られるのは、戦略的思考によってである」[1]

プロフェッショナル・アドバイザーを積極的に活用するクライアントもまた、分析力と統合力の違いをはっきりと区別している。ある経営幹部は次のように主張している。

「ただ情報がほしいだけなら、エキスパートかコンサルタントに頼む。だがそれは本当のアドバイザーではない。アドバイザーなら、昔からある同じ問題に対しても、新しい視点、新しい見方を提供してくれる。我々が大局的な視点を持てるよう、手を貸してくれるのだ」

他のクライアントも、長期にわたって頼りにしているアドバイザーについて、次のように述べている。

● グローバルな視点を与えてくれる。
● 新たな視点を提供し、問題を見直すのに手を貸してくれる。
● 会議の場に大局的思考を持ち込む。
● 重要で、戦略的な問題にいつも集中させてくれる。それによって、議論の質が高まる。
● 細部にまで入り、戦術レベルに取り組む一方で、全体的な戦略にも目配りができる。

偉大な発見やアイデアは、統合力のたまものであった。まず直感が生まれ、あとからデータによってそれが証明される。科学者で教育者、そしてイギリス政府のアドバイザーだったニュートンは、万有引力の法則を発見するにあたって、科学史における最高の統合力を発揮した。ニュートンは、ペストが流行していたケンブリッジを離れ、田舎の小さな家にひきこもり、何千年ものあいだ人類が解明できなかった基本的な宇宙の物理法則を一挙に解明した。彼は、ギルバート、ガリレオ、デカルト、ケプラーなどの発見や理論をすべて利用し統合していくことで、統一的な原理やパターンを導き出した。彼はこれを「私は巨人の肩に乗せてもらった」と述懐している。

同じようにビジネスの世界でも、多くの経営コンセプトが登場した。分権化、目標管理、企業文化の重要性、学習する組織などは、定量的な分析からではなく、統合力による原則や一般化から生まれたものである。

マキアヴェッリの『君主論』の例で見たように、優れた統合過程には、三つの重要な構成要素がある。

一つ目は、「基盤」である。基盤を構成するのは、「目的意識」「全体像の理解」「重要課題の認識」である。

二つ目は、「ツールとテクニック」である。たとえば、「簡略なフレームワーク」「多視点からの考察」「パターンや共通項の発見」などである。

三つ目は、「精神的、実践的習慣」である。たとえば、「熟考」「観察力と集中力」「現場での実践」などである。これによって、ツールやテクニックを効果的に活用し、大局的な視点に到達することができる。図1は、大局的思考法の主な要素を示している。

それでは、詳しく見ていこう。

図1　統合力を高める

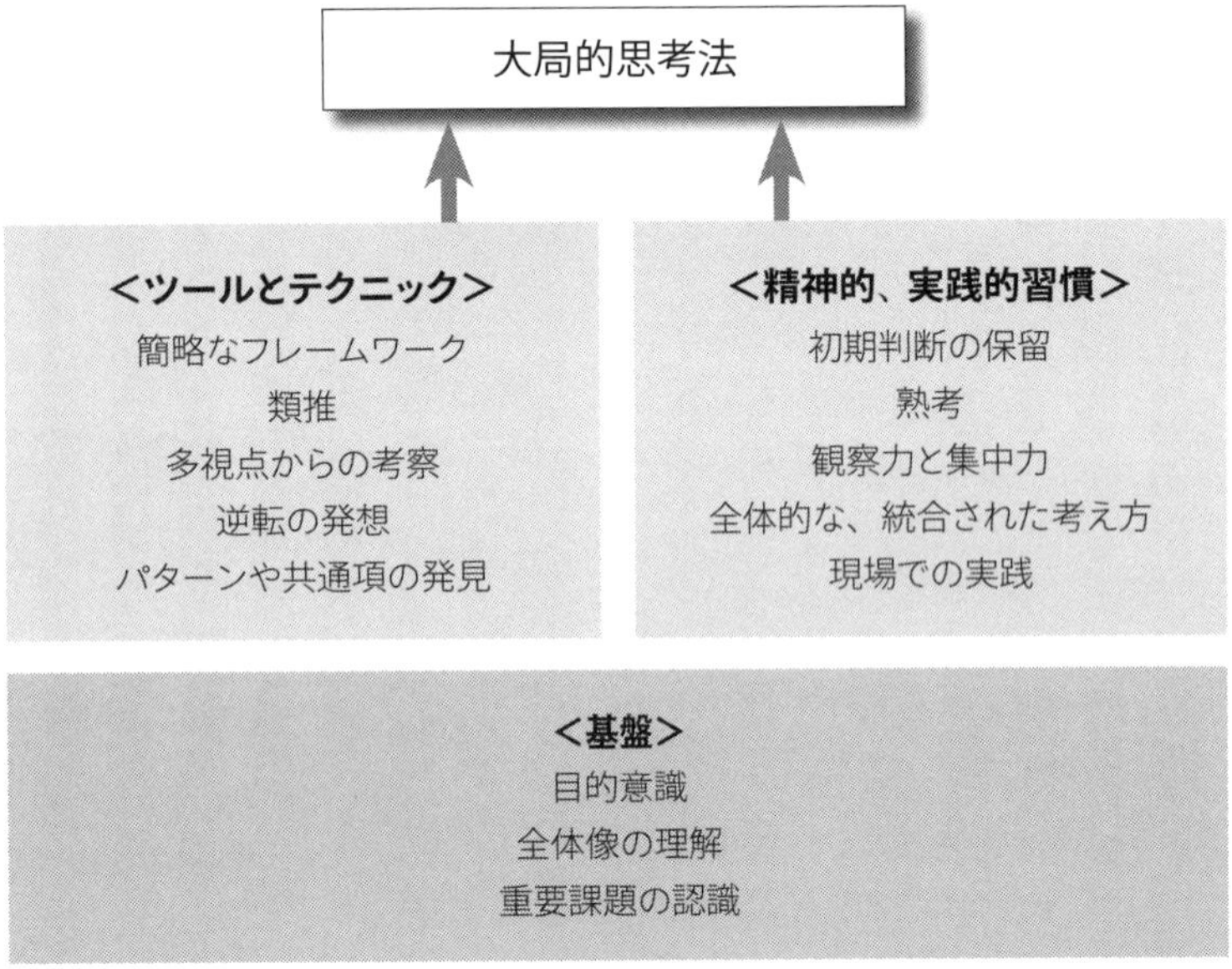

統合に向けた基盤構築

目的意識

優れた統合に向けた基盤構築の第一段階は、目的意識である。マキアヴェッリが『君主論』を執筆したとき、安定したイタリア統一国家の実現という最終目標を思い描いていた。現代のプロフェッショナルも、クライアントに対して結論や提案を策定するとき、同じようにすべきだ。「クライアント企業の買収防衛が目的」なのか、「有利な買収価格の獲得が真の狙い」なのか。「成長戦略を立案する」のか、「赤字を止め、差し迫った倒産を回避する」のか。「節税目的」なのか、「監査を避ける方策を探っている」のか。

統合プロセスを始める際には、最終的にどうなっていたいのかをはっきりと意識しなければならない。たとえば、一九八五年に弁護士のマーティ・リプトンは、敵対的買収への防衛策として、いわゆるポイズンピルを考案した。企業買収の分野における重要なイノベーションであるポイズンピルは、基本的に、新株予約権を既存株主に付与し、経営陣の意思に反する買収が高くつくよう設計されたものである。これは八〇年代のジャンク債での資金調達による買収ブームに対処する方法だった。リプトンを駆り立てた最優先の目的は、クライアントが、独立性を確保できるかどうかを選択可能な状態にすることだった。

全体像の理解

次に、全体像への理解を深めなければいけない。我々は、第4章でディープ・ジェネラリストになるためのツールをいくつか提案した。クライアントに関する知識を三つの段階（業界、企業、クライアント本人）で確立することや、クライアントの置かれている状況を深く、全体的に理解する、などである。

企業やその弱点について全体的な視点から考えようとする試みは、サービス業界の再編を促す原動力となっている。たとえば、エレクトロニック・データ・システムズ（EDS）は、経営コンサルティングのA・T・カーニーを買収した。クライアントに、経営戦略から業務にかけての広範囲な改革プロジェクトを提供できると考えたからだ。同じような理由で、コンピュータ・サイエンス・コーポレーションもコンサルティング会社のインデックスを買収した。今や会計事務所が弁護士を抱え、法律事務所も会計士に目をつけている。このような合併の動きを加速させているのは、個別の問題や機能上の問題は全体の問題から見れば一部であり、バラバラに扱うことはできない、という考え方からだ。もう一つの理由としては、グローバルなクライアントへの対応があげられているが、これは低成長業界での再編圧力を言い換えただけである。

全体像を眺めることの重要性は、医学界でも実証されている。数年前、ある若い女性が、第3章で紹介したイギリス人の医師マイケル・ゴームレイの診察を受けるように言われた。彼女は、大手多国籍企業のロンドンオフィスで、ある重役の個人秘書として働いていた。慢性的な扁桃炎と疲労に悩まされ、どんな治療も効かず、頻繁に仕事を休んでいたため、どうにかして完治したいと医師を訪ね歩いていたのだ。彼女のボスも、彼女が病気を治してすっきり仕事に戻ってもらいたいと考えていた。最初に診察した医者は、ただの扁桃炎よりももっと深刻な病気かと疑ったが、はっきり診断をつけられなかった。

ゴームレイ医師は、高額な検査（企業の場合は問題の徹底分析に当たる）をたくさん行うのではなく、この患者の既往歴や個人的なプロフィールの調査に時間をかけた。それによって判明したのは、彼女のボスが暴君で、週に何度か朝七時までに出社することを要求していたことだ。ロンドン中心部に向かう電車に乗るために、彼女は朝の四時半に起きなければならなかった。さらに、仕事と並行して夜間大学に通いつつ、病気の親を経済的に支援しなければならなかった。仕事には嫌気がさしていたが、どうにもならないと感じていたのだ。扁桃炎だけでも大変なのに、わがままなボスと私生活の面倒な状況が、彼女の免疫力を弱め、慢性の症状へと悪化させていた。大局的な観点からの解決策は、さらに検査することや、抗生物質を飲むことではなく、苦痛を緩和するための治療と休息、そして仕事の見直しを織り交ぜたアプローチをとることだった。そして、彼女の症状は、ほどなく改善したのだ。

重要課題の認識

経営者にとって、重要課題の選択、つまり、最も適切かつ意味のある優先事項や問題を明確にし、それに集中する能力は、欠かせないスキルである。経営者が重要な問題を明確にできなければ、過ちを犯し、職を追われることになる。コスト削減が最も差し迫った問題なのに、マーケティングにかまけているようだと、その経営者の先は長くない。ウォール・ストリート・ジャーナルやフォーチュンなどの紙面には、本来なら有能なＣＥＯが、そのエネルギーを見当違いの場所に注ぎ、優先順位を間違え、その結果、しびれを切らせた不満だらけの取締役会によって解任されたという話題があふれている。

スペシャリストからビジネス・アドバイザーへ進化しようとするプロフェッショナルにとって、優先順位をつける能力はさらに重要である。クライアントが外部のアドバイザーに期待するのは、最重要課題や優先事項に専念するのを手助けしてもらうことだ。その期待に応えるには、まず最終的な目標に照らして、こうした課題を継続的にふるいにかけることだ。「成果に影響するのは、どの課題か」と自問しよう。

次に、症状と原因を区別する必要がある。あるＣＥＯは、いがみあう重役同士に助言するため心理カウンセラーを雇うかもしれないが、彼らの溝を深めている問題の根源は、性格の違いよりも報酬体系にあるのかもしれない。このようなとき、人間関係の問題は症状であり、報酬体系が優先課題となる。

それぞれの状況に応じて重要な問題を考え、これを伝える能力があれば、どのようなプロフェッショナルにとっても強みとなる。ミルバンク・ツイード・ハドリ・アンド・マックロイ法律事務所でグローバル・プロジェクト・ファイナンスのグループを率いるエリック・シルバーマンは、大局的思考がクライアントに対する影響力を増大させ、クライアントとの関係をいっそう強化すると言っている。彼は次のように述べている。

ある大手のエネルギー企業が、一年にわたって数十億ドルの融資パッケージをまとめようと苦戦していた。多くの金融機関が関わったが、なかなか実現しなかった。最終的にこの企業はある大手銀行に参加してもらい、取引をまとめるための支援をとりつけた。プロジェクトにあとから参加したこの銀行は、プロジェクト全体を見直す弁護士として我々も加わるべきだと主張した。このエネルギー企業自身も、その他の金融機関や彼らの法務アドバイザーも、我々が加わることに断固反対し、追い出そうと躍起になった。取引に最初から関わっていた人々は、苦労して実施した法務デュー・デリジェンスの大部分を、我々が実質的にやりなおし、プロジェクトをさらに数カ月も遅れさせるのではないかと恐れたのだ。

我々が参画したときの雰囲気は、険悪そのものだった。働いた分だけ報酬を払ってもらえれば御の字で、さっさとお引きとり願おうという感じだった。大方の法律事務所なら、たくさんのスタッフを連れてきて、この取引のあらゆる側面について見直すと主張しただろう。だが我々はむしろ、わずかなスタッフしか連れていかなかった。そして数百のなかから、我々が本当に戦略上重要だと思う、五つか六つの主要な法的問題を選び出し、それらを融資団の会議に持ち込んだ。我々がこの事態を食いものにしたり、すべてを疑ってかかったりしなかったので、皆が満足した。選択した問題点は、彼らが一年も検討してきた問題だったため、誰もが解決しようという意欲を持っていた。このクライアントは、これ以降、他の取引についても我々の支援を何度も求めてきた。一度限りの取引ではなく、きわめて長い関係を持つようになったのだ。

プロフェッショナルが自分たちの仕事の細部にとらわれるのはよくあることだ。何週間もかけて、広告キャンペーンの結果を分析したり、主要な契約について法的な見直しをしたりすることもあるだろう。クライアントを目の前にすると、自分の仕事がいかに内容の濃いものであるか、どのようにして結論に至ったかを事細かに理解してほしいと思うものだ。こうしたことを証明するのが、必要となる場合もある。しかし、大きなプレゼンテーションや会議で、ほとんどの人が理解して頭に入れられるのは主要なポイントは三つである。自分のアイデアや結論を伝えるときは、このことを考慮しなければならない。クライアント・アドバイザーになるには、初めにポイントを正しく選び、それを明確に伝えるようにすべきである。次に紹介するコンサルタントの話は、良い例である。

我々は六カ月かけて、ある事業会社の業務分析をしていた。分析結果は二〇〇ページにわたる報告書としてまとめあげた。その中身は濃いものだった。多くの部門は効率が悪く、深刻な業務上の欠陥に対処する必要があった。

報告書の作成が終わるのと時を同じくして、新しいCEOが任命された。我々は自分たちの業務が継続されると考え、彼にその報告書を一部送った。しかし、数週間経っても何のフィードバックもなかった。私はこの件で話をしようと、ついにCEOに電話をかけた。彼はぶっきらぼうに答えた。

「経営者向けのサマリーをくれないか？　君がこの報告書で伝えたい全体像は何だ？」

報告書が複雑だったため、我々が強調したかったきわめて重要なポイントがあいまいになっていた。最初に二ページの骨子はあったが、あまりに大まかすぎて、CEOを納得させるには不十分だったのだ。

我々は一週間かけてポイントを整理し、十五ページのサマリーを作成した。十日ほどしてCEO

から電話があった。彼は興奮した様子で、「新しい報告書をありがとう。これでやっと君たちが何を言いたいのかわかったよ」と言った。この企業とは、その後も長い付き合いが続いている。

クライアントへのプレゼンテーションや会議の前に、こう自問してみよう。一週間後、そのクライアントに偶然会った誰かが、今日我々が話した内容について尋ねるとする。そのとき、何と答えてほしいだろうか。クライアントに覚えておいてほしい主要なポイントは何か。それをしっかりと頭に入れておこう。

統合のためのツールとテクニック

基盤構築に続いて、統合を進めるのに役立つ、特有のテクニックを見ていこう。これには五つある。

簡略なフレームワーク

フレームワークは統合に欠かせないものだ。それは、単純ないくつかの軸を設定することで、複雑な事象を整理し、説明するものである。優れたフレームワークは、課題や問題のなかで最も意味のある側面を強調し、これらの相互関係を示し、そのうえで最終的な目的やゴールに結びつける。視覚的に表現すると、重要な関係を直感的に理解できる。アリストテレスはこの点を認識していた。彼は「頭のなかでイメージできなければ、考えることさえできない」と書いている。フレームワークは単純なものでいい。実際に、最も独創的なフレームワークの構造はきわめてシンプルなものである。こうしたものが、基本的で自明なものに思われるのは、優れたビジネス戦略と同じだ。

ただし、単純なものと、単純化しすぎたものとのあいだには、大きな隔たりがあることを覚えておこう。優れたフレームワークは、いくつかの軸やコンセプトをあてはめるだけで、状況をほとんど説明することができる。それとは対照的に、単純化しすぎたフレームワークは、複雑な状況を説明するには変数が少なすぎる。人気のあるダイエット法の多くが、これに該当する。体重や健康状態ははるかに複雑な要因によって決まるのに、フルーツを食べるとか、タンパク質を避けるといったきわめて単純な処方箋を提供する。一時的なブームにすぎない、ほとんどの経営手法にも同じことが言える。企業に成功をもたらすためには、単純化されすぎており、あまりにも狭い範囲の取り組みなのだ。

フレームワークを作成する際に頭に入れておくべき一つのコンセプトは、「オッカムの剃刀」の原則である。中世の哲学者で修道僧であるオッカムのウィリアムは、「必要以上に多くの実体を仮定するべきでない」と主張した。のちには「より少ない論理で説明できることを、多くでやっても無駄である」と言った。問題説明するのにいくつか競合するものがある場合、まずは、前提が最少の説明を選ぶべきである、ということだ。その説明が間違っていることが証明されて初めて、次に複雑な前提にとりかかればよい。最少の前提に基づいて、最も単純だが最も包括的な説明ができると、優れた統合につながる。

では、世の中によく知られている二つのフレームワークを見てみよう。

❶プロダクト・ポートフォリオ・マトリクス

一九六〇年代に、ボストン・コンサルティング・グループのブルース・ヘンダーソンが編み出したプロダクト・ポートフォリオ・マトリクスは、企業内で行われている事業について、市場シェアと、その事業の業界全体の成長率により分類し、戦略策定を助けるフレームワークである。このマトリクスは、ビジネスを四つのタイプに分ける。

- **花形**……市場シェアが高く、業界の成長率も高い。これらのビジネスはその企業のなかで勝ち組であり、積極的にサポートすべきである。
- **問題児**……市場シェアが低く、業界の成長率が高い。このようなビジネスの将来性は、はっきりしない。ポジションを改善するにはかなりの投資が必要。
- **金のなる木**……市場シェアが高く、業界の成長率が低い。このビジネスは「問題児」や「花形」部門に提供する資金を産むことができる。
- **負け犬**……市場シェアが低く、業界の成長率も低い。このビジネスには旨味がなく、大幅に再編するか売却する必要がある。

ヘンダーソンは、業績や競争力に影響を与える可能性がある数百の変数を二つの主要な変数にまで減らした。すなわち、市場シェアと業界の成長率である。それによって、事業評価という作業を大幅に単純化した。最近の研究では、このプロダクト・ポートフォリオ・マトリクスはやや時代遅れと言われるが、長年にわたって戦略策定に大きな影響を与えてきた。たとえば、「金のなる木」という言葉は、三十年経ってもマネジメント用語に欠かせないものになっている。

❷スティーヴン・コヴィーのタイム・マネジメント・モデル

コヴィーは最初の著書『7つの習慣』のなかで、簡単なタイム・マネジメントのフレームワークを展開した。それ以降、『7つの習慣 最優先事項』などの数多くの続編のほか、タイム・マネジメントにおけるトレーニング・ビジネスが生まれた。コヴィーのモデルは、すべての活動を二つの要因に分類する。重要性と緊急性の二軸である。コヴィーのマトリクスには四象限あり、人の行動はすべてその象限のどこか一つに位置づけられる。これは、緊急ではなく、重要でもない活動（たとえばテレビを見るとか、ジャンクメールを読むなど）を排除して、「急ぎではないが重要な」象限に属する仕事に自分の時間を振り向けるためのアイデアである。自己啓発を追求するとか、長期的な関係を築くといったものがこの象限に属する。

コヴィーのタイム・マネジメント・マトリクスは、ごく基本的なものであり、他の著者も次々と同じコンセプトに取り組んでいるものの、彼が編み出したマトリクスの単純さと明快さは力強く、人気がある。一日をどう過ごすかという効率性に専念するよりも、自分の時間の有効性を強調するモデルを生み出すことで問題を見直した。そして、これを公私にわたる目標に結びつけたのである。

このような実例から、フレームワーク化についていくつか学ぶことができる。第一に、フレームワークの作成に「公式」などないということだ。ボストン・コンサルティング・グループのマトリクスのように、定量分析により実証的にパターンや重要事項が見出されることもある。彼らは「経験曲線」と市場シェアとが収益性に与える影響について、かなりの調査を行っていた。だが、定性分析に基づいてフレームワークが作られる場合も多い。コヴィーのタイム・マネジメント・システムは「データに裏打ちされた」コンセプトではない。最も重要な要因や問題についてじっくり観察し、それが相互にどう関係するかを理解することによって編み出されたものだ。第二に、フレームワークは簡素でなければいけないということだ。変動要素の多いフレームワークほどわかりにくく、腹の立つものはない。基本となる要素や要因になるまで、できるだけ減らすことが大切である。

類推

類推は、新しいアイデアを生み出したり、コンセプトを一つの領域から別の領域へと移したりするのに効果的な方法である。現代の巨大金融機関メリルリンチの生みの親であるチャールズ・メリルは、株式や債券のマス・マーケットを開拓するために、類推の力をうまく利用した。彼が投資銀行家として仕事を始めたばかりのころ、J・G・マクロリーなど、マス・マーケットで急成長した小売チェーンへの融資を手がけていた。メリルは、マス販売というこの新しい概念をいち早く取り入れ、それを利用して証券ビジネスのコンセプトの見直しと改革を進め、普通の人でも投資しやすくしたのだ。それまで株式投資は、かなりの富裕層に限られたサービスだった。メリルはこのコンセプトにあまりにも夢中になったので、セーフウェイなどのチェーンストアを描いた大きな壁画を、ニューヨークのオフィスに飾ったほどだった。メリル本人によって定められたミッション・ステートメント「ウォール・ストリートをメイン・ストリートに」は、七十年以上にわたり同社の方向性を示してきた。

マッキンゼーの共同設立者であるマーヴィン・バウワーは、プロフェッショナルとしての最初の数年間、クリーブランドの一流法律事務所であるジョーンズ・デイで働いた。その後、一九三三年に会計とコンサルティングで成長しつつあるジェームズ・O・マッキンゼーの会社に加わったとき、今の言葉の意味での経営コンサルティングはまったく存在していなかった。それどころか、マッキンゼーなどの開業間もない、いわゆる「企業ドクター」は少しうさんくさく見られていた。バウワーは、かつての法律事務所と同じように、彼らの新しいコンサルティング業務において倫理的かつ道徳的な基準や原則を確立し、それを忠実に守るべきだと早い段階で決意した。彼はそれを「プロフェッショナル規範」と名づけた。バウワーは、そのキャリアを通じて、法曹界から借用したこの行動規範を力説した。そしてそれはマッキンゼー・アンド・カンパニーを世界有数の戦略コンサルティング企業として確立させる大きな原動力となった。

バウワーの学習戦略においては、類推と同じようにモデリングも重要な役割を果たした。のちに彼は、こう述べている。

「法律事務所でシニア・パートナーのジン氏と働く機会があった。彼本人や彼が育てた事務所についてはさんざん聞かされていたから、なぜあれほどの成功を収めたのかを学ぶことを当面の目標にした。

のちに私がマッキンゼーに導入した取り組みは、ジョーンズ・デイ法律事務所での数年の観察と分析の賜物である[2]」

常に「領域横断的な《クロスオーバー》」考え方をし、「これは、他の何と似ているだろうか」「これと似たものは、他にあるだろうか」といったことを自問していれば、類推する力は自然と身につく。たとえば、ダ・ヴィンチがあの有名な螺旋《らせん》階段をデザインしたときも、イタリアの海岸で拾った螺旋状の貝殻を真似したのだ。

物語を話すことは、比喩と隠喩を積極的に使った、優れた意思伝達の方法だ。最も影響力のある伝達者、特に政治家や宗教家には、言いたいことをわかりやすく伝えるために物語や寓話を頻繁に活用する者もいる。見事な物語は、登場人物、ストーリー、学ぶべき教訓を鮮やかに描き出す。非常にわかりやすく、覚えやすい。聴衆と関係ない設定であっても、教訓は残る。ときに物語は、わずかな言葉で統合全体を表現することもある。物語を話すことに長けているプロフェッショナルなら、人々の心にいつまでも残るような生き生きとしたイメージを伝えることができる。

多視点からの考察

一九一七年、インドの人々の心の師であるガンジーは、ある紛争の解決に手を貸すためチャンパラン地方を訪れた。この地では、貧しい農民と地元の農場主のあいだできわめて深刻な紛争が長引いていた。ガンジーは、ただ虐げられた農民側の肩を持つだけでなく、「真実の収集とデータの解釈」に取り組んだ。彼は、すべての関係者の思いを理解するため、村人だけでなく、農場主やイギリスの役人に、次々と会って話を聞いた。これによって、この問題のさまざまな側面が特定できた。農民たちの絶望的な経済状態は、大部分が農場主の責任だったが、それ以外の問題、たとえば文字が読めないことや衛生状態の悪さは村人の責任であり、彼らが自分たちの手で解決しなければならなかった。この紛争は無事に解決した。[3]

「我々は細かなことにこだわりすぎる」と言ったのは中国のリーダー毛沢東。「まるで井のなかの蛙だ。井戸の底から見た空が、空のすべてだと思っている。井戸の上に出れば、まったく違う光景が見えるというのに」。統合力の本質の一部は、できるだけ広い視野で世界を眺めることだ。一つの視点にむやみにこだわれば、限界は避けられないし、考え方を歪めてしまう。実際のところ、他の点ではうまくいっていた企業が失敗する主な理由は、視野が狭いことなのだ。彼らは、これまでの狭い枠組み、いままで従ってきた前提をあくまで捨てようとしない。

一九七〇年代初頭のアメリカの自動車メーカーは、きわめて狭い視点しか持たず、日本の自動車メーカーがアメリカ市場でかなりのシェアを獲得するのを許してしまった。彼らは財務的な視点で物事を見ていた。GMの経営トップの多くは財務部門出身で、彼らの信念は「株主のために収益を確保するビジネスを行う」ことだった。「誰もが買いたくなるような車を作る」とは正反対の概念である。さらに、アメリカ人は小さい車など好まないし、顧客は品質よりもスタイルを重視するという誤った確信にとりつかれていた。その結果、市場シェアを確実に失っていった。

プロフェッショナルは、大局的な見方をするために、多面的な視点を持たなければならない。まず第一に、解決しようとしている問題に関わるすべてのステークホルダーは、それぞれ異なった視点を持っているので、それぞれを理解しなければならない。この問題がビジネス戦略なのか、法務なのか、財務方針なのかにかかわらず、ステークホルダーそれぞれの視点に立てば、とりうる選択肢やその意味するところをもっとよく理解できる。企業を取り巻くステークホルダーには、従業員、経営陣、顧客、資本市場、サプライヤー、マスコミなどがある。

多数のステークホルダーの視点を理解する能力は、アドバイザーにとっては非常に実務的な意味がある。ある中規模の企業が、契約違反で顧客に訴えられた例を見てみよう。経営者も法律アドバイザーもこの訴訟は気にすることは何もなく、裁判になっても事実上負ける見込みはないと結論づけていた。しかし、経営者は別の企業との合併を模索しているところだった。成功すれば、市場で優位なポジションが得られるはずだ。法務的な観点からは裁判を受けて立つべきだった。しかし、何人かの株主や投資銀行と話し合った結果、資本市場の観点からすると、係争中の訴訟が将来の合併に影を落とし、合併を遅らせる可能性があった。合併戦略のために、経営陣は悔しい思いをしながらも和解に応じ、決着をつけた。

優れたアドバイザーが獲得している別の視点がある。これは、図2「多面的な視点を理解する」（次頁）のなかの「機能」と「分野」にあたる。

我々はみな、受けた教育や専門性によって、特定の機能や分野の視点をとりがちだ。広告のプロなら、企業の問題をマーケティングやブランドというレンズで見るだろう。リエンジニアリングのコンサルタントなら、すべてをプロセスの観点から見るだろう。エコノミストなら需要と供給に注意を向ける、といった具合だ。大切なのは、これに加えてマーケティングや製造といった他の機能、また、経済学や組織行動といった別の分野の視点を理解し、それを評価することである。たとえば、戦略論の大家であるマイケル・ポーターによる、ファイブフォース・モデルは、従来からあるエコノミストの視点と経営戦略の視点とを織り交ぜたものだ。とはいえ、すべての専門分野のエキスパートになる必要はない。むしろ、基本的なフレームワークと原則に対する理解を深めるべきである。それにはディープ・ジェネラリストになることである。

逆転の発想

逆転の発想は、統合の一形態であり、一つひとつの要素を組み立てなおし、新たな全体を生み出すことである。つまり、ときには一連の事象や情報の順序を逆転させたり、根本的に整理しなおしたりすることで、問題や状況を別の観点から眺めなおすことが可能だという意味だ。

一九六〇~七〇年代にかけて、メインフレームコンピュータやコピー機といったテクノロジー製品の導入は、政府関係の市場から始まってビジネス部門に移り、そこから一般消費者に「じわじわと流れ落ちる《トリクルダウン》」というのが典型的な流れだった。最初の製品モデルがかなり高価で

図2　多面的な視点を理解する

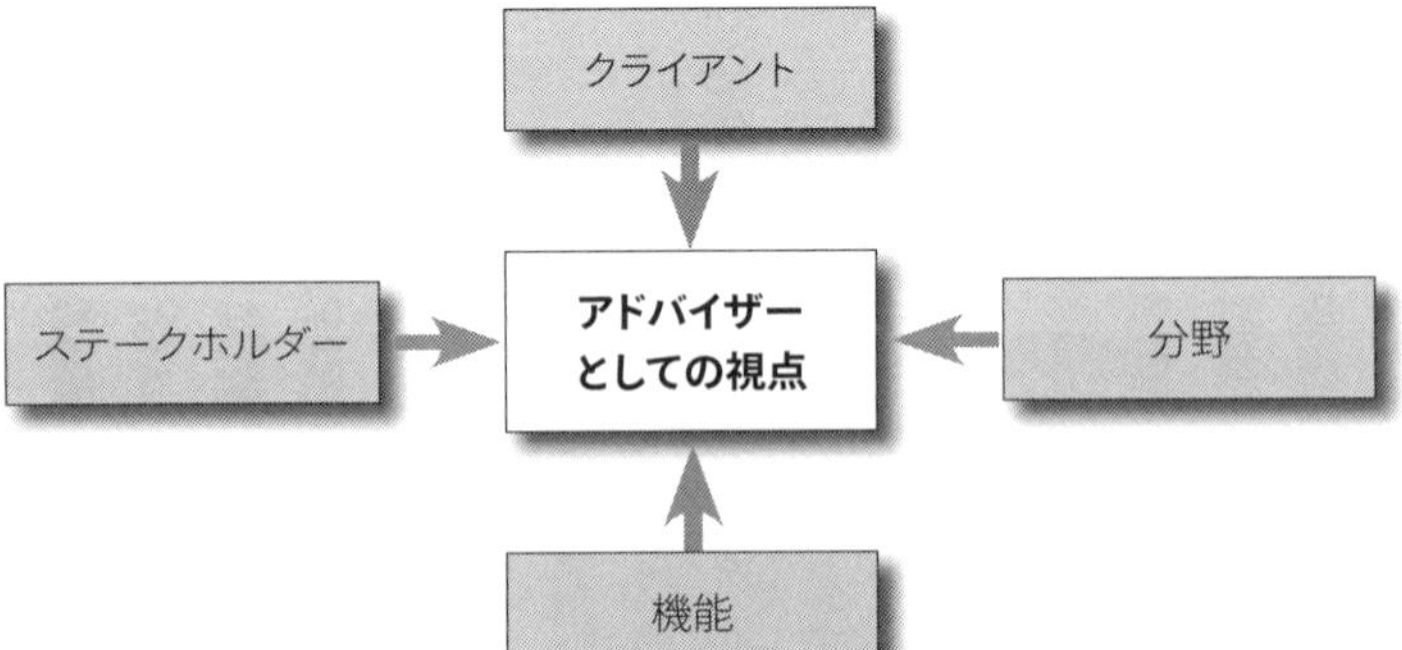

大きく、また、注文の多いユーザー向けにほぼフル装備が当たり前だったため、まずは支払能力のある顧客やすべてのオプション機能を使いこなせる顧客を目標にするのは論理的だった（あるいは当時はそう思われていた）。

七〇年代にキヤノンの商品企画部門は、コピー機について常識では考えられないアプローチを考え出した。彼らは格安の製品によってまず一般消費市場を目指し、それから企業、政府へと移していき、従来の流れを逆転させた。このような戦略をとることで、とてつもない規模の経済を生み出し、単価を下げ、ゼロックスからかなりの市場シェアを奪った。キヤノンは「下へ伝わる」を「上に伝える」へと逆転したのである。

逆転の発想は、プリンタのような現代のオフィス機器に体現されている。製造や販売にコストがかかる製品には高い価格をつけるのが一般的だ。しかし、ある企業のある種のプリンタのモデルでは、これとまったく逆のことが起こっている。たとえば、印刷速度が遅く値段の安いプリンタと高速モデルの内部構造がまったく同じということがある。ただ一つ、安いモデルには、あえて速度を落とすチップが組み込まれているのだ。この特別なチップのせいで、高速モデルより安いモデルのほうがコストがかかっている。価格設定ロジックが完全に逆転した典型的な例である。[4]

統合に用いるその他のツールと同じように、逆転の発想を育てるための王道などない。それでも、現状に挑むため、いくつかの問いかけをすることで、このプロセスを始めることはできる。どうしてこの方法でしなければならないのか？　新しいポストを作る代わりに、責任範囲を再定義してはどうか？このプロセスを一新したらどうか？

パターンや共通項の発見

大局的な考え方は、パターン思考だと言われることもある。「混沌とした情報の流れのなかで、さまざまな意味を特定」できたとすれば、[5] それは統合への道を進んでいると言える。

パターン思考のスキルを身につける最良の方法は、体系化と文書化である。本書では、優れたクライアント・アドバイザーについて七つの核となる特質をまとめている。これら七つの特質は、およそ一〇〇人への高度で綿密なインタビューと、五〇〇〇冊を超える書籍や論文の内容を、整理し、体系化して編み出された。このような体系化の例はいくらでもある。多重知能の理論に関するハワード・ガードナーの著書『精神の枠組み《フレームズ・オブ・マインド》』(一九八三年)では、知性について七つの異なったタイプが明記されている。教育者で戦略のエキスパートでもあるマイケル・ポーターは、彼の最初の著書『競争の戦略』で、三つの包括的なビジネス戦略を明示した。マズローは、欲望に関する五つの階層を展開してみせた。

二十世紀最大のイノベーションのひとつと考えられている高利回り債、いわゆるジャンク債の市場を開発したのは、投資銀行ドレクセルのマイケル・ミルケンだ。彼は、金利が高い割に、ジャンク債のデフォルト率は予想よりも低いことに気づき、リスク/リターンを考えれば、ジャンク債は平均以上の投資先になると結論づけた。そしてその話を世界中の何百もの大手投資家に持ち込み、買い手を確保した。こうしてジャンク債市場が生まれ、そこでの資金調達をもとに、八〇年代の買収ブームが起こった。ミルケンのプロフェッショナルとしての行動や人としての良心については、いまでも意見が分かれるところだが、彼のイノベーションが企業ファイナンスにとてつもない影響を与えたことは否定できない。

ヘンリー・キッシンジャー——並外れた大局的思考の持ち主

パターン認識のひとつは、共通点を見つけだす能力である。誰でも相違点を見つけることはできるが、共通点を見つけ出すほうがはるかに生産的である。異なる問題、異なる現象、異なる関係者の似たところに着目するのである。偉大なアドバイザーであるキッシンジャーのケースでは、共通点を認識することで、大規模な戦略を立てられることがわかる。

キッシンジャーは、パターン思考だけでなく、実際に我々がこれまで見てきた統合のツールのすべてに習熟していた。ニクソン大統領とフォード大統領の下で国務長官を務めたキッシンジャーは、それまでの十五年間、影響力のあるコンサルタントとして多国籍企業の相手をしている。伝記作家のウォルター・イサクソンは、「彼の聡明さの核となっているのは、異なる事象間の関係性を読み、パターンを組み立てる能力である。彼は、世界の片隅で起こっている出来事が、別の場所にどう影響するか、ある場所での権力行使が他の場所にどのように波及するかを察知した」と書いている。[6]

キッシンジャーが抜群の知性に恵まれていることに疑いの余地はないが、のちの外交分野で発揮した独創性の大半は、自ら磨きあげた教育のたまものだった。ナチスが台頭する時代のドイツで育ったキッシンジャーは、ユダヤ人だったため、いつも他の若者からいじめられていた。一九三八年に家族でドイツを逃れてから、二つの文化のはざまで育ったことが、彼の多面的な視点に有利に働いた。

ドラッカー同様、キッシンジャーも常に変わらぬ「学習マシン」だった。一九四七年、ハーバードの一年生として、むさぼるように学問に打ち込む姿は有名だった。彼の卒業論文は今でもハーバードの語り草である。タイトルこそ「歴史の意味」と地味だったが、その中身は三八三ページに及び、これ以降の論文は一五〇ページまでに限るという「キッシンジャー・ルール」ができたほどだ。

キッシンジャーが発揮した統合力で最も記憶に残るのは、中国、ソ連（当時）、アメリカの三国によるバランス・オブ・パワーという概念を生み出したことである。あとから考えれば当然と思われるこの枠組みは、当時としては想像もつかないものであり、彼が政権を離れたあとも優に二十年、維持された。一九六八年当時、アメリカにとってソ連は大きな脅威であり、中国は政治的に立ち遅れているとして相手にされていなかった。キッシンジャーは、中国との国交樹立は、ソ連にプレッシャーをかけてアメリカに歩み寄らせ、その結果、三つの国がより安定した関係を築き、国益のために、いっそう足並みをそろえると考えた。ソ連も中国もアメリカと共通する絆を求めている、と考えたのだ。この戦略は当時としては決して理解されるものではなく、中国との会談には、国務省や多方面から強い反対の声があがった。むろん、キッシンジャー一人でこの中国戦略を推し進めたわけではない。ニクソンもまた、この戦略に熱心であり、さらにフランスのシャルル・ド・ゴールなど他国のリーダーたちも中国の重要性が増すことを示唆していた。しかし、この戦略の主要な枠組みを作り、それを提唱したのはキッシンジャーだった。

マキアヴェッリと同じく、そしてこの類似は恐らく偶然ではないだろうが、キッシンジャーには、大局的な思考という優れた才能があった。奥深く幅広い教養、ナチスからアメリカの民主主義まで様々な世界観に触れたこと、歴史的な類推をうまく活用したこと、そして学習への飽くなき欲求がそうさせたのである。

統合に必要な精神的、実践的習慣

ここまでは統合力を高めるための特有なツールやテクニックを紹介してきた。次に、こうしたツールを活用するのに役立ち、全体像を描く能力を促進する「習慣」を付け加えよう。こうした習慣は、優れたプロフェッショナルに関する我々独自の研究を通して確認されたものであり、創造性や革新的な思考に関する専門家の三十年以上にわたる広範な調査からも裏づけられる。

初期判断の保留

分析的な思考法は、思考プロセスの各段階で慎重に判断を行い、結論を一つひとつ積み上げていく。統合的思考法は、最終的な結論を出すまでは、「非現実的」な選択肢やアイデアを議論の対象として残す。いわば判断を保留することが必要だ。偉大な発見のほとんどが、偶然によるものか、あるいは「失敗」の結果だった。マルコーニは、電波が地球の球面にそって曲がることを信じて、大西洋横断の無線実験を行い、結果として成功を得た（実際には電波は直進し、電離層で反射したおかげで通信できたのだった）。ペニシリンやX線もまた、「失敗」が人の命を救う医学上の大発見になった例である。こうした理由から、GMの重役であるチャールズ・ケタリングは次のように語っている。「もしも研究プログラムをやめさせたいと思ったら、そのテーマについて数人のエキスパートを参加させればよい。エキスパートは、そもそも試みること自体がばかげているとすぐに決めてかかるからだ[7]」

熟考

アインシュタインは、その偉大なアイデアの源についてこう語っている。「私は田舎にひっそりと暮らしていた。そして、単調で静かな暮らしが、いかに創造力をかき立てるかに気づいた[8]」。また、創造性について研究している人のなかにも、洞察が湧いてくるのは、集中して仕事をしたあとの熟考と息抜きのときだと考えている者もいる。J・P・モルガンもこの目的のため、彼のヨット「コルセア」号を使った。ニューヨークの港のはるか沖合に停泊し、金融市場の狂乱ぶりから距離を置いたヨットは、モルガンにとって、海の風を感じ、リラックスして考えるための隔離場所だった。難しい交渉や労使紛争を解決しようと、経営者たちをゲストとして何日か招くこともあった。船のなかで彼らが何時間も話すのを聞いたあと、モルガンが打開策を提示すると、やがて問題が解決されていくのだった。

今日では、我々の頭のなかが平静を保っていることはほとんどない。平均的なビジネスパーソンなら、一日に数百ものEメールやボイスメールを受け取る。休暇中は、家族と過ごす予定が一杯で、休息や思索とは無縁である。このような現象について、CBSニュースの社長であるアンドリュー・ヘイワードはこう述べている。

「今や私は少しでも時間があくと、メールをチェックしている。もしかすると、そのせいで、私の人生において熟考のために残された貴重な時間が奪われているかもしれない」[9]

現代の多くのクライアント・アドバイザーが一人になれるのは、残念ながら長時間のフライトのあいだだけであり、その時間さえ、ともすればノートPCで仕事をしたり、電話をかけたりするのに使われる。

プロフェッショナルのなかには、熟考する時間を別にとっておく者もいる。ベストセラー作家のケン・ブランチャードは、毎夏、田舎にある家で「ちょっとした長期休暇《ミニ・サバティカル》」をとっている。そこで次のアイデアや著作の計画だけに専念する。実際問題として、我々も熟考のための決まった場所を求めるべきだ。毎日でも週に一回でもいい。定期的に引きこもれる静かな場所を確保することが大事だ。たとえそれが公立の図書館であっても。トマス・モアは、チェルシーにある自分の土地に、母屋とは別に小さな書斎を建てた。モアは「人は、家のなかで一人になれる秘密の場所を求めるべきだ。騒音や他の人からできるだけ離れた場所で、ひっそりと一人で座り、この世界から自由になる自分を想像するのだ」と書いている。[10]

観察力と集中力

第4章で示したように、ポール・マッカートニーは、まわりにあるささいな事象を観察して、それを自分の歌に変えてしまうというすばらしい才能を持っていた。同じように、かなり優れた広告キャンペーン「バド（バドワイザーの愛称）がないのは、ビールがないのと同じ」は、どうやら、コピーライターがバーで小耳にはさんだセリフをもとにしていたらしい（実際には、客がバーテンダーにビールのブランドであるシュリッツを頼み、売り切れだとわかると、「シュリッツがないのは、ビールがないのと同じ」と答えた。コピーライターは、彼のクライアントであるバドワイザーのために、このセリフを借用したのだ）。

集中力を養うことはまた、統合力への鍵でもある。ニュートンの優れた知性を説明しようと、経済学者のケインズは、こう書いている。

「ニュートンの頭の中身を解く鍵は、その抜群の、途切れない内省的な集中力にあると思う。彼の一風変わった才能は、まったくの知的な問題を、それが解決するまで、じっくり心にとどめておく力である」[11]

キッシンジャーも同じように集中力が高いことが知られていた。

これほどの集中力をどうやって身につければいいのか。それには、頭のなかから、他の考えを追い出すことが重要である。ニュートンが、バスタブに何時間も浸かって、せっけんの泡を通した光の回折の具合をあれこれ考えていたのを思い出してみよう。その秘訣のひとつは、執念を絶やさず、自分の答えにすぐ飛びつかないことである。優れた思想家は集中力を保ちつづける。自分が得た答えに満足していないからだ。彼らは、最初のアイデアに不完全なところがあると、さらにその考えを掘り下げていく。

だが、最初の思いつきが正しいとは限らない。結局は求めている洞察を得られるかもしれないが、得られない可能性もあることを忘れてはいけない。ハンガリー生まれの心理学者ミハイ・チクセントミハイは著書『フロー体験　喜びの現象学』のなかで、こう述べている。

「私がインタビューした最も創造性の高い人々のなかには、自分たちの創造性が高いのは、他の人よりも早く不適切なアイデアを捨てられるからだ、という人もいる[12]」

全体的な、統合された考え方

ノーベル賞を受賞したロジャー・スペリーたちの先駆的な調査によれば、最近の理論では、右脳と左脳は異なる機能を持っているようだ。現代のスキャン技術によって、脳のなかで分業が行われていることが確認されている。左脳は論理的、分析的な考えを処理し、右脳はもっと直感的で概念的なものを司っている。問題が起こるのは、一方だけを発達させて、他方を活用しないときである。こういったことは、しばしば教育システムによって引き起こされる。どちらか一方しか重要視されないのだ。その結果、極端な例として、エンジニアは数字には強いが、文章が書けず、その反対に、才能ある芸術家や作家は、小切手の帳尻を合わせることができず、経済難に陥ることになってしまうこともある。

対照的に、優れた思想家や創作者は、両方の脳を鍛えている。多作な発明家であり、天才的な芸術家でもあったダ・ヴィンチにとって「芸術と科学は分かちがたいもの[13]」だった。かの広告界の大物、オグルヴィが、創造的な広告コピーライティングの才能と、科学的な調査方法の両方を使いこなしたことを考えてみよう。どのような訓練が脳の片側を強化できるのかは正確にはわかっていないが、自然科学と人文科学の両方を超越した幅広い学習力を追求するべきだ。こう考えてもいい。活版印刷機[14]、鉛筆、機械時計など、多くの画期的な発明や発見がなされたのがルネッサンス期だったのは偶然ではない。

ルネッサンスは多くの学者、科学者、芸術家が、科学、数学、芸術、歴史、文学を同じように探求していた時代なのだ。

現場での実践

十九世紀のフランスの外交官が、アングロサクソンの現実主義への軽蔑を示してこう述べたと言われている。「確かに実際に動くかもしれない。だが理論上はどうだろう？」[15]。ひたすら考えることに集中し、理論的なフレームワークを生み出すことは、大局的思考を効果的に行うためには重要である。だが同時に、実行することもまた同じように重要だ。これは大手企業に勤めるプロフェッショナルにとってはジレンマである。組織のなかで地位が上がるにつれて、より高いレベルでプロジェクトやクライアントを担当することが増えてくる。そうすると、個別のクライアントの課題や問題に直接触れる機会はますます減っていってしまう。

だが、アイデアやイノベーションは往々にして実際の行動から生まれてくる。第1章で紹介した投資銀行家のペレッツマンは、クライアントと直接触れる仕事から決して離れるべきではないと考えている。「大手投資銀行では、業務は機能ごとに分かれています。だから、取引のごく一部分しかわかりません。私は取引については、最初から最後まですべての局面で関わっていたいのです。たとえば、以前、インターネットを通じたCD販売会社であるCDnowとN2Kの合併について助言しました。この規模の取引だと、上級職は若手のチームに仕事を任せます。でも私は何か重要なことを学べるのではないかと思い、自分で引き受けることにしました。数カ月かかりました。それでもこの期間に学んだことをベースに、私は新たにコロンビア・ハウスを三つ目の合併相手にしてはどうかと思いついたのです。直接担当しなければ、そんなアイデアは思いつかなかったでしょうし、コロンビア・ハウスについてタイム・ワーナーに自信を持ってアプローチすることもなかったでしょう」

マキアヴェッリは単なる政治理論家ではない。彼は自分で経験することを楽しんだ。彼の強い信念のひとつに、政府は国民軍（つまり軍隊）を持つべきだというものがある。忠誠心が疑わしい傭兵を当てにしないことだ。マキアヴェッリは、机上の空論に留まることなく、フィレンツェの政府に実験的な軍隊を作るよう説得し、自分自身で戦闘に導いた。彼は戦闘よりも書くほうに優れていたから、勝利は限定的なものだったが、このような経験は彼の思考力を方向づけ、強化するのに役立った。

＊＊＊

本章では、優れた統合力の実例として、プロダクト・ポートフォリオ・マトリクス、ポイズンピル、ファイブフォース・モデル、ジャンク債市場などをあげた。このような画期的なアイデアが生まれた背景には多くの共通点がある。一つ目は、こうしたアイデアを生み出した人たちの多くは、我々が提示したツールの一部あるいは全部を活用していることだ。フレームワークの構築、パターン思考、多視点からの考察などである。二つ目は、彼らは日々、その仕事に完全に没頭していたことだ。彼らは考える人であるばかりでなく、実践する人でもあった。三つ目は、これらのフレームワークは単に非現実的な空想の結果というだけではなく、細部と全体像の両方を理解したうえで生まれたものであることだ。

そして最後に、こうしたアイデアを生み出した人たちは、皆ディープ・ジェネラリストであったことだ。たとえば、ミルケンの伝記作者の一人は、投資家として彼が並外れた成功を収めたのは、銀行業務のすべての機能を習得していたからだと言っている。証券発行業務、トレーディング、営業、企業ファイナンス、合併、買収。ちなみに、これらは右脳と左脳に対して、まったく異なった機能を要求するものだ。同様に、ボストン・コンサルティング・グループのブルース・ヘンダーソンやワクテル・リプトンのマーティ・リプトンは、自分の企業や関係する業界について幅広い、深い知識を持っていた。

大局的な思考能力を高めると、健全な判断を下す能力を飛躍的に向上させることができる。意思決定に関する書物が強調するように、純粋に分析に頼るのではなく、分析と直感力、つまり左脳と右脳の思考を同じように使うことが良い判断につながるのである。

あなたは、大局的な思考ができる人か？

□ 仕事を始める前には、全体的な目標と目的をはっきりさせ、それについてクライアントと話し合っている。

□ どのような状況においても、クライアントに特有の主要な課題を要約し、明確化している。こうした課題を自分の頭にたたきこむまでは、何となく落ち着かない。

□ 事実を収集し、それを分析するのが好きだが、本当に自分がやる気になるのは、なぜ、と問うことであり、それが何を意味するかを理解しようとすることだ。

□ ある問題については個人的に強固な見解を持ってはいるが、そうした見解を練っていくうちに、他の視点も重視し、求めるようになる。

□ クライアントは、こちらが状況を要約し、提案するとき、はっきりと反応する。クライアントから「なるほど、わかった」「そういうことか！」「それは大局的な視点だね」「それで関係がわかったよ」「そんな風に言えばいいんだな」といったコメントをもらう。彼らがこちらの発言を繰り返すことも多いし、他の人に説明する際に、こちらの言葉をそのまま使うこともある。

□ クライアントは、自分たちにとって重要な課題や状況について、膝を交えて「こちらの見解」を知りたがる。

特質❺

第6章
判断力
健全な意思決定を行う

何度会議を開こうとも、たった一度の冷静な判断に勝るものはない。
問題は、光を当てることであって、熱くなることではない。

——ウッドロー・ウィルソン（第二十八代大統領）

英国デッカ・レコードのある重役が、野心に燃えるロックバンドの最新のデモテープを聞き終わったところだった。彼は、新しいグループとの契約について経営者にアドバイスする立場にあったが、ほんの少し考えただけで、バンドの若いマネジャーのほうを向くと、首を横に振った。「悪いが」、彼は部屋を出ようと立ち上がりながら言った。「興味ないな。ギターのグループなんて、いまどき流行らん」

それは一九六二年。このバンドはほとんど無名だった。その名はビートルズ。のちに十億枚を超えるレコード、テープ、CD販売を記録することになるが、デッカ・レコードからではなかった。

それより少し前、大統領に就任したばかりのケネディは、主だったアドバイザーからのプレッシャーによって、ある任務を承認した。これはのちに、アメリカ史上最悪の外交政策の失態であることが判明する。亡命キューバ人の義勇兵たちが、アメリカの支援を受け、カストロ政権打倒を目指してキューバに侵略した、いわゆるピッグス湾事件である。現地で激しいキューバ軍の抵抗に遭うと、アメリカは手を引き、この作戦は失敗に終わった。この事件は、国際的にもきわめて後味の悪いものとなり、翌年のキューバ危機の遠因となった。

判断が間違っていたのか？　確かに。避けられなかったか？　そうかもしれない。しかし、どちらのケースも古い格言を立証している。

「アドバイスが正しければ、誰も覚えていない。間違っていれば、誰も忘れない」

あとから考えれば、誤った判断はひどいものであり、正しい判断がとりわけすばらしいものだったように思える。しかし実際は、判断の質を評価するのはきわめて難しい。先述の二つのケースと、結果的に実に賢い判断となった次の例とを比較してほしい。

一九九三年六月、マイクロソフトは、インターネット・プロバイダーであるアメリカ・オンライン（AOL）を買収すると申し入れた。買収価格は時価総額にして二億六八〇〇万ドル。AOLの加入者はわずか二十五万人で、コンピュサーブやプロディジーなど、他のオンラインサービスとの激しい競争に直面していた。AOLの取締役会は紛糾した。直ちに売却することを支持する重役たちは、こう主張した。

「いつバブルが崩壊するかわからない」

「我が社は泡と消えてしまうかもしれない」

逆に売却反対派の一人の重役が訴えた。

「ビル・ゲイツの履歴書の片隅に載れば満足なのか、それともオンライン業界の覇者になりたいのか」

AOLの創始者でCEOのスティーヴ・ケースは売却に反対していたが、両方の言い分を聞いた。のちにこう言っている。

「売却すれば全員が多額の金を手にし、我々はただ退場すればいいだけだった。その可能性は、なきにしもあらずだった」[1]

結局、わずか一票の差で、取締役会は独立路線を選択した。その後、買収や合併を経て、AOLの加入者は三〇〇〇万人を突破し、スティーヴ・ケースは億万長者になった。自立の道の大切さや、新しいオンラインの世界で差別化を図る重要性を信じた彼らの信念が勝利したのだ。

判断の難しさ

これらの事例は、明快な判断によってなされたのだろうか。実は、ＡＯＬもデッカ・レコードも、天国と地獄を分けたのは、紙一重のことだった。ＡＯＬの場合、売却しないという決定は、最後の最後にヨーロッパから到着した一人の重役の一票によって決まった。デッカの重役の場合、実は、二度目のチャンスがあった。ビートルズのマネジャーであったブライアン・エプスタインから考えなおしてほしいと頼まれ、今や有名になったカヴァーン・クラブで四人のライブを見るため、列車でリバプールに向かった。だがその晩は土砂降りの雨、しかもクラブの前には長蛇の列。寒さと濡れて待つことに耐えられなかった重役は、彼らのライブを見ずにホテルに戻ってしまった。

「クラブの前の長い行列を見て、このグループが特別だってことに気づくべきだったよ」ビートルズの伝記作家に彼はこう語った。

最高の判断が、予測できない展開によって不意に不安定なものに変わることもある。イリジウム社による数十億ドル規模の衛星携帯電話プロジェクトについて考えてみよう。プロジェクトが構想された一九八〇年代には、携帯電話はごく一部の顧客が使う高価なものだった。ところが一九九八年にイリジウムがサービスを開始するころには、地上の基地局を利用した低コストの携帯電話が広く普及し、実質的に衛星電話は時代遅れのサービスとなっていた。翌年、イリジウムは連邦破産法十一条の適用を申請して破綻した。

判断の質を評価するのは難しい。なぜなら我々は、決定までの判断プロセスの健全性よりも、引き起こされた結果に基づいて判断を評価しがちだからである。判断が健全で論理的に完璧でも（イリジウムの衛星電話プロジェクトもおそらくそうだった）、予見できない将来の出来事によって台無しにされることもある。このとき、不備のある判断を下したと、意思決定した人は考えてしまう。反対に、誤った判断が理想的な状況によって救われることもある。たとえば、急成長のマーケットでは、経営者が誤った判断を下しても、よい結果がでることもある。

つまり、結論に飛びつく前に、それぞれの状況をじっくり検討すべきなのだ。ある決定がうまくいかなかったのは、本質的に誤った判断の結果なのか、あるいは不利な状況のせいなのか。反対に、うまくいったのは、優れた判断のせいなのか、それとも状況（たとえばＦＲＢが金利を引き下げた）が圧倒的に有利に働いたせいなのか。

ロバート・フロストの有名な詩「選ばれざる道」は、選択のジレンマを見事に描いている。フロストは、森のなかを散歩していて分かれ道に行き当たった。「私はあまり人が通っていないほうの道を選んだ。それによってどれだけ大きな違いが生まれたことか」という一節によって、この詩は、個性への敬意と、体制に順応しないことの重要性を示していると解釈されている。だが、フロストは、こう語りかけているのではないだろうか。自分は他人に迎合するような人間ではないと思いたがるが、実際に判断するとなったら、その選択が自分をどこに導くかを知ることは不可能だ。しかも我々は決して後戻りできない、と。

優れた判断をするための鍵となるのは、バランス感覚である。決定に至るには、事実や自分の経験、個人の価値観を慎重に組み合わせる必要がある。では、このバランスを見事にとった稀有な意思決定者であるJ・P・モルガンの例を見てみよう。

J・P・モルガン――最初のリレーションシップ・バンカー

一九〇〇年十二月、モルガンは、実業家のカーネギーがその鉄鋼事業を最終製品にまで広げようとしているのを知った。当時、鉄鋼の最終製品市場は、モルガン自身が所有する鉄鋼企業、フェデラル・スティールとナショナル・チューブが支配していた。鉄道業に広がっていた生産過剰や混乱が鉄鋼業に及ぶのを懸念していたモルガンは、鉄鋼大国を作るという計画を温めていた。コストと価格を抑え、市場を広げ、国際化するという大規模な企業合同《トラスト》を考えていたのである。

わずか数週間後、モルガンは、カーネギーの鉄鋼会社を自分の合同会社に売却する気はないかと打診した。その結果生まれたのがUSスティールである。カーネギーはゴルフをしながらあれこれ考え、四億八〇〇〇万ドルという数字を紙切れになぐり書きし、彼の忠実な部下、チャールズ・シュワブにモルガンへ渡すよう言いつけた。モルガンはその数字をちらりと見ただけで、「その価格で受けよう」とシュワブに即答した。のちにモルガンは、カーネギーに「世界一のお金持ちになったことをお祝いします」と伝えた。一九〇〇年当時の四億八〇〇〇万ドルは、現在の九五〇億ドルに相当する。

モルガンは、カーネギーに提示された金額を承諾する前に、彼の鉄鋼業や資産について十分に調べなかった。それどころか、当時としては画期的な方法で即断したのである。すなわち、予想される将来のキャッシュフローだ。モルガンは、「カーネギーの鉄鋼業の現在の資産価値はいくらか」ではなく「将来の価値はどのくらいになるか」と考えた。当時の実業家の多くがその時点の資産価値しか見ていなかったのに対して、モルガンはUSスティールの将来性の高さを見抜いていた。四億八〇〇〇万ドルは納得のいく価格だったのだ。

モルガンは十九世紀で最も影響力のある銀行家だった。彼と彼のパートナーたちは、一一二の企業で七二の重役の地位を占め、アメリカの鉄道の五分の一を握っていた。モルガンは独裁的なCEOと見られがちだが、彼はアドバイザーとして対等な役割も担っていた。一八七〇～一九一〇年のあいだ、彼の影響や関与なしに下されたビジネス上の主要な決定はほとんどない。彼の金融に関する洞察については国王や女王も必要としていたし、経済問題や金融問題について六人ものアメリカ大統領にアドバイスした。ローマ法王ピウス十世は、モルガンと会見したあとで語った。

「バチカンの財政問題についてモルガン氏のアドバイスを求めようと考えなかったのは、返すがえすも残念である」[2]

のちにモルガンと彼の銀行は、バチカンの投資についてアドバイスするようになった。ところで、モルガンはただの金融業者になりたかったわけではない。ある伝記作家は、次のように述べている。

「彼は、キャリアの早い段階で、企業にとって単なる資金提供者以上のスタイルを築いた。法律の相談に乗ったり、厳しく指導したり、ときには親友のように相談に乗る存在になろうとしていた。企業と銀行とを深く結びつける〈リレーションシップ・バンキング〉の形態が、二十世紀における銀行業の基本的な特徴となっていった[3]」

モルガンは、信念や大局的思考など、優れたクライアント・アドバイザーにとって最も重要な特質の多くを備えていた。だが、それ以上に、たぐいまれな判断力があった。プレッシャーがかかる状況下で迅速に決断する能力、それも常に重大な問題の決断である。モルガンは、明快で数学的な頭脳の持ち主ではあったが、長々と分析をするタイプではなかった。「モルガンには飛び抜けた頭脳があった。五分間で驚くべき集中力を発揮するのだ」と、ある弁護士は語っている。モルガンの手にかかると、複雑な金融取引に特有の重要な問題も、五分とかからず解決した。

さらに彼は、企業やその経営陣を素早く評価し、信用の供与や拡大を決定していた。当時、アメリカの金融市場には、まだ大きな規制がなかった。スタンダード&プアーズといった格付け会社もなければ、監督する中央銀行（FRB）もなかった。すべてはモルガンの保証次第なのだ。彼がある企業を保証すると、その企業は株式発行や資金の借入が可能になる。大手銀行の承認印がなければ、企業は機能停止する。モルガンの銀行が繁栄したのは、企業の長所と可能性を判断する彼の驚くべき能力のおかげだった。

この優れた判断力を、モルガンは生まれながらに持っていたのだろうか。そうではない。彼は、慎重にコントロールしながらリスクをとる経験を積み、生涯にわたって金融市場を熱心に研究し、さまざまな状況で常に重要な課題に集中することで、判断力を育てたのだ。つまり、経験に照らして選択的に事実を収集し、安定と秩序を重視する個人的価値観に基づいて、鋭敏な判断をすばやく下すことを身につけたのだ。

鋭敏な判断の重要性

コンサルタント、弁護士、銀行家、会計士などのプロフェッショナルは、日々、リスクが高く重大な決定に関わっている。「裁判に訴えるべきか、それとも裁判所の外で解決すべきか」「生産力向上のために十億ドルの投資をすべきか」「財務諸表はビジネスの状態を正確に反映しているか」といった判断は、プロフェッショナルが持つ能力のなかで最も価値あるもののひとつだ。当然ながら、判断力が乏しいプロフェッショナルをもう一度雇うクライアントはほとんどいない。我々がインタビューした重役たちは、何年経ってもアドバイザーの誤った判断をはっきり覚えていた。

対照的に、優れた判断はクライアントにとって計り知れない利益をもたらす。イギリスの投資銀行シュローダーの会長であるウィン・ビショフは、自分が下した大きな決断の際に、いかにアドバイザーの正しい判断が貢献し、国際的な成功につながったか語っている。

一九八〇年代初頭、我々は、所有していたアメリカの商業銀行に資本注入する必要を感じ、社債を発行しようとしていた。アドバイスを求めてウォーバーグ（イギリスの大手投資銀行）のトップであるデイヴィッド・スコーリーに会いに行った。わずか一時間の打ち合わせで、彼は明快な判断を次々に示してくれた。社債の発行はほとんど不可能だと言い、議題をすぐにシュローダーの全体的な戦略に変更した。そして、これは大きな意思決定になるので、戦略の細部まで見極める必要があると言った。

我々はすぐに戦略の見直しを始めた。スコーリーのアドバイスはとても役に立った。そして、一連の重要な決定を下した。その銀行に資本注入する代わりに売却し、同時にシュローダーの未来のために他の戦略的選択をした。わずか一度、短時間の会議であったが、スコーリーが次々と示してくれた鋭い視点によって、我々の考え方は大きく変わったのである。


スコーリーは、シュローダーから助言を求められたとき、無意識のうちにいくつかのことを行っていた。最初に、起債の可能性について素早く直観的に判断した。過去に同じような経験をした彼には、すぐに答えがわかった。二、三手先を考え、シュローダーが起債すると、どのようなことが起こるのか、そしてそれがネガティブな結果に終わることを予測できたのだ。これによりビショフが誤った判断に陥るのを防いだ。

次に、ビショフの質問を見直した。正しい質問は「アメリカの銀行に資本注入すべきか」ではなく、「そもそもアメリカの銀行ビジネスを続けるべきか」だ。これ以降シュローダーの時価総額は増加し、現在では、三億ドルから十五倍以上の五十億ドルになった。

避けるべき五つの罠

優れたアドバイザーが高度な判断を下すための特有な手法を見ていく前に、いかにして誤った判断を避けるかを理解するのが先である。なぜなら、第一に、誤った判断は組織に致命傷を負わせる。第二に、あなたのプロフェッショナルとしての評判を台無しにする。クライアントはこちらが下した誤った判断を決して忘れない。第三に、判断を曇らせる要因はあふれていて、誤った判断を下すケースがひきもきらない。つまり、誤った決定を避けることができれば、この闘いは半分勝ったも同然なのだ。特に優れた判断を下さなくても、何とか生き延びることはできるが、誤った判断を下してしまうと、仕事から締め出される可能性がある。それも永久に。だからこそ、優れたプロフェッショナルは、クライアントが間違った方向を向かないように、常に彼らの考えや行動に注意しておくのである。

次にあげるのは、クライアントにアドバイスする際にプロフェッショナルが知っておくべき最も重大な五つの判断の罠である。

1　不十分な前提――出だしから間違う

クライアントの多くは、間違った事実や事実の一部だけで問題や決定に取り組みはじめ、その結果、間違った思考の連鎖を招いてしまう。この原因となるのは、「アンカリング効果」と「利用可能性」である。アンカリング効果とは、意思決定を下す者が、最初の情報に現れた特徴に「束縛されてしまう」ことだ。利用可能性とは、最も利用しやすい、直近の情報を重視してしまう傾向のことである。

たとえば、すでに売りに出されている家屋の鑑定を二人の不動産鑑定士に依頼したとしよう。一人の鑑定士には、売却価格が二十万ドルだと伝え、別の鑑定士には、二十五万ドルだと伝える。すると、二十万ドルと伝えられた鑑定士は、別の鑑定士よりも低い評価をつけるだろう。同じ物件なのに、教えられた情報（売却価格）によって、評価が影響を受けてしまうのだ。このように、出発点が最終地点を決めてしまうケースは多い。

クライアントは、いろいろな状況でアンカリング効果の影響を受ける。電気通信や公益事業のように規制緩和が進んだ業界では、昔の成長パラダイムに縛られることが多い。かつて年間成長率が三〜四%だった企業にとって、五〜一〇%という成長率を達成するのは至難の業だと思ってしまう。だが、その企業が「成長する」ビジネスに属しているなら、一五%程度の成長は普通だと評価されるだろう。こうした企業の多くは、古い基準に縛られているため、最後は買収される羽目になる。

最も入手しやすい情報もまた、我々にバイアスをかける。マネジャーが数人の顧客と話をしただけで、製品のポジショニングについて全面的な結論を導き出してしまうのは、この認知バイアスのせいだ。誤った個人的な結論は、この判断の罠に根ざしていることが多い。事実、我々は人材を選ぶとき、本当の適任者よりも、すでに知っている人間を選びがちだ。

2 確証バイアス──見たいものを見る

多くの人は、意識的であれ無意識的であれ、すでに信じているものの裏づけを探そうとしたり、自分の信念を否定する証拠を無視する傾向がある。

企業買収や合併の際に、確証バイアスの罠によく落ちる。数年前、二つの大手プロフェッショナル・サービス企業が合併を模索していた。合併が成功すれば、経営陣には多額の報酬が見込まれていた。事前の調査では、この二つの企業の文化的な適合性が検証された。結果は、企業文化に大きな相違点があることを示していた。利害関係のない第三者なら、この二つの組織に親和性がなく、合併すべきではないと結論を出しただろう。ところが、この報告書を読んだ何人かのパートナーは、二つの企業文化は強く調和すると結論づけた。彼らは調査で言及された違いを「強み」だと解釈してしまった。その結果、両社は合併後にかなり深刻な問題に直面した。異なる企業文化が衝突し、悲惨な対立を招き、何人ものパートナーが抜けていったのである。

3　自信過剰――成功に必要なものを過小評価する

自信過剰は最も一般的で致命的な判断の罠である。歴史家のロバート・ソーベルは、その著書『大企業の絶滅』で、大手企業によるビジネス上の大失敗を紹介している。「（企業の失敗に関する）物語に一つの教訓があるとすれば、こうした企業体の失敗は、一つを除いてすべてその前に大成功があったことである」[4]。ソーベルが警告しているのは、ビジネスの成功が自信過剰と自己満足の温床になりうるということだ。

本章の冒頭で紹介したデッカ・レコードの重役がビートルズに目もくれなかったのは、自信過剰の典型的なケースだ（そして、おそらくは無能も）。歴史上有名な自信過剰の実例は、第二次世界大戦中のドイツのロシア侵攻である。ヒトラーは、ポーランド、フランスなどヨーロッパ諸国を簡単に下したことに浮かれて、あまりにも思いあがっていた。そして将官たちの警告を無視し、予定より一カ月も遅れたにもかかわらず、ロシア侵攻を強く主張した。その結果ヒトラーの軍隊は、厳しいロシアの冬と、スターリンが動員した予想をはるかに超える数のロシア軍の前に壊滅的な状態となった。

自信過剰に類するその他の判断の罠には、経験則への過度の依存や基準率の誤解があげられる。経験則とは「広告を打つ場合には、単語の数はせいぜい十二くらいの文章にする」とか、「家を売るには夏が最適」といったものだ。我々は自分の経験を単純化し、それを覚えやすい基準や指針にまとめてしまう傾向がある。問題が起こるのは、こうして後生大事にしてきた基準があてはまらないときだ。

たとえば、ヘッジファンドのロングターム・キャピタル・マネジメントは、四十八億ドルの資本金で、一六〇〇億ドルもの証券を運用していた（このデリバティブの想定元本は一兆ドルと推定されていた）。この会社は、残存期間が二十九年の国債の利回りは、三十年物の国債の利回りに収斂すると予測し、そこに多額の資金を投じた。これは過去には常に起こっていたものだ（この予測された収斂が「経験則」だった）。ところが、一九九八年の七月と八月に、この利回りの差は実際には拡大していき、ロングターム・キャピタル・マネジメントは事実上すべての資金を失い、その過程で全世界にパニックを引き起こすところだった。

基本的な統計を誤解したり無視したりすることも、よく見られる。たとえば、企業買収に関するほとんどの研究では、五年以内に失敗に終わる確率は五〇〜六〇％にものぼることを示している。この数字は海外企業との合併ではさらに高く、成功率は三〇%しかない。それでも多くの重役は、このような冷徹な数字に注意を払おうとしない。

4 既定路線――過去の意思決定に束縛される

過去の投資や決定が、新しい判断に対して行きすぎた影響を与えることもある。一度、ある態度や立場をとってしまうと、我々は考えを変えることをためらいがちである。この現象は、ケネディ大統領がなぜピッグス湾事件を止められなかったかを説明するかもしれない。ピッグス湾への侵攻はすでに計画ずみで、彼が大統領に選出されたときには作戦実行の準備が整っていた。

また、企業は投資している事業が失敗しても、回収不能となるリスクを過小評価して、さらに無駄な資金をつぎこんでしまうことが往々にしてある。

ロバート・チャルディーニはその名著『影響力――説得の心理学(*Influence: The Psychology of Persuasion*)』で、多くの実例を引用して、「ほんの小さな出来事でさえ、分別のある人間を不合理なものに同意させようとする」と述べている。ある調査によれば、安全運転を促す大きな広告掲示板を自宅の前庭に設置することを承諾した人がいたそうだ。その理由というのが単に、以前も似たようなメッセージのステッカーを窓の隅に貼ることに同意していたからなのだ[5]!

5　集団思考——それが「我々対彼ら」であると信じる

作家のアーヴィング・ジャニスは『集団思考（*Groupthink*）』という著書で、判断や行動を誤らせる八つの症状を明らかにしている。[6] たとえば次のようなものだ。

- 自分たちは難攻不落だという幻想。これはとてつもないリスクを負うことになる。
- グループの倫理や公正さを断固として信じる。
- 敵対する者を邪魔だとか無能だと決めつけ、対処する価値がないと考える。

企業組織は集団思考に陥りやすく、経営者を誤った判断に導くことがある。メキシコが長距離電話の規制を緩和したとき、アメリカの電話会社がメキシコ市場に参入した。メキシコの国営電話会社などすぐに市場から追い出せると思い込んだのだ。メキシコの経営者を軽視し、とるに足らない競争相手と見なしていた。ところが驚いたことに、メキシコの国営電話会社は、その斬新なマーケティングや価格戦略によって、あらゆる点でアメリカの企業を圧倒し、アメリカの企業は多額の損失を抱えた。

第一次世界大戦でも、この集団思考が何万人もの兵士の命を奪った。『打ち砕かれた年月——第一次世界大戦におけるオーストラリア兵士（*The Broken Years: Australian Soldiers in the Great War*）』のなかで、ビル・ガメージは、トルコ北西部での戦闘に参加した最初のオーストラリア兵たちについて述べている。

「彼らは、オーストラリア兵一人がトルコ兵二十人に相当すると考え、組織的な戦術もとらず、無邪気なやり方で手早く勝利を収めようとしていた」[7]

結局、九カ月もしないうちに膨大な犠牲者を出し、撤退を余儀なくされた。

誤った判断を避ける方法

プロフェッショナルは、クライアントがこうした判断の罠に陥りそうな兆しがないか、常に気を配る必要がある。クライアントが、古くさい、時代遅れの経験則を使っていないか。クライアントはすでに心を決めており、こちらの承認を待っているだけではないか。数少ない事実をもとに、「直観」だけを頼りにして、性急な判断を下そうとしているクライアントはいないだろうか。あるいは、成功に必要なものを著しく過小評価しているクライアントはいないだろうか。

外部のプロフェッショナルとして、クライアントの判断ミスを防ぐための具体的な行動をいくつかあげよう。

- クライアントの前提は、いつも疑ってかかること。その数字の前提は何なのか？ 五〇％少ないか五〇％多い数字でも正当化されるのか？ クライアントの顧客は、本当に価格だけで購入しているのか？ クライアントの製品は、本当に最高の品質を保っているのか？ 最初の前提を根本から覆すような、相反する情報をできるだけ数多く集め、「反証的」な質問を数多くしてみる。

●自分の分野の主な統計情報や調査結果については最新の状態にしておくこと。しかし、当てにならない情報も多々あり、俗説には気をつけることだ。たとえば、何年ものあいだ投資家に支持された「ダウの犬」という株式投資戦略は、この五年間はほとんど機能していない。この投資戦略は、ダウ工業株三十種平均のなかで前年の配当利回りが高い株を十銘柄購入し、一年間保有する。そして翌年、新たに十銘柄を選んで同じ手順を繰り返す、というものだった。

●相手に質問する場合は、どう尋ねるか、どのような質問にするかに留意する。「市場は成熟していると思いますか?」は誘導的な質問になる。もっとうまく言い換えると「市場の潜在力はどのくらいですか?」になる。多くのプロフェッショナルがバイアスのかかった質問をして、自分たちの考えや、クライアントはすでにこう思っているだろうということを反映させてしまう。

●クライアントの考えを検証するために、独立した見識を持つ人を見つけよう。それは、外部の識者かもしれないし、現場ではっきりと変化の必要性を感じている中間管理職かもしれない。

●クライアントがすでに確信していることを単に確認するだけのプロフェッショナルにはならないこと。クライアントと馴れ合ってしまうと、クライアントをだめにしてしまう可能性がある。そのような仕事は短期的な売上には結びつくかもしれないが、誠実で、自分なりの視点を持つプロフェッショナルとしての名声を築くことにはならない。ただし、法廷においてクライアントの証言が真実であることを示そうとする弁護士は例外だ。

健全な判断とは、どのようなものか

健全な判断とはどのようなものか。また、プロフェッショナルはどうやって健全な判断力を身につければいいのか。辞書によると、「判断」とは、「課題に対する見解に到達する能力、比較と決定の能力、良識」と定義されている。[8]

健全な判断を構成する要素は三つあり、図1の公式で表現できる。

目の前の課題に関する「事実」は、最初の主要なインプットになる。少なすぎれば無謀になるし、多すぎれば分析ばかりすることになる。「経験」は、直観力を高めるものである。事実に加えて、事実を処理するのに経験はものをいう。優れた判断力を持つ人は、こうして得られた選択肢を「個人の価値観」のフィルターにかける。

これまで、優れた判断は年齢や経験に伴うものとされていた。年長者は賢い人と見なされ、そのために最も重要な決定について助言を求められてきた。現代では、何が優れた判断や意思決定を構成するかについて、いくつかの相反する学説がある。この分野の研究者の多くは認知モデル

図1　判断の公式

判断 ＝（事実）×（経験）×（個人の価値観）

を採用しており、確固たる判断は、きわめて論理的、段階的、合理的プロセスを通じて得られると主張している。これは、我々が示した公式における「事実」にだけフォーカスしているようなものである。著名な文献の多くもこのような手法を提案しており、意思決定者が使用するための、複雑な定量分析の図表にあふれている。だが、実社会での意思決定に関する調査では、優れた意思決定者がこのような多岐にわたる合理的な分析を行うことはめったにないことが示されている。

また、ある研究グループは、判断は基本的に直観によるものであり、実社会での決定が分析に基づくものではほとんどないと主張している。我々が、プロフェッショナルや彼らを雇うクライアントを調査して明らかになったのは、最高の意思決定者は、認知モデルと直観モデルの両方を融合し、さらに個人の価値観を加味したうえで判断しているということだ。

優れた判断に至る五つのステップ

卓越したプロフェッショナルは、健全な判断を下すために、次の五つのことを実践している。

1　問題を正しく特定する。
2　選択的に事実を収集する。

3　直観を得る。
4　自分の価値観に立脚する。
5　経験から正しく学ぶ。

1　問題を正しく特定する

最初のステップは、真の問題が何かを正しく特定することである。間違った問題に取り組んでしまう例は数多く、どの分野にも共通している。たとえば、多くの企業から「組織再編」の依頼を受けるが、そういう場合は往々にして組織構造の問題ではなく、コミュニケーションやリーダーシップの問題であることが多い。

ハーバード・ビジネス・スクールのジョセフ・バウワー教授は、産業界のリーダーたちにさまざまな助言を与えているが、問題をいかに認識するか、あるいは問題そのものを見直すことについて、次のような話をしてくれた。

ある大手企業のトップが、大がかりな再生プログラムを導入しようと考え、アドバイスを求めてきた。彼は組織構造や、流通ネットワーク、技術基盤といった多くの問題を認識していた。また、その問題を解決するために、大手のコンサルティング会社を雇おうとしていた。私はこのＣＥＯと十五人の重役との会議に出席した。二時間にわたりＣＥＯは変革の必要性と、導入しようとしている新しいプログラムについてとうとう語った。議論はほとんど交わされず、会議は終わった。そのあとCEOと二人きりになると、彼は私の感想を尋ねたので、こう答えた。

「重役たちの顔を見ましたか？　誰もあなたのプログラムをやる気がありません。それこそが真の問題だと思います」

最初、CEOは呆然としていたが、すぐに頷いて、微笑んだ。

「そのとおりだ」静かに言った。「彼らには重役の資格がない。そうだろ？」

皮肉なことに、私と、このCEOが招集した大手のコンサルティング会社との契約は、それで終了した。彼の頭のなかでは、この契約は首尾よく終わったのだ。本当の問題が特定されたので、それについてCEOは一人で取り組んだ。コンサルタントたちはいささか驚いていたが、私には満足できる成果に思えた。その後、このCEOは重役の半分を外部の人間にすげ替え、うまくいっている。

2　選択的に事実を収集する

競馬のオッズメーカーは、レースの倍率を決めるのに、過去のデータを使用する。ある著名な研究で、オッズメーカーのプロフェッショナルたちに、さまざまなレースの予想を依頼した。予想の際に各馬のデータをレースごとに少しずつ増やして与え、これらの事実に基づき、成績を予想してもらった。一回目はそれぞれの馬について五つの事実、二回目は十、三回目は二十、そして最後に四十と増やしていった。結果はどうなったか。オッズメーカーの予想に対する自信は回を追うごとに高まった。しかし、的中率に変化はなかった。[9] 主要なデータが収集され、あるしきい値に達したあとは、それ以上の情報があっても意思決定の質が高まるわけではないのだ。ビジネスシーンでは、時間が重要な役割を担うことが多く、より多くの情報を集めようとすることは、決定の質を落とすことになりかねない。なぜなら、分析を行えば行うほど、手を打つタイミングがどんどん遅くなるからだ。

情報や専門知識が多いことは必ずしも有益ではないというこの考えは、さまざまな場において支持されている。いささか直感に反するかもしれないが、たとえば、我々の大手クライアントで、多数の内部の専門スタッフと外部のアドバイザーとで、慎重にレビューや分析を行うと、意思決定の質や確かさが上がるどころか、下がることが多い。さらに、行きすぎた分析は、有望な独創的アイデアを排除する問題があることに気をつけなければならない。

3　直観を得る

直観は判断を下す際の強力なツールになる。こんな実例を紹介しよう。ある消防署長が、台所で火事が起こっている家に部下と急行した。火事としては小規模で、経験のある消防士が六人も消火活動に配備されているのだから問題ないはずだった。ところが突然、署長は何かただならぬものを感じた。彼はためらうことなく、部下に対しすぐに退避するよう命令した。消防士たちは急いで家の外に出た。一同が家から撤退したまさにそのとき、爆発とともに一階が崩れ落ちた。彼らは九死に一生を得たのである。現場検証が行われたとき、署長は自分の「第六感」が危険を察知し、自分たちを救ったのだと考えた。[10]

この消防署長の実例は、プレッシャー下での意思決定を研究しているゲーリー・クラインが紹介したものだ。彼は、危地を脱したのは署長の超能力ではなかったと主張して、その著書『決断の法則――人はどのようにして意思決定するのか？』で、実社会での意思決定は、研究室での結果と反対であることを検証している。クラインは革新的なインタビュー・テクニックを駆使して、危地を脱した本当の理由は、経験に基づいた署長の直観であることを明らかにした。署長は、たとえ火の勢いが小さくても、通常では考えられない高熱を感じた。さらに、雑音がほとんどなかった。普通の火災にしては静かすぎる。実は、火元は地下室で、台所に燃え広がっていたのだ。署長は過去に経験した同じような火災と無意識に比べていた。この火災は従来のパターンに適合せず、それが警鐘を鳴らした。それが何なのか、はっきりはわからなかったが、とにかく何かがおかしいと感じたのだ。だから、部下に避難を命じ、安全な場所から状況を再検討するようにしたのである。

この実例は、直観を得るための第一の要素である無意識のパターン分析を説明してくれる。[11]「虫のしらせ」とも言われるが、もっと適切に表現すると、「経験に基づく感覚」と言えるだろう。似たようなケースを数多く経験すると、新しい事象が、過去に認識したパターンと合致するか、あるいはそこから分化したものかを感じる能力が高まる。チェスの最高位であるグランドマスターたちは、まったく同じようなことをしている。彼らは棋譜や駒の配置の研究に多大な時間を費やし、実戦で遭遇するいかなる状況にも迅速に対応できる能力を育てている。第4、5章で触れたように、観察力を高めることは、判断力を磨くのに役立つのである。経験を活かすには、まわりで何が起こっているかを熱心に観察する能力を育てねばならない。

第二の要素は、その決定がどのように展開していくかを想像することである。さまざまな研究者がこれを「メンタル・シミュレーション」とか「結果を想像する」といった言葉で表現している。能力の高いプロフェッショナルは、頭のなかで素早く状況の筋書きをシミュレートする。ベイン・アンド・カンパニーのチェアマンであるオリット・ガディシュは、こう語る。

「優れたクライアント・アドバイザーは、いつも三、四手先を考えています。クライアントがまだ第一段階にいるうちに、常に第二、第三、第四と何段階も先を読んでいます」

第三の要素は、類似物を特定する能力である。つまり、「これは、あれと似ている」と識別できることだ。第5章で、類推が統合のための重要なツールであることを学んだ。ここでは、類推を活用すれば判断の質が上がることを強調しておこう。たとえば、第二次世界大戦中のアメリカの軍事アドバイザーが、日露戦争の歴史を研究していれば、真珠湾への奇襲攻撃を予測できたかもしれない。日露戦争は、旅順に配備されていたロシア艦隊への奇襲攻撃を皮切りに始まっていたのだ。

4　自分の価値観に立脚する

優れた判断、あるいは少なくともぶれのない判断は、個人の、強い、明快な信念や価値観に基礎を置いて行われるものであり、それが決断につながるのである（信念については、第7章で詳しく取り上げる）。

次に紹介する話は、二十億ドル規模の企業のＣＥＯから聞かされたもので、アドバイザーの個人的な価値観の影響力を示すものである。その価値観に同意はしなくても、この結果に異論の余地はないはずだ。

数年前、我々はディーラーのグループから集団訴訟を起こされ、裁判に五〇〇〇万ドルの費用がかかるおそれがあった。こちらに落ち度はないと考えていたが、弁護士は、裁判になれば勝つチャンスは五〇％か、それ以下だと予測した。この訴訟の代表者は有力なディーラーで、かつて我が社の会長だった人物だ。元会長は裁判が始まるとすぐに亡くなったが、死の床で、息子たちに「絶対に告訴を取り下げるな」と言い残した。

長年、私のアドバイザーを務めていたある聖職者は、聖書の理念をビジネス上の問題に適用するのに長けていた。私が状況を説明すると、こうアドバイスしてくれた。元会長の息子に会いに行き、彼らの「お父上に哀悼の意を表して」、彼らが指定した慈善団体に二十万ドルを寄付するつもりだと話すように。また、「これは、我が社の創業者であるお父上の功績を称えてのものだ」と付け加えるように、と。私は言われたとおり実行し、息子たちも同意してくれた。アドバイザーはさらに、集団訴訟に加わっているすべてのディーラーを個人的に訪問するよう促した。ディーラーたちの本当の問題は何で、どうすればいいかを聞いてくるよう指示されたのだ。私は六週間かけて、すべてのディーラーと会い、「三年間に分けて二〇〇〇万ドルの和解金を支払う用意がある」と提案した。最終的には、一〇〇〇万ドルを一括で支払うことで和解に至った。アドバイザーのおかげで、我が社は数千万ドルを節約し、大事なディーラーのロイヤルティを再構築することに成功した。

製薬会社のメルクにおける、メクチザンと呼ばれる河川盲目症治療薬の話も、明確な個人の価値観が、ビジネス上の意思決定に影響を与えることができ、かつ与えるべきであるという、もう一つの実例である。ウォートン・スクール・オブ・ビジネスのマイケル・ユシームはその著書『九つの決断――いま求められている「リーダーシップ」とは』のなかで、ロイ・バジェロスについて書いている。バジェロスは、一九八〇年代にメルク研究所の所長を務めた人物だ。彼は、河川盲目症を治療し、予防にも効く画期的な薬の開発を支援しようと決意した。河川盲目症とは寄生虫が引き起こす深刻な病気で、途上国で六〇〇〇万人が罹患していた。問題は、メクチザンを必要とする人は誰も薬代を払えないことだった。バジェロスはメルクの経営委員会に対して、またCEOになってからは取締役会に対して、メクチザンの製造と流通を推進し、この薬を永久に無料で提供するよう主張した。これは多額でリスキーな決断であり、一九九七年にメルクは二億ドルのコスト負担となった。それでもバジェロスはひるまなかった。彼は医者でもあり、「人の生活を守り、向上させる」という個人的な使命感を抱いていた。その意思決定には、彼自身の信念と価値観がしっかり織り込まれたのである。

5　経験から正しく学ぶ

一九五一年十一月二十三日、アイビーリーグのライバルであるダートマス大学とプリンストン大学のアメリカンフットボールの試合は激戦だった。ゲームは過熱し、ひどいラフプレーが続出した。プリンストンのスター選手は鼻を折り、ダートマスの選手は足を骨折した。その後、彼らのプレーについて激しい論争が起こり、互いにスポーツマンシップに欠ける行為だと相手を責めたてた。

ダートマス大学の心理学者であるアルバート・ハストーフと、プリンストン大学の研究者ハドレー・キャントリルが協力し、この問題の調査に当たった。二人は試合を観戦していた学生を調査し、また、試合を観戦していなかった両大学の学生にも試合の映像を見せた。予想どおり、どちらの学生も相手チームの反則のほうがひどいと語った。すべてを記録したフィルムという客観的な証拠があるにもかかわらず、学生たちの意見は一致しなかった。二人の研究者はこう結論づけた。

「この〈試合〉が、実際にはいくつもの異なる試合だったのは明らかなようだ。同じ〈事象〉に対して、立場の違う人はとる〈態度〉も違うと言ってしまっては不正確であり、誤解を招くおそれがある。なぜなら、〈事象〉自体が、それぞれの人にとって違うのだ」[12]

この事例が示すように、経験から学ぶというのはごく自然なことに思われるのに、記憶は事が起こってから「再構成」され、必ずしも正確ではない場合がある。たとえば、法律分野における研究者は、「目撃証人」の話はかなりあやふやになりうると考えている。つまり、我々は得てして自分が見たいようにしか物事を見ないのだ。

この現象について特に影響を受けやすいのは医者である。何年も前に行われた調査で、経験豊富な医者のグループが、五〇〇人の子どものうち誰に扁桃摘出手術が必要か診断するように依頼された。彼らはおよそ五〇％の子どもに扁桃の摘出が必要だと判断した。その後、扁桃が健康だと見なされた五〇％の子どもに対して、別の医者のグループに彼らを診断するよう依頼した。またしても、五〇％弱の子どもに手術が必要だと診断された。さらに同じ方法で三つ目の医者のグループに診断させると、信じがたいことに、同様の診断が下されたのだ！

経験から学ぶのを妨害する大きな落とし穴が三つある。

- **すべての成功を自分の功績とする**……すべての成功が我々の才能によるものだとは限らない。運や偶然が成果に影響を与えることは多い。そのことを認識し、自分の能力を慎重に見極めなければならない。
- **失敗を過小評価し、無視する**……我々は後知恵に基づいて事象を整理し、自分に都合のいいように解釈したり、単に忘れたりすることが多い。それでは経験からの学習はおぼつかない。
- **実際の事象を自分の都合のいいように歪める**……ダートマスやプリンストンの学生のように、我々は個人的なバイアスで記憶を脚色してしまう。

経験から学ぶ力を高める方法を、難しく考える必要はない。第一に、アドバイスの記録をつけること。半年か一年後に、同じアドバイスをするかどうか自問する。もしかしたら異なるアドバイスをするかもしれないし、違った行動をとるかもしれない。第二に、過去の事象が異なる展開を見せたかもしれないと考えること。調査では、決断の結果が異なっていた可能性を考えることによって、後知恵のバイアスを大幅に低減できることがわかっている。「一体どうしてこんなことになってしまったのか」と問うだけでは不十分だ。「他にどんな結末になりえただろう」「どうすればよかったのだろう」と自問しなければならない。

よりよい判断を下すためのテクニック

我々は優れた判断を下すプロフェッショナルを観察した。これに基づいて、決断力を高めるためのアドバイスをいくつかあげてみよう。

課題の理解に時間を惜しまない……クライアントの最初の「問題説明」を額面どおりに受け取るのは危険である。クライアントが提示した「問題」の少なくとも半分は、最初の会議で話し合ってから変化していってしまうものだ。初期段階で、クライアントが直面する課題を十分に理解することを怠ってはいけない。

本当の問題が何かを見つける……課題を解決するために、本当の問題が何かを見つける。そのためには創造的に、さまざまな問題を洗い出し、検証しなければならない。先に取り上げたハーバード大学のジョセフ・バウワーは、クライアントのそもそもの問題が、古い業務プロセスや情報システムではなく、重役の顔ぶれや、やる気にあることを正しく特定した。

その問題を本当に優先すべきかを確認する……組織の戦略、目標、置かれている状況、また、あなたが対峙しているクライアントなどを考慮してみて、この問題に取り組むことに意味があるだろうか？数年前、ある大手銀行が、一年で五億ドル近い損失を出した。経営陣は「企業文化を変える」プログラムを進めようと、数百万ドルを投資しようとした。銀行が直面している多額の損失と、コスト効率や戦略的なポジショニングといった付随する問題を考えると、これが本当の出発点になるだろうか？

「反証的」な質問をする……前にも触れたように、質問することによって、判断の罠を避けることができる。また、データを集めることによって、当初の仮説が反証されるかもしれない。[13] たとえば、アメリカが一九四五年に日本に原子爆弾を落とすことを決めたのは、日本人が決して降伏しないだろうと固く信じていたからだ。アメリカの高官たちは、原爆投下以外の選択肢は、日本本土への侵攻作戦しかなく、それには一〇〇万人もの連合国側の犠牲が予想されると思い込んでいた。しかし、次のような疑問を真剣に考えていたらどうだっただろう。

「原爆投下や本土侵攻以外に日本人を降伏させる方法はないのだろうか」

徹底してこの問いかけをしていれば、あと数週間様子を見るといった、他の選択肢が見つかったかもしれない。アメリカの空爆によって、多くの日本の都市はすでに破壊されていたのだから。

一般的な選択肢だけでなく異色の選択肢も考える……我々は自分の考えに境界線を設けることが多く、このことが考えうる選択肢や可能性の幅を大きく制限している。「何もしなかったらどうなるか」「みんなの提案と正反対のことをしたらどうなるか」。一九八三年のドレクセル・バーナム社のブレインストーミング・セッションでは、異色の選択肢として、企業買収のための「エアーファンド」というコンセプトが提案された。このエアーファンドは、ファンドといっても資金は一切ない。最初はこんなアイデアはばかげていると思われた。だがアイデアを発展させ、最終的にドレクセルは、買収に先立って確度の高い資金の証明書を発行するまでになった。この証明書は基本的に、ドレクセルが高利回り債市場から資金調達できる確信が高いことを示したものだ。まだ資金調達は済んでいないが、それでも、数十億ドルの資金調達を実現できると確約したのだ。

予想される未来から逆算する……将来に関する状態について、次の二つの質問を比べてみよう。

- 我々の一番の競合が、この先二年のうちに我々の市場シェアを一〇ポイント奪い、売上で我々を抜く可能性はどれくらいあるだろうか。そうなるとしたら、どのような理由が考えられるか。

次は同じ質問を多少変えたものだ。

- 今から二年後を想定しよう。我々の一番の競合が市場シェアを一〇ポイント増やし、我々の売上を抜いている。どうしてそうなったのか、その経緯と理由を説明せよ。

二つ目の質問のように、仮説に基づいた事象を実際に起こったかのように提示されると、どうしてそうなったかについて、人はかなり独創的な理由を考えつく。そして思考の質は驚くほど高まる。

リスクや不透明性に対してクライアントの許容度を理解する……リスクへの許容度はクライアントごとに異なり、また状況によっても変わってくる。数年前、ヨーロッパ系の大手旅行代理店が、アメリカでの業務を見直すためにコンサルタントを雇った。この企業のアメリカ支社は、大手との競争できわめて不利な状況にあり、赤字を出していた。ところが、コンサルタントたちは体制拡充と追加投資により成長可能であり、市場での影響力の増大やスケールメリットが得られると、最終的には利益が出ると考えた。

だがコンサルタントが出した結論にCEOは困惑した。そこでCEOは、旅行業界で経営トップを務めたあと引退した友人にアドバイスを求めた。友人は言った。

「すべては経営陣がアメリカで何をしたいかに尽きるよ。いったい君はアメリカでの事業から何を得たいんだね？　どのくらいのリスクなら許容できるんだ？」

CEOはたじろいだ。誰も彼に、あえてそんな質問をしたことがなかったからだ。CEOは答えた。

「基本的には、アメリカで自分たちの存在感を示したいんだ。事業そのものは別に小さくてもかまわない。実際に規模は小さいからね。ただ目に見える存在になりたいんだ。それに、これ以上資金を失うリスクを犯すわけにはいかない。関係官庁も赤字を容認しないだろう」

このCEOはそれ以後のコンサルティング契約を打ち切り、その代わりに一カ月でアメリカ支社を縮小し、どのような状況でも採算がとれるようにした。CEOは満足し、株主も満足した。なぜなら、市場シェアよりもアメリカで「存在感を示す」ことが関心の的だったからだ。つまり、コンサルタントたちはクライアントのリスク許容度を見誤り、アメリカにおけるＣＥＯのビジネス上の目的をとり違えたのだ。


自身の経験を活かす能力を高める……経験豊富な同僚から学ぶことにより、自身の経験値を高めることができる。彼らの話や逸話を聞かせてもらうことだ。次のような質問を考えてもいい。

「これまでで一番難しかったクライアントはどんな人か」

「キャリアのなかでプロフェッショナルとして厄介な問題に直面したのはいつか。それをどうやって乗り切ったか」

「どう考えても望み薄というケースを扱ったことがあるか。その理由はなぜか」

などである。こういった話は、経験を強化するのにきわめて有効な手段である。

優れた思考家《シンカー》になる

まず第一に、間違った判断を除外すれば、良い判断につながるものである。優れたプロフェッショナルは、クライアントが判断の罠に陥り、間違った決断をしないように手助けする。そのうえで、バランスをとりながら、判断の公式のそれぞれの部分を積極的に生かしていく。知りえた事実と経験を活かしながら課題に取り組み、自分の信念や価値観に基づいて選択肢を評価するのである。ディープ・ジェネラリストになり、統合力を育て、優れた判断力を築いていけば、優れた思考家になるための道をまっすぐに進むことになろう。優れた思考家については、ヴィンセント・ルッジェロがその著書『考える技法（*The Art of Thinking*）』のなかで適切に定義している。

優れた思考家は、他の人と比べて、より多くの、より良いアイデアを生み出す。さまざまなテクニックを活用することに熟達していき、これによってより多くのアイデアを生み出すことが可能になる。もっと具体的に言えば、優れた思考家は、まず多くの視点から問題を眺め、真実を追究するために多くの異なる方法を検討し、判断を下す前に多くのアイデアを生み出す傾向にある。さらに彼らは、進んで知的なリスクをとり、大胆に、常軌を逸したアイデアや、ばかげたアイデアまで検討する。そして想像力を駆使して独創性を目指す[14]。

＊＊＊

プロフェッショナルが自ら健全な決断を示すだけでなく、クライアントが自ら決断できるように手を貸すことができるなら、アドバイザーとしての価値は大幅に上がるだろう。クライアントのあいだで優れた思考家としての評判を勝ち取ることができれば、クライアントからの依頼は尽きないだろう。

あなたは、優れた判断力を持っているか？

□ クライアントが難しい選択に直面したとき、相談される。つまり、クライアントはジレンマを分かち合いたいと思っている。

□ 五割以上の確率で、正しい判断を下すことができる。

□ 比較的すばやく判断を下すことに自信がある。必要とする主な事実や視点を特定して整理することができる一方で、すべてが洗い出されていなくても構わない。

□ クライアントに判断を求められたとき、その課題について経験がなかったり重要な情報を欠いていたりする場合は、恐れることなくその旨を明らかにし、率直にわからないと答える。

□ アドバイスや提言を行う際、実績に正直である。誤ったとしても、そこから学習している。

□ クライアントのリスクや損失への許容度をよく知っており、率直にクライアントと話し合っている。

特質❻

第7章 信念

自分の価値観を知り、強く信じる

良識や自尊心について何らかの困難にぶつかったとき、また、勇気が必要なときに大いに役立つのは、自分がとるべき立場を知っていることである。つまり、何を信じるか、どのように行動すべきかを示す言葉を持っているということだ。

――ウィリアム・フォークナー

一九三八年十一月十四日。世界最強の司令官が話を始めると、会議室はしずまり返った。ルーズベルト大統領を囲んでいたのは、主要な閣僚たちとアメリカ軍の最高幹部たち。孤立主義の空気が漂うなか、ルーズベルトは、ドイツとの避けられない戦闘にアメリカ軍を動員しようと苦慮していた。彼の最新のプランは、非現実的な妥協案にも思えた。一万の軍用機を調達するための予算を議会に求める一方で、孤立主義者をなだめるため、搭乗員や地上部隊には予算をとらないというものだったのである。

ルーズベルトが提案の概略を述べると、メンバーは賛同するように頷いた。ルーズベルトはアドバイザー一人ずつの考えを尋ねた。「いい案だと思います、大統領」。ルーズベルトがテーブルを回るのに合わせて各自は同じように答えた。新たに副参謀長に任命され、この会議では最も階級の低いジョージ・マーシャル司令官が最後になった。ヨーロッパで塹壕戦を経験し、ドイツ軍について熟知していたマーシャルは、深い信念と誠実さをもって新しい任務に就いた。彼は、世界規模で戦争を遂行するのがどういうことかわかっていた。

「そうは思わんかね、ジョージ？」大統領がマーシャルに尋ねた。「いい考えだろ？」

マーシャルは単刀直入に返事をした。「大統領閣下、残念ですが、そのお考えにはまったく賛同いたしかねます」[1]。その答えに、みな青ざめた。

ルーズベルトは驚いて彼の顔を見ると、唐突に会議を閉会した。ショックを受けた他の将軍や閣僚が会議室を出る際に、誰もがマーシャルに別れのあいさつを述べた。財務長官のヘンリー・モーゲンソーがマーシャルにささやいた。「ともかく、お知り合いになれてよかった」。マーシャルが近いうちに更迭されて僻地の軍事施設に飛ばされるのは明白だった。ところが、まったく逆のことが起こったのだ。その日を境に、ルーズベルトはマーシャルを数少ない側近に据えた。マーシャルは、大統領に最も近い軍事アドバイザーとして、信念に従って行動した。その一年後、ルーズベルトはマーシャルを陸軍参謀総長に任命した。

マーシャルは、一八八〇年にペンシルベニア州ユニオンタウンで生まれ、誠実さと義務を重んじるビクトリア朝の世界で育った。十代のときは、さほど優れた学生ではなく、ヴァージニア軍事大学の二年目まで、特別な才能を見せることはなかった。しかし軍隊では異彩を放った。学業では平凡だったが、その個人的な資質、つまり誠実さ、献身ぶり、信念、規律、人を見る目、熟考する能力は、それを補って余りあるものだった。

参謀総長としての信念は、きわめて強く、真摯なものであり、確固たる信条に基づいていたので、マーシャルが意見を言えば誰もが心を動かされずにはいられなかった。国に対する強い義務感、民主主義的な理念への信頼、常にアメリカ国民のために正しいことをしたいという願望によって、彼は行動していたのだった。部隊の適切な人員数や戦域の戦略に対する彼の確信こそが、ドイツや日本に対する勝利に大きく貢献した要因である。アメリカの国民や議会に広まっていた孤立主義に直面し、マーシャルはヨーロッパ戦域に確かな軍事力を築くために必要とされる微妙なバランスと交渉術を理解していた。彼は大統領と議会のメンバー両方に助言した。議会のメンバーの多くは「当時、二の足を踏んでいた議会に必要な軍事予算を承認するよう説得したのは、マーシャルの強い信念と無私の心だった」と述べている。

マーシャルは自分の信条にあくまでも忠実だった。亡くなる数年前、歴史家のインタビューを受けることになったとき、彼は二つの条件をつけた。まず、まったく無関係な第三者によって歴史家を選ぶこと、また、この伝記による利益がマーシャル本人にも彼の家族の誰にも渡らないようにすることである。

信念——意欲と行動の源

我々が観察し研究してきた、数百人の優れたプロフェッショナルのあいだに共通する最強の特徴は、信念の強さである。強力な万能薬のように、信念は我々を駆り立てて、偉大なことを成就させる。自分の能力を増強し、限界を超えさせる。いいアイデアがあった場合、信念に裏打ちされていればアイデアの力は倍になる。達成するのが難しいゴールに向かって、挫折したり、障害に阻まれたりしたときに、自分を貫き通させてくれるのは信念である。

クライアントも信念の力を認識し、大きな影響力を受ける。「影響を与えたいなら、信念を持つことだ。毅然とした態度で意見を言うことが、絶対に必要だからだ」とあるリーダーが話してくれた。他のクライアントも似たようなコメントをしている。

「長年にわたり多くの優れたプロフェッショナルを見てきた。真に優れたプロフェッショナルが部屋に入ってくると、そこにはオーラが漂っている。信仰と信念には非常に近い関係がある。私は何も〈教祖的存在〉のことを言っているわけではない。本当に揺るぎないアドバイザーについて話しているのだ」

「アドバイザーの言葉には、深い価値と信条がある。これがアドバイザーに本物の信念を与える」

信念を示して、他人を説得する

ビジネス・スクールの学部長を経て、ゼネラル・エレクトリックのリーダーシップ開発の責任者をしていたスティーブ・カーは、CEOであるジャック・ウェルチの個人的なアドバイザーでもあった。カーは信念の重要性についてこう述べている。

「頭が切れ、情報に精通している重役にアドバイスする場合は、とにかく説得力がなければいけない。そのためには、強固な信念が必要だ。たとえばウェルチのような人物に自分の意見を示して説得することができれば、それが五回のうち一回だけだとしても、かなり説得力があると考えていいだろう。もし、自分の主張に臆病なら、あなたは無力だ」

「Conviction（信念）」という言葉はラテン語のconvictumから来ており、その意味は「証明された」「示された」である。したがって信念には、自分が証明した、あるいは明示したものに基づく信頼感という意味がある。自分の信念を明確にしたあとの次のステップが、convince（説得する）であり、これはラテン語の動詞vincere（勝つ）に結びついている。優れたプロフェッショナルは強い信念を持っているだけでなく、クライアントを説得することにも長けている。大局的な考え方ができ、なおかつクライアントのために鋭い決断に至ることができても、自分の見解を支える深い信念と、その信念に対するクライアントの支持がなければ、役には立てないだろう。

また、説得するときには「誠実さ」を伴っていなければならない。誠実さにまず必要なのは、善悪を正しく判断する力である。この点については次章で詳しく取り上げるが、優れたプロフェッショナルが持つ信念は、倫理的かつ道徳的なものである。信念といっても、民主社会の理念や価値観とは相容れない、深く、強い信念を持つ個人はたくさんいる。人種差別主義者のクー・クラックス・クランやテロリストのリーダーなどの実例を見ればわかるだろう。

マーシャルの誠実さと無私の姿勢がわかる出来事がもう一つある。一九四二年、ルーズベルトが、あのノルマンディー上陸作戦の司令官を選んだときのことである。マーシャルはアメリカ軍のなかで最高位の将校であり、彼がこの作戦の指揮をとることは当然のなりゆきだった。マーシャル自身もそれを望んではいたが、同時に、ワシントンに留まったほうがはるかに戦争に貢献できると確信してもいた（ルーズベルトも同じように感じていた）。マーシャルは決してルーズベルトに働きかけなかった。この件についてはただ沈黙を守り、ルーズベルトがこの作戦を率いる人物としてアイゼンハワーを選べるようにした。マーシャルは、祖国のために正しいことをするという信念に従って、傍観者的な立場に自らを置き、戦史における最も誉れ高い作戦の指揮を別の人間に譲った。

信念は基本的に、人格の三つの側面に根ざすものである。すなわち、「特定の個人的体験の積み重ね」

「信条と価値観」「使命感」の三つである。個人的な信念は、いわゆる日常的な信念を支えるものである。日常的な信念とは、自分の考えを示すことや、クライアントへ提言を行うなど、日々の仕事で示す信念や説得力のことである。これは、人の気持ちを読む能力やコミュニケーションスキルの鋭さ、言葉の裏にあるエネルギーによって強いものになっていく。

むろん、我々が関心を持つのは真の信念であって、レトリックを用いた説得技術ではない。きわめて優秀なプロフェッショナルは両方を持ち合わせることも多く、組み合わせることで有効な力として計算できるようになる可能性はある。しかし、言葉だけの底の浅い売り込み術はマーケティングツールにすぎない。中身も誠実さもなしにそれを使っても、クライアントはすぐにそれを見抜いてしまうし、信頼感も消えてしまうだろう。

核となる信条と価値観――体験から形成される信念の基盤

マーシャルは、ヨーロッパ戦線については直接の体験を通して理解しており、一九三九～四〇年ごろ展開されていたドイツ軍のような、大規模で統率のとれた相手に勝利するにはどうすればいいかを知っていた。そして、軍事戦略に基づき、第二次世界大戦における連合国の戦い方を生み出し、それに強い自信を持っていた。チャーチルは、側面攻撃によってドイツ軍を分断させようと考えたが、マーシャルは、連合軍が圧倒的な軍事力によってドイツの中心部を攻撃しないかぎり、勝利はありえないと確信していた。だが、頑固で弁舌に長けたチャーチルを説得するのは容易ではなく、あらゆる機会をとらえて自分の見解を熱心にチャーチルに伝え、最終的に彼を説き伏せた。このような個人的な信念は、独自の経験や、その経験から生じる具体的な価値観や信条から生まれるものである。

結局のところ信念とは、自分自身への信頼であり、自分の能力への信頼である。自分が何を支持するかを知り、これを強く信じていれば、自信が持てるし、説得力も持てる。自信にあふれているからこそ、仲間やクライアントを引きつけることができる。これによって自立と客観性を発揮する強さを持つことができ、優れたクライアント・アドバイザーとしての質が保証される。

第二代アメリカ大統領であり、建国の父でもあるジョン・アダムスは、自分の信念を頼りに、多くの難しい局面を乗り切った。アダムスは友人にこう書いている。

「私は政治の真っただなかに身を置いて二十年になる。そのあいだずっと、あらゆる不名誉、汚名、危険、恐怖、喪失、誘惑を通り抜けて、いつも変わらぬ同じ理念と同じ体制を貫いてきた[2]」

哲学者のアラスデア・マッキンタイアは、我々の信条と価値観の根源について雄弁に語っている。

私は誰かの息子、あるいは娘、誰かのいとこあるいは叔父であり、この都市あるいはあの都市の市民、このギルドあるいはあのギルドや団体の一員である。私はこの部族、あの一族、この民族に属している。私は私の家族、都市、部族、民族の過去からさまざまな負債、遺産、正当な期待と義務を受け継いでいる。これらは、私の人生の所与のもの、私の道徳の出発点であり、ある部分で私の人生にそれ独自の道徳的な特殊性を与えるものである。[3]

リンダ・スレレは、優れたクライアント・アドバイザーである。プロフェッショナルが、公私にわたる経験をもとに、強さを引き出し、信念を明確にしていることを身をもって示している。スレレは広告代理店のヤング・アンド・ルビカムのクライアント担当責任者であり、ニューヨークオフィスのCEOでもある。彼女はきわめて顧客志向であり、「ポリシーとして、私は毎日、少なくともクライアントのひとつを訪問するか電話をかけます」と言っている。さらに彼女は、どのようにしてクライアントに付加価値を与えるかをいつも追究しており、新しいアイデアが湧くと、週末でもクライアントのボイスメールに伝言を残すこともある。彼女の信念を高め、プロフェッショナルとしての成功につながった二つの出来事について、彼女の話を聞いてみよう。

仕事を始めたばかりのころ、私はオグルヴィ・アンド・メイザー社で、ゼネラル・フードを担当していました。八年の開発期間と多額の投資の成果として、このクライアントは、大豆ベーコンという新商品を投入しようとしていました。テストマーケティングの結果をすべて再分析し、クライアント向けにプレゼンテーションするのが私の仕事でした。私は、この商品は全国展開してもうまくいかないことに気づきました。テストマーケティング中に豚肉の値段が異常に高騰し、消費者にとってこの商品は見かけ上、安いものになっていました。しかし長期的に全国規模で販売することを考えると、この有利な価格差が持続することは望めません。

私は、自社の経営陣と相談したうえで、強い信念をもって、この商品は成功しないとクライアントに伝えました。相手は同意し、発売中止となりました。この出来事によって、私の誠実さとプロ意識に対する評判が高まり、それ以来、信念に従って行動する人間として知られるようになりました。

三十三歳のとき、私は命に関わる病気だと診断されました。これは人生を一変させる経験でした。突如、もはや現役ではいられなくなるかもしれないことを悟ったのです。私はこの病と闘い、最終的に病気は治りましたが、これによって私は多くのものを見直しました。

こうした経験から、私は自分の人生における価値観を固めていきました。誠実さ、名誉、信頼、勇気、忠義、忍耐力。自分がどんな決断をしようとも安心して生きていくためには、どんな結果になろうとも自身が正しいと思える決断をしなければならない、ということに気づきました。私の価値観は私が判断するときの物差しであり、私の信念を支えるものになっています。

信念の源

ハーバード・ビジネス・スクールで倫理学を教えているジョセフ・バダラッコ教授は、自分の信念の仕組みを確認するこのプロセスを「自分自身になる」と呼んでいる。彼は「個人の価値観のルーツをたどるのは、それぞれの源、進化、重要性を理解することを意味する。そのためには、個人の道徳的な意識を決めていたのが、どの価値観や責任であったのかを理解することが必要だ」と言っている。[4]

信念の源といってもさまざまだ。両親の宗教に因る場合もあれば、家族との特定の経験、あるいは悲劇などから生まれることもある。『信念の勇気（*The Courage of Conviction*）』のなかで、フィリップ・バーマンは、三十三人の著名な人々に、それぞれの信念について語ってもらい、信念をどう貫いているかを尋ねている。現在の信念の源を説明するのに彼らが一様に思い起こしたのは、何年も前の成長段階での経験である。弁護士であり、ニクソン大統領時代の司法長官だったエリオット・リチャードソンの話はその典型だ。ウォーターゲート事件の特別検察官だったアーチボルド・コックスを解任するようニクソンに命令されたとき、これを拒絶し、そのため自分が解任されてしまった。自分の過去の決定的な瞬間を思い出しながら彼は語っている。アメリカ大統領からの強いプレッシャーに直面した際、彼の強い誠実さを支えたのは、人は互いに切り離せないものだという意識だった。

チャールズ川に沿って歩きながら物思いにふけっていた私は、不意に、人のアイデンティティは他の人の存在によってしか完全には定義できないことを理解した。他人とは、家族、友人、教師、同僚、その他同じコミュニティ、同じ文化の仲間などだ。ユニークで、侵すべからざるそれぞれの個人は、他人と相互に関係する網目のなかに存在している。完全な人間になるとは、他人の一部になることであり、彼らと一部を共有することである。これこそが愛である。与えることが当然とされるのもこのためなのだ。[5]

個人的な体験は、各人の核となる価値観や信念の形成に厳然とつながっている。とはいえ、誰もが信念を持っているわけではない。しっかりした信念を持つ人は、自身の経験に入り込み、肯定的に捉えなおし、そこから自然に導かれる価値観や信念を自身のものとすることができる。それが信念を持つ者と持たない者との違いである。

使命感

「我々はみな特別な使命を持ってこの世に生まれてくる」と言われている。各々の人生経験や、そこから生まれる価値観から、自身を導き、駆り立てる使命感を認識していく。この使命感は個人の信念を決定する、最後の要素である。自分がどこへ向かうのか。何が目標なのか。自身にはっきりしたビジョンがなければ、信念や自信をしっかり保つことは難しい。いわゆる使命の方向性の重要さについては、第10章で扱う。ここでは、自分の核となる信条や価値観をひとたび認識することができれば、公私にわたる選択を行っていくことで、個人的な使命感が形成されるようになる、とだけ言っておこう。

個人の信念と日常的な信念

「日常的な信念」についてはどうだろう？　日常的な信念こそ、クライアントの目に見えるものだ。あなたは日々、クライアントの課題や問題に対峙する。その際に、我々が先に説明した、自分が何を信じるかという「個人の信念」を持っていれば、自信につながり、これが日常的な信念の基礎となる。つまり、自分の核となる部分が確かなら、自分の意見や結論についても自信を持てるだろう。クライアントの課題や問題について、自分の意見や結論を述べるときに、自信の基礎となるのは自分が何を信じるかという「個人の信念」である。

日常的な信念はまた、判断力を磨くことで強まる。判断については第6章で検討した。判断が、事実と経験と自分の価値観に基づいている場合、自分の意見や見解への自信は強くなる。

さらに、日常的な信念を高めるいくつかの要素がある。自分の見解を示す際に、説得力を持たせることができるスキルである。それには以下のものが含まれる。

聞き手への共感……説得力のある優れたプロフェッショナルは、聞き手の気持ちを読むコツを心得ている。聞き手の気持ちを、言葉からも、言葉以外の手がかりからも読みながら、絶えずチェックしている。聴衆が居眠りしているか？　それならちょっと話題を変えてみよう。ある特定の問題が、聴衆のエネルギーレベルを上げ、大きな興味を引いたか？　それなら少し間をとってさらに聴衆を深いレベルへ誘導しよう。コミュニケーションの方法についてどんな計画を立てていようと、とっさに戦術を変えられるようにしなければいけない。たとえば、スライドを使って一時間のプレゼンテーションを予定していたとしよう。必要なら二十分経ったころ、スライドを切り上げフリップチャートを使うといった変更ができるよう備えておくべきだ。

実例をあげよう。ダイムラー・クライスラーのＣＥＯが、合併後、従業員を前にスピーチすることになっていた。これに先立つ何人かの管理職との打ち合わせで、旧クライスラーの従業員にとっての懸念が提起された。そこでＣＥＯは入念に用意したスピーチをやめ、主題を数分前に提起された懸念に絞って話をした。ＣＥＯは総立ちの拍手喝采を浴びた。

コミュニケーションスキル……適切なコミュニケーションスキルがなければ、誰に対しても、何についても説得することなどできない。自分の主張を詳述する前にも後にも、自分の考えを整理し、重要なポイントを要約できなければいけない。明快さの重要性については、十九世紀のオーストリアの政治家、メッテルニヒがこう述べている。

「内容自体が良いなら、語るときには、明快で厳密に表現されなければならない。意味のはっきりしない言葉が浮かんだ瞬間、私はそれが間違ったものか口先だけのものに違いないと見なす」

エネルギー……クライアントは、我々が書いたり話したりするとき、我々のエネルギーを感じとっているはずだ。熱意や信念は目に見えるものであり、本物でなければいけない。作家であり、エグゼクティブ・コーチでもあるデブラ・ベントンは、肉体的にも精神的にも感情的にも強い力をコミュニケーションに注ぎ込むことについて話している。[6]

エネルギーのレベルを測るには、あなたが外国語を話すことにトライするときのアクセントの効果と比較してみるとよい。たとえばフランス語で話す場合、イントネーションも発音もあなたがこのくらいだろうと思うレベルで話せば、その内容はきわめて単調なものになってしまう。しかし、恥ずかしくなるくらい大げさなアクセントで話せば、その中身はおおむね正しく理解されるはずだ。同じことは個人のエネルギーにも言える。効果的な話し手であるためには、普段よりもはるかに高いレベルで、エネルギーを発しなければならない。

これまでにあなたが聞いたなかで強く印象に残っている話し手のことを思い出してみよう。優れた話し手は通常、直感的に聴衆を理解する。彼らのメッセージは明快で、歯切れよく、簡潔である。優れた話し手のエネルギーは人の心に響くのだ。

信念に欠ける四つの誘因

プロフェッショナルといえども、説得に苦労する人もいる。彼らはためらい、迷う。これまで述べてきたように、この問題の根源にあるのは、強い、個人的な信念に踏みこむ能力が欠けていることだ。信念の欠如が、自ら築いた垣根に起因している場合もある。その典型的な四つのタイプを見ていこう。

「私はエキスパートではない」……プロフェッショナルは、自分が深い専門知識を持つ分野についてだけ見解を述べるべきだと考えることが多い。あらゆることについて意見を述べるような軽率な人間になりたくない、というのが本音らしい。最高のクライアント・アドバイザーはしかし、広く深い知識と、クライアントの業界や企業や組織に関する広範囲な理解とをうまく結びつける。この二つを結びつけることで有効なアドバイスや見通しを伝えられる。それは契約上の詳細な条項を超えたものとなる。彼らは知っているのだ。単純に良い質問をして、常識を働かせれば、専門知識よりもはるかに強い影響力があることを。

シリコンバレーを拠点とする法律事務所のウィルソン・ソンシーニ・グッドリッチ・アンド・ロザーティ（WSGR）を例にとろう。この事務所は五年で売上を三倍にし、毎年何十社ものハイテク企業を上場させている。これはアメリカのどの法律事務所よりも多い数だ。最近のフォーチュン誌はWSGRを次のように評している。

「クライアントは、この会社に並々ならぬ信頼を寄せているようだ。ビジネス戦略に関するアドバイスについて日常的にWSGRに頼っている」

WSGRの弁護士は、多数のハイテク企業の起業に関する経験を幅広く蓄積している。さらには、核となる法的な専門知識とは関係ない問題についても、クライアントの納得いくように付加価値をつけることができる。

「私が間違っているかもしれない」……もちろん間違っている可能性はある。だが、事実認識と直感に基づいて、あることを真実だとか、正しいと信じている場合は、確固たる態度を示すべきだ。最も頭のいい、最も有能なプロフェッショナルでさえ間違うことはある。ドラッカーほど固い信念と賢明さを持ったコンサルタントはまずいないが、彼でさえ間違えることはあった。彼は、ゼネラル・エレクトリック（GE）のトップに、「会社のシニア・エグゼクティブにはどんなことがあっても報奨金やボーナスを支給すべきではない。固定給にすべきだ」と提案したそうだ。ここで重要なのは、それ以外の多くのケースではドラッカーは正しかったということと、彼にもし説得力がなかったら、彼の優れたアドバイスを聞き入れる人はほとんどいなかっただろう、ということだ。

「情報が十分ではない」……すべての事実を把握できることはまずないだろう。第6章を思い出してほしい。ときには事実が多すぎて、意思決定の質が落ちることもある。概略的なデータだけで結論を出さねばならない場面も多いだろう。「これはあくまで予備的な見解だ」として、自分の見解を但し書きつきで組み立てることは常にできる。しかしそれでも、信念を持って伝えなければならない。不安な様子を見せるべきではない。

「クライアントの信念のほうが強い」……クライアントがきわめて強い信念を持つことはよくある。GEの最高教育研修責任者であるスティーブ・カーの言葉を思い出してみよう。彼はCEOのジャック・ウェルチをいつも説得しなければならない立場にある。ウェルチは経験豊富で、才能がある。当然ながら確固たる意見を持っており、彼を何とか説得できたとしても、それはほんの時たまかもしれない。

スプリント社のCEOであるウィリアム・エズレーは、投資銀行のウォーバーグ・ディロン・リードの出身で、いまでも彼らにアドバイスを求めている。この銀行の担当者は、以前はパートナーでもあったエズレーが自分のアドバイスに異議を唱えた場合にはこう答えている。

「おっしゃるとおりです!」

企業リーダーと同じように、プロフェッショナルも有能であるためには、自分の考えを納得させなければならない。ところが、自らは部外者であるため、この仕事はいっそう難しくなる。社内の意見より外部のプロフェッショナルのアドバイスを進んで受け入れると信じている経営者は多いが、実際は逆である。保守的な文化を持つ組織ほど、外部からの提案を拒絶する傾向がある。

自分自身の信念を育てる

自分の信念を強めるためにできることは数多くある。

自分の核となる価値観や信条を知る……これはきわめて個人的な訓練であり、「これが正しい」という方法はない。まずは次にあげる質問を自分に突きつけて、じっくりその答えを考えてみよう。

- 子どものころに最も強烈で記憶に残っている経験は何か。またその経験から何を学んだか。
- 仕事に就いてからこれまでで最も価値のある経験は何か。またそこから何を学んだか。
- 人生において、公私ともに自分のロールモデルとなっているのは誰か。今の自分があるのは誰のおかげか。こうした人々から何を学んだか。彼らは人としてどのような立場にあるか。彼らの価値観はどのようなものか。
- 自分の人生で最も重要なものは何か。なぜそれが重要なのか。
- プロフェッショナルとして、自分の行動の指針となるものは何か。どのような基準や信条が自分を動かしているのか。それはどこから来ているのか。

最後に、自分が学んだことをまとめてみよう。自分の行動や意思決定についてそれとなく指針となった核となる価値観を五つから六つあげられるだろうか。自分のプロフェッショナルライフで従うべき三つか四つの信念を特定できるだろうか。

ヤング・アンド・ルビカムのリンダ・スレレは、自分が大事にする価値観（誠実さ、名誉、信頼、勇気）と信念（才能は早いうちに気づいて伸ばすべき）を明確にして、これに従って生きている。

これまでの人生に受け入れがたいものがあったとしても、それが自分の価値観を整理する原動力になることがある。著名な銀行家一族の御曹司でフィナンシャル・コンサルタントのフレッド・ブラウンは、自分の父親のようにはならないと強く決めていた。「父はすばらしい成功者です」とブラウンは言う。「でも、彼の人生はバランスが悪いのです。彼にとっては仕事と成功がすべて。父を見ていて思うのです。自分はもっと別のものになりたい。バランスのとれた生き方をしたいと」。やり手の株式ブローカーとしての猛烈な日々を振り切って、個人向けのフィナンシャル・コンサルタントになることが、彼にとってバランスをとる生き方の一部となっている。今ではこのバランスのとれた生き方をクライアントにも教えており、クライアントもブラウンに厚い信頼を寄せている。

プロフェッショナルによっては、自分の価値観を明確にして、個人的なミッション・ステートメントにしている人もいる。ベンジャミン・フランクリンは、かの有名な『フランクリン自伝』で、自分の十三の「美徳」を書き出し、そこに実践を促すための週ごとのチャートをつけている。指針として心の奥底にしまっているだけの人もいる。どのように明確にするかは、個人のやり方しだいだ。

誠実さをもって信念をふるいにかける……信念は常に誠実さを伴うべきだ。つまり、自分の信条と価値観に関しては、一貫性と全体性が必要なのだ。我々はときに、心の底では信じていないことでも、自分を納得させたり、他人を説得したりする場合がある。本当に説得する技術のある人なら、心中の疑念が表面化することはないかもしれない。それでも、こちらの信念が揺らいでいる場合、無意識のレベルであっても相手に気づかれることは多い。声の調子、ボディランゲージ、視線、言葉遣いが相手に何かをほのめかす。こちらの言い分への信頼は揺らぐ。信念が一時的なものであったことがあとになって明らかになれば、クライアントとの信頼関係は取り返しがつかないほど損なわれる。

一九七二年の大統領選で、民主党の候補だったジョージ・マクガバンは、副大統領候補にトーマス・イーグルトン上院議員を選んだ。議員の経歴をチェックしていたとき、イーグルトンには精神疾患の病歴があることが判明した。抗議の声をよそに、マクガバンは国営テレビ放送に出演し、「私はイーグルトン上院議員を副大統領候補として一〇〇〇%支持します」と宣言した。ところが、二十四時間もしないうちにマクガバンはイーグルトンを候補から外した。この事態はマクガバンの信頼性を大きく傷つけ、彼の信念に対する人々の信頼を損なった。

事実だけでなく論理も活用する……事実は重要だが、事実だけに基づいた信念は非常にもろいものだ。我々は、自分の意見に正当性を持たせるために、事実を都合よく並べ立てようとしがちである。たとえば、二十一世紀の幕開けにアメリカが経済的により裕福だったかどうかについては、果てしない議論が続き、結論に達していない。優秀なエコノミストやエキスパートが、山のような数字や証拠を出してこの問題についてイエスかノーかを証明しようとしたが、まったく決着がつかなかった。その一方、アインシュタインの一般相対性理論は、一分のすきもない論理を使って打ちたてられた。それを確認するための特別な観測が行われ、日食のあいだに太陽光線が屈折するという事実は、数年後になって確認された。

自分の信念が確実な原理と筋の通った論理に基づくなら、クライアントを説得するにも、いくつかの鍵となる事実も思うままに活用でき、山のような数字だけで攻め立てるより、はるかに有効であろう。

明快なメッセージを持つ……一九九六年、ボスニアの状況は悪化の一途をたどり、ミロシェビッチ大統領下の警察や連邦軍が数千人のボスニア人の命を脅かしていた。ヨーロッパ連合軍司令官であり、NATOの司令官だったジョージ・ジョルワンは、クリントン大統領と閣僚に面会を求めた。ジョルワンは、ヨーロッパ本土での大虐殺を阻止するにはNATOの介入が必要だと強く信じていたが、二の足を踏む政治家たちを説得しなければならなかった。ジョルワン司令官は、これまで紹介した多くの歴史上の人物と同じように、優れたリーダーであり、優れたアドバイザーでもあった。彼はこう語る。

私はNATOの司令官として、三十六カ国を説得し、政治的な意思の統一と協調体制を実現しなければならなかった。政治的な指針について明確にする必要もあった。一九九六年十月、私はクリントン大統領と閣僚に会うためホワイトハウスに出向いた。それは一年後に大統領選を控えていた年のことだ。万が一アメリカがボスニアに介入して事態がさらに悪化すれば、クリントンの再選の道も危うくなるかもしれなかった。私はNATOの介入がなぜ必要なのかを説明した。たとえリスクがあったとしても、それこそがとるべき道であると強く信じていたのだ。そこで、この任務を成功させる四つの条件を提示した。一つ目は、常に命令の内容を明確にすること。二つ目、命令に一貫性を持たせること。三つ目、介入に当たっては、明快で確固としたルールを持つべきであること。最後に、時機を得た政治的な決断が必要であること。彼らは賛同してくれた。条件は満たされ、この作戦は成功した。一人の兵士も失わずにすんだのだ。

マーシャルと同じように、ジョルワンはきわめて強い個人的な信念を示し、それによって、懐疑的な人々を説得し、多くの無辜の市民の命を救った。そのメッセージの比類ない明快さは、彼が信念を伝え、説得するために欠かすことのできないものだった。

熱意を高める……熱意のある人には説得力がある。プロフェッショナルが、自分の興味をひく分野を特定し、それに没頭することが重要なのもこのためである。たとえば、ある若者が大手の銀行を辞めて有名な経営コンサルティング会社に移った。最初の二年間、与えられた戦略計画の策定に費やした。頭もよく、エネルギッシュな若者ではあったが、仕事の出来栄えにはむらがあった。彼は、こうしたプロジェクトに必要とされる詳細な分析などに退屈し、クライアントへの決まりきった報告やプレゼンテーションにもやる気が起きなかった。ところが、ある教育ワークショップでの研究結果を展開する手伝いを頼まれたとき、本領を発揮しはじめた。彼は、戦略的な分析や、どの買収が道理にかなっているかを探ることではなく、教えること、いっしょに働く管理者の知的な水準を高めることにやりがいを感じたのだ。自分の熱意がどこにあるかを悟ったことで、彼はその後、その企業の管理職教育を提供する部門に移り、すばらしい業績をあげている。一人のクライアントの前で事業プランや調査結果を発表するときは、彼の熱意や、それに伴う信念は制限される。だが、学ぶことに熱心な管理職が大勢いるクラスに立つと、彼は活力と熱意に燃え、信念に満ちてくる。

アン・メドロックは、ジラフ・プロジェクトのディレクターである。ジラフ・プロジェクトとは、自ら信じるもののために「あえて危険を冒す」人々を宣伝する組織である。数十万ドルを稼ぎだすパートナーの立場を蹴って、貧しい人々のために店頭での法律相談を始めた弁護士から、都会の暴力事件で息子を亡くし、今は銃規制のコミュニティグループへの講演や援助をしている母親まで、幅広い人々がいる。メドロックのプロジェクトにはおよそ一〇〇〇件の優れた市民が記録されている。メドロックの言葉で言えば、「ジラフ（キリン）」になっている人々だ。こうした人々に共通して見られるものは何かと尋ねられたとき、彼女はこう答える。

「ほとんどの人にとって、活動の成果は大きな意味を持ちます。生命力をかきたてられます。自分たちの大義に熱意を持っているのです。彼らの多くはまた、とても楽しんでもいます。アトランタで法律相談所を開いている弁護士にどのくらい続けるつもりか尋ねたところ、彼はこう答えました。〈この仕事は辞めませんよ。こんなに楽しい仕事はありませんから〉」

信じるものを選択する……自分の価値観や信念を明確にするプロセスは、一般的に創造よりも発見である。つまり、ゼロから自分の人格を作り出すわけではなく、自分が何者なのか発見することである。しかし、目的をもって選択することは、多くのなかからこれだと決断することでもある。自分の過去には、あなたが引き出せる多くの要素が含まれている。自分が何を受け入れ、何を拒絶するかを自由に決めることができるのだ。たとえば、伝道師であり、大統領の顧問でもあるビリー・グラハムは、こう言っている。

「私がクリスチャンになったのは、意識的な決断によってである」

フレッド・ブラウンも同じように話してくれた。

「私の父は優れた人でしたが、私は父がしたように、私生活や家族を犠牲にはしないと決めていました。

私は非常にバランスのとれた人生を送る選択をしたのです」

信念を裏打ちする、信条や価値観は、自分の内部から湧いてくるものであるべきだ。しかし、自分の誠実さに妥協したくないとき、あるいは、プロフェッショナルとしてすべてを最高水準で行う際には、意志の力や意識的な選択が必要なときもある。

自分の信念を検証し、常に疑問を呈する……信念は人生全体を通してまったく変わらないわけではない。ときには修正することもあるだろうし、経験を積むにつれて、新たな信念を加えることもあるはずだ。そして何が自分にとって重要なのかをそこに反映していくだろう。強い信念の持ち主として我々が思い浮かべる著名な人々、ガンジーやリンカーンといった人々には信念体系というものがあり、彼らはそれを進化させていたのだ。たとえば、リンカーンは、最初から奴隷制度に断固反対していたわけではない。奴隷制度への反発は少しずつ育ってきたものであり、それが最終的に強固な信念となった。自分の信念に自己満足を感じるのではなく、自分の信念に異議を唱える人を歓迎すべきだ。ディスカッションやディベートを行うことで、自分の信念を進化させ、改善させ、最終的に強化させることになるだろう。

＊＊＊

本章で触れた優れたアドバイザーはみな、強い信念を持っている。それは、それぞれの誠実さや個々人の信念体系に根づいている。信条や価値観によって自分の使命を知り、そのことが説得力を増す。

さらには、高いコミュニケーションスキルがこれに加わる。自分の信念をよく理解し、これに基づいて、熱意とエネルギーを持って明快に意見を述べれば、クライアントに対する影響力の大きさが驚くほど高まるだろう。エネルギーがみなぎれば、その他の長所も強化され、研ぎ澄まされる。

あなたに信念はあるか？

□ クライアントから個人として、またプロフェッショナルとして何が重要かと尋ねられたら、すぐに明快な答えを出せる。核となる自分の信条や価値観を知っている。

□ ときどき立ち戻る、重要な過去の経験がある。それは、マイナスなものも含め、自分に強さとインスピレーションを与えている。

□ 使命感をもってキャリアを追求している。義務感ではなく、熱意である。経済的に報われることも大事だが、それによって仕事を選択したわけではない。

□ 積極的に力強く意志を伝えている。話をするときには、熱意を感じているし、熱意を投影してもいる。

□ クライアントと話をする場合、メッセージがはっきりしている。もし、クライアントが一週間後に何を聞いたかを尋ねられても、主要なポイントを容易に思い出せるだろう。

□ クライアントが、こり固まった、独善的な見方をしている場合、説得して、彼らの考えを変えさせるようなことはしない。

特質❼

第8章
誠実さ
ゆるぎない信頼を築く

質問――融資は、資金や資産に基づいて行われるのですか?

モルガン――いいえ、何よりも相手の人柄を重視します。

質問――資金や資産よりも?

モルガン――はい。お金で信用は買えません。私が信用できない人間は、どうがんばっても私の融資は得られません。

――J・P・モルガン（一九一二年の議会証言[16]）

アメリカは少しずつ信頼度の低い社会になってきている。一九六〇年の調査では、アメリカ人の五八%が「ほとんどの人は信用できる」と考えていたが、九三年の調査では三七%に落ちこんでいる。[2] 信頼が低下した証拠はいたるところにある。政治家は頻繁にウソをつくし、訴訟は絶えない。さまざまなプロフェッショナル、つまり医者、弁護士、コンサルタント、株式ブローカー、ジャーナリストといった人々に抱く信頼は地に落ちているようだ。地元の警察、FBI、聖職者や軍隊など、本来尊敬すべき組織に対する信頼も、最近では薄れている。

ビジネスや個人の取引における信頼の欠如は、大きなコストを生む。たとえば、企業の経営者や官僚などは、情報を共有すれば組織を活性化できるかもしれないのにそれをせず、その結果、働く者のロイヤルティを著しく低下させている。弁護士費用や細かすぎる契約書に費やすコストは、企業にとっても個人にとっても大きな負担となっている。また、訴訟を恐れて、多くの雇用主が元従業員の推薦状を書くことを拒否している。つまり、雇う側も雇われる側も相手を信用していないのである。[3]

これまでは誠実であるという評判を得ていたプロフェッショナルも、クライアントからの信頼は先細りである。マスコミでも何かと話題になり、クライアントのあいだでも時おりうわさが流れる。たとえば、「クライアントへの忠誠心が取引の規模で決まる投資銀行」「売り込みが強引で、経験のあまりないスタッフをプロジェクトに送り込むコンサルティング会社」「クライアントと金銭的な結びつきが強くなり、利害の衝突を招いている弁護士」といった具合だ。大手のプロフェッショナル・サービス企業に対する訴訟は、かつてはほとんどなかったが、現在では普通のことになっている。

その基本的なパターンは、周知のとおりである。つまり、極秘情報が悪用されたり、クライアントの利益が二の次になったり、仕事を確保するために社内ルールが捻じ曲げられたり、利益相反の事実が開示されなかったりといったことだ。サービス産業の競争が激しくなるにつれ、成長や利益という目標達成のために、理念さえも妥協の対象になりかねない。信頼の落ち込みにより、誠実さも否応なしに犠牲となっている。

しかし、優れたプロフェッショナルは、契約を獲得するためであっても、決して自分たちの誠実さをおろそかにはしない。自分たちの目標達成のために大胆で確固たる態度をとるかもしれないが、誠実さとクライアントのニーズを何より第一に考えている。次の契約の売り込みや多額のボーナス、上司のご機嫌とりなどは、二の次である。そして、クライアントの望むことと自身の誠実さとのあいだに何らかの衝突が生まれた場合、常に誠実さを選択するのだ。

最強の味方

信頼が特に重要となるのは、誰か他の人間に頼らざるを得なくなる状況においてである。クライアントが助言を求めてプロフェッショナルを雇ったり、複雑な製品やサービスを買ったりする場合が、まさにこれにあたる。クライアントとプロフェッショナルとのあいだの信頼感は、双方にとって必要なだけでなく、重要な財産でもある。お互いが信頼関係で結ばれていれば、すべてがうまく作用し、仕事も早まり、スムーズに進む。

クライアントがアドバイザーを信頼していれば、プラスに作用することは多い。

● 追加の作業が必要だと提案しても、クライアントは、それを過剰な提案などとは捉えず、クライアントのためだと信じられる。
● クライアントは、こちらの専門領域を越えたサービスにも、喜んで金を払うだろう。信頼は両者の関係をより広く、厚いものにする。
● ちょっとしたミスや失敗なら、クライアントは大目に見てくれるだろうし、こちらを悪く思ったりはしないだろう。
● クライアントと打ち解けた雰囲気ができれば、ゆったりした気持ちで創造性の高い仕事ができるようになる。詳細な報告書を書いたり、何もかもチェックされたりする必要性は減る。
● こちらの提言が、より影響力を持つようになる。誠実さに裏打ちされた発言で、ひたすらクライアントの問題解決に集中していると信じてくれる。

つまり信頼は、プロフェッショナルにとって最強の味方なのである。信頼は大金に匹敵する。生涯にわたるクライアントを維持するという意味では、文字どおり財産だ。しかし、信頼はお金で買えるわけではない。この章の冒頭で紹介したように、モルガンが議会で証言したとおりだ。

では信頼とは、厳密にいうと何だろう。今の社会では多くの場面で失われていて、それがあれば強い力を持つことはわかっている。信頼とは複雑なものだ。信頼の感覚を表現するほうが、実際にそれを生み出す要素を分析するよりも簡単だ。ある状況では「あなたはこのサービスを遂行できる有能な人だと思う」という意味であり、また別の状況では「あなたは、自身の利益のためでなく、私のために行動する人だとわかっている」という意味の場合もある。作家のロバート・ショーは、信頼についての一般的な定義をこのように表している。

「我々が頼りにしている人々が、こちらの期待に応えてくれるだろうと信ずることである」[4]

ハリー・ホプキンス——ルーズベルト大統領が最も信頼したアドバイザー

ホプキンスは、アメリカの歴史において最も輝かしい政治アドバイザーである。彼は一九三六〜四五年まで、ルーズベルト大統領のアドバイザーを務めた。彼の成功の基盤となったのは、アメリカ大統領だけでなく、チャーチルやスターリンといった世界のリーダーたちとのあいだに築いた類まれな信頼関係である。第二次世界大戦中、ホプキンスは、ホワイトハウスにおいて正式な地位にはほとんど就いていなかったが、ニューディール政策や戦争の効果的な遂行に絶大な影響力を持っていた。彼は信頼を得ることで、天性の能力を活かしながら、破格の役割を果たした。ルーズベルトが大統領として多大な成果を出せるよう、また、連合国のリーダーたちと融和できるよう助けたのである。参謀総長のマーシャルは決してものごとを誇張する人物ではないが、ホプキンスについてこう言っている。

「彼がアメリカのために尽くしたことが、中途半端に評価されることは決してないだろう」

ソーシャルワーカーだった若いころのホプキンスには、将来、アメリカ大統領の最も重要なアドバイザーとして成功する兆しはほとんど見られなかった。彼は一九三〇年代に連邦緊急救済局や公共事業促進局の局長を歴任し、一九三八〜四〇年まで商務長官を務めた。皮肉なことに、ホプキンスが政界での野心をあきらめたときになって、その影響力が飛躍的に増加したのである。癌になり、さらに腸の慢性疾患と診断されたとき、先は長くないと医者から言われた。一九四〇年、健康上の理由で商務長官の座を潔く降りたが、再選したルーズベルトに請われてホワイトハウスに入り、非公式のアドバイザーとなった。ホプキンスが特に大きなポストに就いていなかったのに、ルーズベルトと独特の関係を築いたのは戦時中のことだった。

ホワイトハウスのゲストルームに居を移したホプキンスは、文字どおりルーズベルトと寝食を共にし、重要な会議にはすべて参加した。ルーズベルトがホプキンスをよりよく知るようになると、二人の絆はますます強くなり、多くの価値観を共有するようになった。ルーズベルトはホプキンスに絶大な信頼を置き、一九四一年一月、彼を個人特使としてロンドンに送り、チャーチルと会談させた。ルーズベルトとチャーチルは、数年前に一度顔を合わせてはいたものの、それほど親しくなっていなかった。ホプキンスとチャーチルは二週間を共に過ごし、週末には、チェカーズにある首相の地方官邸で話をし、飲み、共にくつろいだ。この訪問でホプキンスはチャーチルと信頼関係を築き、二人のリーダーのあいだに並々ならぬ結びつきが生まれた。

ホプキンスの伝記作家であるロバート・シャーウッドは、次のように記している。

「すでに二人のあいだには親密さが生まれており、ルーズベルトがホプキンスに対して持ったのと同じ信頼感をチャーチルも持ったと言っても過言ではない」

シャーウッドによれば、チャーチルを二度目に訪問したあとでは、

「今度は先例のない書簡のやりとりが始まった。非公式で非公開だが、それでもホプキンスという第三者を介した二つの政府の代表者のあいだの正式なやりとりであることに変わりはない。ホプキンスの分別と判断力に対して、ルーズベルトもチャーチルも完璧に信頼を寄せていた。チャーチルが、何か新しい動きに対してルーズベルトの見方を探りたいと考えたときには、幾度となくホプキンスに電報を打ったものだ[5]」

ホプキンスは、非の打ちどころのない分別を持つ人物だった。国家のあらゆる機密や大統領の個人的な会話に通じていたにもかかわらず、一度たりとも彼に寄せられた信頼を裏切ることはなかった。情報を漏らすことも、自分の利益のために利用することもなかった。一九四一年七月、ドイツ軍がロシアに侵攻したすぐあと、ルーズベルトは戦況を把握するため、ホプキンスをモスクワに送ってスターリンと会談させた。これは、アメリカ大統領を直接代理する者とスターリンとの、歴史に残る初めての会談だった。だがほとんど報道されなかった。会談後に開かれた記者会見で、ホプキンスは会談の中身についてはまったく明らかにしなかったのである。話していれば彼の名声は高まり、彼の果たした役割がいかに前例のない、影響力の強いものであるかが強調されたにもかかわらず。ルーズベルトは、ホプキンスが墓場のように沈黙を守っていることを知り、彼への信頼をいっそう強めたのである。

ホプキンスの信頼性と一貫性が、彼の誠実さに対するルーズベルトの評価をさらに高めることになる。

ホプキンスは決して自分の本分を踏み外すことはなかった。ホプキンスが使命を受けて外国のリーダーに会うときも、大統領の決めた協議事項や制限を忠実に守ることをルーズベルトは知っていた。どの会合のあとでも、大統領のために詳細にわたるメモを作成した。メモには考慮すべき重要な点と課題が簡潔に書かれていたのである。

ホプキンスは政治的な口利きを一切受け入れず、清廉潔白だった。連邦緊急救済局の局長としてルーズベルトのために救済資金を管理していたときも、厳密に帳簿をつけ、特定の州や選挙区に便宜を図ることはなかった。政治的な支持者のために何度かルーズベルトが口を出すことはあったが、それさえもホプキンスはきわめて公平に処理した。ホプキンスが、絶大な影響力を持つその立場から利益を得たことは一度もない。一九四五年に亡くなったとき、彼の遺産はわずか数百ドルだった。そんな彼が、大恐慌の時代に九十億ドルもの補助金の支出を監督し、第二次世界大戦中の武器貸与プログラムを指揮して、五〇〇億ドルを超える軍事予算を割り当てたのだった。

ロバート・シャーウッドは、『ルーズヴェルトとホプキンズ』のなかで、アドバイザーとしてのホプキンスをこう要約している。

「ホプキンスは、政策を立案して、ルーズベルトにそれが適切だと説得したのではない。彼は非常に頭のいい男であり、それと同時に優れた指導者を目指す自分のボスを尊敬していた。大統領が目標を達成できるよう、最善の方法を話し合う相談役となることが、自分の役目だと考えていた。ルーズベルトは独り言を言うクセがあったが、それを理解し、完璧に信頼できる聞き手を見つけるのは容易ではなかった。その役目を担ったのがホプキンスだったのである[6]」

正式な官職に就きたいという個人的な野心を捨てたホプキンスだからこそ、ルーズベルトの課題を自分の課題としたのだった。この姿勢と、ぶれることのない彼の誠実さが、ルーズベルトの信頼を勝ち得たのである。

ホプキンスとルーズベルトの関係を考察すると、ビジネスの世界で信頼度の高い関係について検証した場合と同じく、クライアントからの信頼に影響を与えるいくつかの要因が浮かびあがってくる。信頼を支える第一の主要な要因は、「誠実さ」である。プロフェッショナルが、分別、一貫性、堅実さ、善悪を見極める判断力を示すことができたら、大いに信頼されるだろう。ホプキンスの日々の仕事ぶりには、そうした要因が表れており、常に大統領のために尽くし、その責務を決して忘れることはなかった。任務についた最初の日から最後の日まで清廉潔白そのものだった。

ルーズベルトが依頼したすべての仕事でホプキンスは優れた業績を残した。この事実は、信頼を築くためのもう一つの要因を示している。すなわち、「能力」である。ビジネスの場合、依頼された仕事に対する遂行能力が、クライアントの信頼に影響するのは当然である。

信頼を左右する最後の要因は、「リスク」だ。依頼する仕事のリスク、信頼することのリスクをどの程度と認識するかによって、信頼の総量は増えたりも減ったりもする。

信頼を構成する三つの要因、すなわち誠実さ、能力、リスクは、図1のような公式で示される。それぞれの要素をクライアントがどう考えるかで、クライアントの信頼の度合いが増減する。

図1　信頼の公式

$$\text{信頼} = \frac{\text{誠実さ} \times \text{能力}}{\text{リスク}}$$

誠実さ――信頼の根幹

誠実さとは、いつも一貫した価値観や理念に従って行動するということだ。つまり、何が正しいかを知っており、何を信じるかが明確であり、自分の信念にあくまで忠実だ、ということである。

優れた判断力

誠実さには、いくつかの主要な要素がある。エール大学の法学教授であるスティーヴン・カーターによれば、一つ目は、善悪に対する優れた判断力である。[7] 自分の信念に従って行動するだけでは十分とはいえない。道徳的かつ倫理的な信念を持たねばならない。たとえば、ヒトラーは、誠実さに関する多くのテストにはパスしている。彼は一貫して自分の信念どおりに行動したということだ。だが彼の信念は邪悪であり、間違っていた。そこには優れた判断力はない。

ダンテの『神曲』の第一部『地獄編』では、地獄の第八圏に「謀略者」が出てくる。これは最下層のひとつで、普通の盗人のすぐ下に位置する。他の人間をそそのかして悪事を働かせようとする、魂の盗人である。彼らは頭を使って人々から誠実さを奪った者たちで、その結果、焼けつく炎に包まれて永遠に歩きつづけなければならない。ダンテにとっては、知力を使って人をだまし、悪事を働くのは、特に許しがたい罪だった。反対に、高潔であることは、優れた判断力があることを示すものである。

分別

分別は、誠実さの二つ目の要素であり、クライアントにとっては特に重要である。我々がインタビューした多くの企業リーダーたちは、プロフェッショナルとして何が重要かと尋ねられると、まずは分別だと答える。大局的思考ができるとか、優れた判断力を持つことも重要ではあるが、分別をより上位にあげることが多い。責任と権力を持つ立場にある人々が、極秘情報を他に漏らさないアドバイザーを求めていることを考えれば、納得できるだろう。

無分別は、企業にとっても個人にとっても、常に恥、屈辱であり、法律上の問題ともなる。ホワイトハウスの研修生だったモニカ・ルインスキーから個人的に相談を受けながら、その会話を密かにテープに録音して公開し、信頼を裏切ったリンダ・トリップに対する世間からの非難は、無分別に対する世界共通の嫌悪を示している。そしてこの反応は、企業やプロフェッショナル組織にも起こりうることで、無分別により多大な損失を招く可能性がある。

つい先ごろも、大手の投資銀行が、二つの大企業間で保留になっていた合併案件を不注意に漏らしてしまった。この極秘情報は、朝の電話会議中に株式ブローカーの全国ネットに流れた。このニュースが放映されると合併交渉は決裂し、一方の企業に、市場価格にして十億ドルもの損害を与えることになった。

あるクライアントは、彼が以前に使ったアドバイザーの分別のなさについてこう述べている。

「合併を考えるなら、外部の銀行家や弁護士には最後の最後になってから相談するだろう。手の内が漏れてしまうリスクが高すぎるからね」

アドバイザーにとっては、分別の必要性がときに重大なジレンマを引き起こすことがある。コンサルタントのジェームズ・ケリーの話を聞いてみよう。

私は四十億ドル規模の企業のCEOに、戦略と組織をどう活性化していくかを助言していた。役員たちに何度もインタビューをした。口外しないことを前提にした話し合いだ。腹を割って話すには、それが当然だからね。役員の誰もが、このCEOがどれほど組織の秩序を乱し、過度に批判的な経営スタイルによって会社を弱体化させているかを詳しく話してくれた。このCEOは会議中でも手当たりしだい人を攻撃し、情け容赦なくしかりつけていたのだ。士気は下がる一方で、多くの管理職が辞めようと考えていた。問題は、どうやってこれに対応するかだ。一番の解決策は、このCEOに態度を改めてもらうことだ。すぐ彼のところに行き、前向きな反応を期待して、重役たちの思いを伝えればいいのだろうか？　それでは率直に話してくれた人々の信頼を裏切ることになるし、CEOの怒りを買うおそれがある。誰の利益を最優先すべきだろうか？

私は、重役たちの話を伝えるのではなく、実際に重役たちとどのように付き合っているかを自分で観察した。そのうえで、問題行動をいくつか指摘し、CEOに自身の態度を直視してもらい、部下を管理するためのよりよい方法を提案した。意外にも彼は私のアドバイスに感謝し、少しずついい方向へ変わったのである。

だが、多くのプロフェッショナルは極秘情報を自分のために利用するという誘惑に負けてしまう。自分の立場や力、名声などを高めるために極秘情報を利用するケースもあるし、組織や友人との社交の場で利用する場合もある。不安や孤独などから、他の人を自分の仲間に引き入れようとして情報を漏らすこともある。クライアントに対して失礼な態度や恩着せがましい態度を見せて、共有している情報を軽んじるプロフェッショナルもいる。

一貫性

クライアントは、こちらが何かを約束した場合、常に最後までやり抜くと思っているはずだ。忙しい同僚が「君のために、その人の連絡先を調べておくよ」と言い、翌日、必要な情報を教えてくれたとしよう。頼りがいがあって、約束を守る人だと感じる。これを百倍、千倍にして、数カ月、数年のスパンでみれば、一つひとつの行動の積み重ねが、誠実さに対する人の評価をどれほど高めるか想像できるだろう。それと対照的に、人が何かを約束しながらそれをやり遂げなかった場合を思い起こしてみよう。そうした人々は「当てにならない」とか「信用できない」といった評価になるだろう。あなたが誠実で、状況が変わっても信念や理念に一貫した行動をとれば、クライアントは安心できる。

一貫性にもいくつかの側面がある。

● 誰と話をしているときでも、自分の信念や観点に忠実である。
● 行動に一貫性がある。一つの仕事で優れた成果を見せて予定どおりに仕事をこなしながら、次の仕事は、期限を守らずいいかげんな仕事をするようなことはない。
● 地位などとは関係なく、誰とでも対等に付き合う。クライアントが気をつけるべきは、経営トップには礼儀正しく気を使うが、それ以外の人はすべて召使いのように扱うプロフェッショナルだ。

一貫性がなければ、自分がどのような人間であり、何を支持しているかがはっきりしなくなる。十九世紀の小説家ホーソーンが言っている。

「自分と他人とで異なる顔を見せつづけていると、最後には、どちらが本当の自分の顔なのか、わからなくなってしまう」

行動

誠実さの最後の要素は、カーター教授も提唱する「信念に従った行動」である。これは、誠実さは善意を持つだけでは不十分で、たとえ損害を被るリスクがあったとしても、信念を行動に移す覚悟がなければならない、ということだ。カーターによると、リスクがない状況では誠実さを示す機会があまりない。[8] たとえば、利益の出ない仕事を断っても損はないので、誠実さを示すことにはならない。だが、大きな利益が出る仕事を倫理的な理由で断われば、まさに誠実さを示したことになる。

能力

能力は、信頼の公式の二つ目の項目である。クライアントは、我々が誠実さだけでなく、仕事をきちんとこなすスキルも知識もあると考えている。

信頼が欠如する背景には、クライアントがプロフェッショナルの能力を疑わしいと密かに考えている場合がある。大手企業の一部門で優れた仕事をしたコンサルタントが、その企業のＣＥＯから、数千マイル離れた別の部門で似たようなプロジェクトを依頼されたケースがある。仕事をやりやすくするため、そのコンサルタントは、この部門の近くに住んでいる同僚に手伝ってもらうことにした。二人は部門長との打ち合わせに何度か出席し、その後、プロジェクトを遂行するための提案書を作成した。ところが、部門長はこのプロジェクトに関する決定を先送りしつづけ、提案書についての「詳細情報を提供する」ために、部下と直接やりとりさせた。部門長の要求は増える一方だった。提案書に多くの変更を要求したうえ、六カ月のプロジェクトの全期間にわたって、日次のスケジュール提出を求めるまでになった。苛立ったコンサルタントは、部門長に電話をかけ、提案に満足できないなら、協力できないと伝えた。部門長はすぐに同意し、この案件は消滅した。

しばらくして、コンサルタントがＣＥＯに、どうしてこのような状況になってしまったのか尋ねた。新しい部門でのチャンスをくれたのは、このＣＥＯだったからである。「簡単なことだよ」とＣＥＯは答えた。「彼らが、君の同僚は力量不足だと思ったからだ。この仕事を任せられなかったのだ」。このコンサルタントがもっと早くこのことに気づき、クライアントともっと率直に話し合いをしていれば、このような事態は避けられただろう。

リスク

クライアントの信頼は、信頼することのリスクをどの程度と認識しているかによって異なるだろう。たとえば、お気に入りのベビーシッターに、一晩だけ子どもの面倒を見てもらうよう頼むことはできても、三日間のキャンプに連れて行かせることはできないだろう。同じように、クライアントが小さなプロジェクトで信頼してくれても、大きなプロジェクトを任せてくれるとは限らない。何しろ失敗すれば会社全体の存続にかかわるからだ。リスク認識は多くの要因に左右される。あなたの能力への信頼、その仕事の絶対的な重要性、あなたの誠実さに対するこれまでの評価（口が固く、信用でき、一貫性があったか?）などである。認識されるリスクが高ければ信頼は低下する。逆に言えば、プロフェッショナルは、クライアントのリスク量を減らすことによって信頼を増すことができるのである。

信頼度の低い世界で信頼を築くこと

「株式ブローカー」という言葉から思い起こすことといえば、信頼というよりは、売り込みの電話をかけたり、頻繁に売買させたりするイメージだ。しかし、A・G・エドワーズのロン・メラーは、クライアントにとって信頼できる人物の鑑となっている。アメリカでもトップ株式ブローカーとして二十五年もの経験を持つロン・メラーは、落ち着いた穏やかな物腰の人物で、投資についても、クライアントとの関係についても長期的なアプローチをする。インタビューにあたって、我々が「市場が終わって、ひと息ついてからお話をうかがえれば」と申し出ると、メラーは午前中に話をするほうがいいと答えた。

「あなた方が考えるほど、私は四六時中、電話にへばりついているわけではありません。ポートフォリオを見直し、財産状況や個人的な状況を再評価するためにクライアントと一対一の打ち合わせを定期的に行います。クライアントにとって、毎日の株式売買が最も高い関心事ではありません」

　メラーは、親密な関係を育むことが信頼へつながることを早くから悟っていた。一九七〇年代、彼の会社は無料で資産管理のセミナーを主催した。

「大事なことは、クライアントに直接私のオフィスに出向いてもらうことです。クライアントのニーズを本当に理解するため、また、クライアントに私をわかってもらうためには、一対一の打ち合わせが必須なのです」

　メラーにとってはクライアントの規模が大きいか小さいかは問題ではない。彼には一貫性があるのだ。

他のブローカーなら無視するような、家族経営の小さな顧客でも常に喜んで受け入れるし、大金持ちの顧客も同じように引き受ける。慎重で保守的な投資哲学を通して自分の能力を示し、自分の能力の限界をはっきりと知っている。クライアントの財務上の課題を総合的に管理するために、弁護士や会計士などのプロフェッショナルに紹介することも多い。

メラーは、クライアントの課題こそが唯一の課題であると強調することで、クライアントが彼に寄せる信頼を強固なものにしている。そして、どのような行動も、自分だけの利益を考えていては、決してクライアントのためにならないと確信している。

「私はいろいろな手を打ちますが、わずかな手数料にしかなりません。そうでなければいけないのです。なぜなら、これこそがクライアントにとって最善の利益になるからです。適切だと思えば、クライアントの資金を譲渡性預金や債券にも振り向けます。多くの投資については〈買い持ち〉にしています。手数料が少なくても、そのほうが筋が通っているからです」

メラーはまた、クライアントの期待もうまくコントロールしている。これは信頼を維持するには重要な方法である。

「異なるタイプの投資に対する期待収益についてクライアントに教える場合は、とても慎重になります。たとえば、過去五、六年にわたって株価はかなり上昇しましたが、長期的なリターンの年率平均は一一％です。このリターンを、常に一五～二〇％稼げると思いこませてしまうと、顧客からの信頼を失うでしょう。それほど高いリターンを毎年のように達成することはできないからです」

メラーは株式ブローカーであるが、クライアントにとっては信頼できるアドバイザーである。これは幻想でもないし、何のトリックもない。彼は個々人と親密な関係を築いているだけだ。信頼できる人間として、一貫性を維持し、クライアントの問題を何よりも重要だと態度で示している。期待収益についても慎重に設定し、管理している。投資については控えめな手法をとり、富を蓄積していく。必要としてくれるなら、どんな人でも、金持ちでもそうでない人でも自分のサービスを利用できるべきだ、と考えている。これが機能しているのだ。なぜなら、そこには何のトリックもないからだ。[9]

プロフェッショナルの倫理、個人の倫理——何が指針となるのか

倫理や道徳的なジレンマに直面すると、我々の多くは「正しいと感じること」をする。無意識のうちに倫理感によって、我々は正しいと感じることが良い判断だと思うようになっているのだ。数千年ものあいだ、優れた知性が、倫理的な意思決定の問題を熟考したのも驚くことではない。たとえば、十九世紀の偉大な哲学者であるジョン・スチュアート・ミルは、倫理や道徳的な問題を解決するための「普遍原理」を考案した。ミルは、どのような行動をとるにしても、最大多数の最大幸福をもたらすものであるべきだと考えた［功利主義］。この手法は理屈のうえでは確かに説得力があるが、あまりにも漠然としているため、現代のプロフェッショナルが解釈したり実行したりするのは、ほとんど不可能である。

これまでの章で紹介した優れたアドバイザーの二人、アリストテレスとマキアヴェッリも、倫理に

ついて多くを語っており、彼らの考えは参考に値する。アレクサンダー大王の師でもあったアリストテレスは、『ニコマコス倫理学』を著し、倫理に関する彼の講義をまとめた。アリストテレスは健全な倫理的決断に達するために次のような基準を設けている[10]。

- 修養を積み、健全で思慮深い、成熟した人間になること。
- 倫理的な本能を育むこと。倫理的な本能は、常識や論理、倫理的な行動原理への気づきを包含する。
- 自分の生活文化圏での、倫理的、道徳的、社会的な慣習を重んじること。
- 決定を行う状況に関して、関連する事実を理解すること。

マキアヴェッリは、倫理についてきわめて特異なアプローチをした。彼の関心は、君子としての権力をどのように獲得し、維持し、活用するかであり、それを実行するために必要なら、どのような手段であっても正当化されると考えた。マキアヴェッリは不道徳な人間ではない。彼は、倫理的かつ道徳的であることはいいことだと考えていたが、政権の安定性が脅かされる状況では、功利的で、大胆、かつ賢いことのほうがより重要だとも思っていた。彼は「人の生き様は、本来あるべき生き方からどれほど乖離していることか。もっぱら知的職業の美徳に従うことを願いながらも、すぐにおのれを滅ぼすもの、とりわけ悪徳に遭遇してしまう」と記している。つまり、悪の世界において善良でいることは難しいのだ。むろん、今日の我々の社会は、マキアヴェッリが生きた十六世紀のイタリアとは大きく異なっており、彼の言葉を我々の時代にそのまま通用させるには注意を要する。

それなら、現代のプロフェッショナルはどうすればいいのだろうか。ハーバード・ビジネス・スクールの倫理学の教授であるジョセフ・バダラッコは、その著書『「決定的瞬間」の思考法』のなかで、倫理的なジレンマに対処するために四つの質問を自分に投げかけるよう勧めている。[11] これらの質問には、倫理学に関するすばらしい歴史的な考察と、我々が自分の道を見つけるための現代的かつ個人的なニーズが巧みに織り込まれている。

- 自分の感情や本能はジレンマをどのように定義しているか。
- 責任感と価値観が対立した場合、自分の人生やコミュニティに最も深く根ざしているのはどちらか。
- 将来を考えたとき、自分の道はどれか。
- 自分が最も大事に考えている目標に近づくにあたって、想像力や大胆さと同じく、ご都合主義や抜け目のなさは、どう働くだろうか。

ここでは仕事上で遭遇するジレンマの対処について話しているが、個人的な生活でもほとんど違いはない。我々がインタビューした多くのクライアントが、プロフェッショナルの個人的な価値観や人柄は、長期的な関係を築けるかどうかを決める重要な項目である、と強調している。

ラニア・ワールドワイド社のＣＥＯであるウェス・カントレルは、「アドバイザーの個人的な行いは、私にとってきわめて意味がある。妻に忠実でない人間が、我々にも忠実になれるだろうか？」と語った。個人的な貞節の基準や結婚生活での行いは、個々人や文化によってさまざまなのは言うまでもない。

個人的な行いまでクライアントに評価されては居心地が悪いと感じるプロフェッショナルもいるかもしれないが、これは避けられないことだ。クライアントは我々の全人格を評価しているのであり、我々もさまざまな情報に基づいてクライアントの誠実さを評価する。ときにはそれが仕事以外の経験からもたらされることもある。重要なのは、まったく同じ理念に基づいて公私にわたる行動がなされるなら、より総合的なプロフェッショナルになれる、ということだ。

どのように信頼を築くか

信頼とは一日で組み立てられるプレハブ住宅のようなものではなく、何カ月、何年もかけて丹念に織り込まれる良質なペルシャ絨毯のようなものだ。数多くの小さな事柄が信頼を築いていく。考慮すべきポイントをいくつかあげよう。

クライアントと会う

「あるクライアントとの関係がうまくいかなくなったのは、直接会う時間がなかったからです」と語るのは、エグゼクティブ・サーチ会社スペンサー・スチュワートのアンドレア・デ・コルノキーである。

「クライアントは私となかなか会えなかったと言います。だからといって彼らの仕事にエネルギーを割いていないと考えたわけではありませんが。私はすぐにすべてのクライアントに電話をして、ランチに連れ出しました。クライアントと顔を合わせる時間は、継続的に作らなければいけません」

クライアントとお互い個人的に知り合うためには、時間をとって会うことに代わる手段はない。クライアントと「おしゃべり」して、気に入ってもらうためではない。会えば必ず信頼されるわけでもない。だが、二人のあいだで価値観が共有できて、共通の関心事があり、また、相性がいいのなら、個人的な時間をともにすることで、信頼が生まれ、信頼を発展させることにつながるだろう。顔を合わせることで、クライアントはあなたのすばらしさをじかに確かめることができる。これは、あなたの能力や誠実さに対する評価を高めることになる。

期待をコントロールする

クライアントの満足感には、「期待」に対して「実際の仕事ぶりがどうだったか」を比較する側面があると先に触れた。信頼も同じように働く。自分の責務を予定どおりに果たしたとしても、そもそも、何があなたの責務かについてクライアントとの合意がなければ、あなたの誠実さに対するクライアントの評価は下がり、信頼も失われるだろう。

慎重に約束する

最悪のプロフェッショナルとは、約束ばかりしてまったく実行しない人である。このような信用のギャップが一度できあがってしまうと、挽回するのは不可能になる。叙任された聖職者であるルイス・スメデスが、「約束の力」と題した説教のなかで実に見事に約束の意味をまとめている。「人が約束するということは、他の誰にも制御できない状況に自分を追い込むことである。自身で制御できるのは少なくとも一つだけである。つまり、周囲の事情がどうなろうと、必ず達成するということだ[12]」

約束を守るためのアドバイスをいくつかあげよう。

- いい加減な約束をしないこと。本気でないなら「ランチをごいっしょしましょう」とか「あなたのために誰それに電話しましょう」などと軽々しく言わないこと。約束を守る人だと評判になるのは、心強いものである。軽率な約束で自分の誠実さを損なわないように。
- 必要なら条件つきで約束すること。何らかの事象や出来事が約束の障害になるようなら、それを率直にはっきり言うことだ。そうすれば納得してもらえる。
- 約束が守れない場合は、できるだけ早く相手に知らせるように。悪い知らせは引き延ばせば延ばすほど、事態が悪化する。これまでに約束を守ることで信頼を築いてきたなら、クライアントはきっとわかってくれる。

●「ノー」と言えるようになろう。成功した忙しい人々は常に何かをしてほしいと頼んでくるものだ。自分が約束することを取捨選択しよう。

ロイヤルティを示す

ロイヤルティとは、クライアントに対して忠実であること、そして自分の課題よりもクライアントの課題を優先することだ。クライアントがロイヤルティを実感すれば、あなたが誠実だとわかり、信頼感が強まる。優先順位が四番目や五番目だと感じたら、自分は多くのクライアントの一人にすぎないという印象を持ち、あまり深く信用してくれないだろう。診察室に入ったときに、医者がこちらの顔を見て、誰だったか思い出そうとしていたらどう感じるか考えてみればいい。誰でも特別に扱われていると感じたいのだ。クライアントといえども例外ではない。

目の前にいない人を決して批判しないこともまた重要である。そばにいない人々へのロイヤルティを示すことによって人々の信頼を勝ち取るのだ。口が軽く、うわさや極秘情報を話すような人なら、信頼するのは難しい。「この人は私のことも他人に話しているのだろう」と思われてしまう。[13]

日常のなかで信頼を育てる

ジョージ・ワシントンが二度目の任期を終え自ら大統領職を辞したことで、誰もが、ワシントンと新しい政府に対して厚い信頼を寄せた。それ以前の国のトップたちのなかで、自らの意志で辞職したものはほとんどいなかった。一つの劇的な出来事で大きな信頼が生まれる場合があることには疑いがない。

しかし、信頼感を確かなものにし、それを高めるのは、日常的に関係を育てることである。信頼を蓄積することについて、スティーヴン・コヴィーは「信頼とは感情を扱う銀行口座である」という喩えを用いた。ある行動によって信頼が強まったとき、これが預金となる。誰かの期待を裏切り、信頼を損ねれば、預金は引き出される。信頼を維持するためには定期的に多くを預金しなければならない。

約束を守る

ボストンにあるベス・イスラエル病院の伝説的な外科部長であるウィリアム・サイレン医師は、研修医にこう話す。

「〈重要〉な手術と〈重要でない〉手術の違いなど私にはわからない。わかっているのは、私が手術を受けるなら、〈重要でない〉手術などないということだ!」

同じ文脈で言えば、重要でない約束など一つもない。ひとたび約束をしたら、その大小にかかわらず、同じように真剣に対処すべきである。「人柄というのは、人生におけるささいな瞬間に形成される」と言ったのは、十九世紀の聖職者フィリップス・ブルックスである。人柄を形成するもの、誠実さを決定するものはすべて、誰もがあまり気にとめていない、ささいなもののなかにある。

自分の信念や価値観を知る

誠実さとは、信念や価値観に裏打ちされ、線引きされたものである。あなたの理念とは何か。どのような立場を支持するのか。公私にわたって指針となるものは何か。自分の信念が脅かされたときにはどこで線を引くのか。第7章では、自分の信念を明確にするために自問すべき質問を提示した。

法学教授でありベストセラー作家のアラン・ダーショウィッツが、理念と誠実さを如実に示す話をしてくれた。

「数年前、私は大手法律事務所が重要な訴訟に勝つために手を貸した。勝利を祝うため、ある会員制クラブでのディナーに招待されたが、このクラブが女性禁止であることがわかった。これは差別をしないことと男女平等という私の基本的信念に反するものだった。私がこのクラブに行くのを断ると、彼らは〈でも食事に向くところは他にない〉と言った。私がどうしても譲らなかったので、勝利を祝うディナーはマクドナルドですることになった」

堂々と話せることか検証する

すべてのプロフェッショナルは、倫理的かつ道徳的なジレンマにほぼ毎週のように遭遇する。なかには、かなりささいな問題もある。ファーストクラスに乗るべきか否か。自分の経費報告書にホテルでの洗濯物の費用を入れるべきか。大きな問題もある。間違っていると思う会計処理に同意すべきか。

自分がどう行動すべきかに関する単純な規則などない。今のところわかっているのは、ヘミングウェイの皮肉「俺にわかっているのは、道徳は後味のいいもの、不道徳は後味の悪いものだってことだけ」[14]くらいだ。プロフェッショナルが従うべき一つの優れた原則は、「白日のもと」テストである。ある程度いいホテルに滞在するにしても、あるいはクライアントの競争相手に会うにしても、どのような行動をとるにしても、翌朝、白日のもとでクライアントに会ってそれを話していい気分になれるかどうか。テレビのインタビューで自分のしたことを尋ねられたとしたらどうだろう。それを説明するのはいい気分だろうか。

「誠実、信頼、倫理に関する問題はどんなものでも致命的な欠陥だ[15]」と述べたのは、イーベイの人事担当役員であるレベッカ・グェルラだ。ニューヨーク・タイムズ紙のインタビューに答えて、「過去の失敗は問題ないが、人柄に関する問題があると、うちの会社では歓迎しがたい」と強調した。

この問題を別の観点から見れば、どんな秘密も持つべきではない、ということである。秘密といっても、クライアントの極秘情報という意味ではない。言い換えれば、隠さなければならないことを何も持たないことだ。隠すものが何もなければ、あなたがこれまでプロフェッショナルとして行動した詳細をクライアントに伝えても安心していられる。当惑したり、保身に走る必要などなくなる。

クライアントが感じるリスクを減らす

クライアントの信頼の度合いは、クライアントがリスクの度合いをどう捉えるかによって増えたり減ったりするということを思い出してみよう。リスクを減らすためにできることがいくつかある。まずは、仕事のまさに最初から、どんなに小さなことでも一貫性と確実性をはっきり示しておくことだ。つまり、誠実さを示すことは、それだけでリスクを軽減する。

二つ目は、自分の仕事を保証すること。保証といっても必ずしも証明書の形をとる必要はない。むしろクライアントに理解されるようにすべきだ。クライアントには、不満を感じたときは、全力を尽してそれを解消する心づもりがあることを理解してもらおう。クライアントに「満足いただけるまで努力します」という言葉を伝えることで、自分自身にも、その仕事に責任を持ち、努力を怠らないよう、言い聞かせよう。

信頼が失われるとき

高いレベルで誠実さや能力を示したつもりでも、ときには信頼が失われることもある。信頼の喪失に関して覚えておくべき原則をいくつかあげよう。

あなたに対する信頼を失くしても、クライアントは教えてくれない……信頼は急速に、それも理由もわからず失われることがある。しかもそれがわかるのは、最後の最後だ。信頼をなくしたときに現れる症状はさまざまで、いくつかは別の問題や課題のように見えることがあるため、それと気づくのは難しい。当然と思っていた追加の仕事がこなかったり、クライアントが突然コンペを行ったりするかもしれない。クライアントが信頼をなくしても、それをはっきり言うことはほとんどないだろう。漠然とした不満を抱き、もはや情報を共有してくれなくなり、アドバイスを求めることもなくなる。しっかり目を開け、耳を傾けておかなければならない。

第3章で提案したように、契約が終了したときに、クライアントと率直に話をすることが有益である。事前に「三カ月か半年後に話し合いを持ちたい」と伝えておけば、もっと簡単である。残念ながら、信頼が消え去ってしまったのに気づいてから何らかの手を打っても遅すぎる。

クライアントにとっては、あなたが仕事を達成できなかった理由などどうでもよい……地震とか家族の不幸といった出来事ならともかく、クライアントにとって、あなたが仕事を完成できなかった理由など問題ではない。あなた自身は十分理に適った理由があると思っているかもしれないし、言いわけも無数にあるだろう。風邪を引いた、計画よりも時間がかかった、別のクライアントの緊急事態だった、コンピュータが壊れた、予定表に書き忘れた、秘書が伝えるのを忘れた……。しかしクライアントにとって理由などどうでもいい。いくら説明しても無駄なのだ。むしろ「失望させてしまって申しわけありません。今後、このようなことはいたしません」と言うほうがましである。クライアントと信頼を築いているなら、相手は大目に見てくれるだろう。

信頼を回復しようとすることが、ときにはクライアントとの関係を強化する場合もある……クライアントを失望させてしまっても、相手の信頼を取り戻すことはできる。その事態にどのように対処するか、どう修正していくかがきわめて重要である。

数年前、ある経営コンサルタントが西海岸にある大手企業の仕事を請け負ったとき、うっかり列車に報告書のコピーを忘れてしまった。あくどい乗客がそれを見つけてクライアントに乗りこみ、書類の見返りに五万ドルを要求して大騒ぎになってしまった。その企業は契約を打ち切るだけでなく、告訴も辞さないと息巻いた。コンサルティング企業はただちに行動を起こした。翌日、社長がカリフォルニアまで飛び、クライアント企業のCEOに面会した。この事態を陳謝し、一切言いわけをしなかった。彼はCEOに、このコンサルタントに懲罰を課したこと、パートナーによる対策委員会を立ち上げ、再発防止のために新しい方針と方策を打ちたてたことを報告した。そしてクライアントが直面している主要課題については、無料で大がかりな調査を実施すると提案したのだ。クライアントは提案を受け入れ、両社の関係はその後も順調に続いた。

この事例は、信頼を裏切ったときの対処について、基本的なルールを示している。

- 自分が間違いを犯したことを認める。過失を白状する。
- 言いわけをしない。誰も言いわけなど聞きたくない。
- クライアントに対して付加価値のある埋め合わせを提供すること。料金の減額を評価するクライアントもいれば、先の事例のように無料でサービスを提供することを評価するクライアントもいる。

●失敗から学んだことをクライアントに知らせること。同じことが二度と起こらないようにするための対策をクライアントに話す。

あなたが一〇〇%正しくて、絶対にクライアントが間違っていると思われる場合があるかもしれない。このような場合でもクライアントは、失望させた原因があなたにあると考えることを頭に入れておこう。そのクライアントとは付き合いを絶つべき場合もあるだろうが、どのように対処するかについては慎重になることだ。将来に禍根を残したくはないだろう。しかし、クライアントとのコミュニケーションがうまくいっており、ある程度の予測ができるなら、このような対立は避けられるはずだ。

＊＊＊

公私にわたる深い信頼とは、つまるところ、あなたの誠実さや能力に対するクライアントの信頼であり、優れたプロフェッショナルが築くことのできる長期的な関係を保証するものである。たまの判断ミスならクライアントも予想しているだろうし、許してくれるだろうが、誠実さが欠けていれば誰でも怒る。五世紀の宗教指導者だった聖アウグスティヌスは、うそに関するエッセイでこう書いた。

「真実への敬意が損なわれたり、わずかでも弱まったりすると、すべてが疑わしくなる」

自分の行動については高い基準を設けるようにしよう。誠実で率直だという評判を辛抱強く打ち立てることだ。そうすれば、それはプロフェッショナルとしての大きな財産になるだろう。

あなたは、クライアントと信頼関係を築いているか？

□ 仕事を始めるにあたって、最低限の書類だけですむこともある。目的と提出書類についてクライアントとひとたび合意すれば、クライアントはあなたが仕事を完遂すると信頼してくれる。

□ やるべき仕事についてクライアントが念を押すことはあっても、「細かく点検する」ことはめったにない。

□ クライアントが、非常に重要な問題に取り組むよう依頼してくる。

□ めったにないことだが、うっかりミスをしたり、約束を忘れたりしても、クライアントは許してくれる。

□ クライアントとの関係は率直なものである。お互いに、微妙な問題や気まずい問題についても遠慮せずに話し合える。

□ クライアントはあなたの信念や価値観、あなたが得意とするスキルについて、よく知っている。クライアントは、ある種の状況やジレンマに対してあなたがどう反応するか予測できる。

□ クライアントの信頼は、あなたが優れた仕事をすると信じることにとどまらない。プロフェッショナルとしての能力と個人的な誠実さの両方によって、クライアントの信頼はより深く、より広くなっている。

第9章

落とし穴を避ける

君主というものは、助けを求めこそすれ、超えられることは望まない。忠告は、忘れていたことを思い出してもらうかのようにすべきである。君主がわからなかった答えを出したかのように振る舞ってはいけない。

——バルタザール・グラシアン（十七世紀のイエズス会の司祭でありアドバイザー）

紀元前六世紀、リディアのクロイソス王は、途方もなく裕福だった。現在のトルコ西部にあたる彼の王国は、世界で初めて鋳造貨幣を流通させ、好景気も伴って金庫は黄金で埋めつくされていた。だが悩みがなかったわけではない。隣国のペルシャから、絶えず脅かされていたのだ。王は、ペルシャを先制攻撃すべきではないかと思案していた。熟慮したのち、彼はギリシャのデルファイに使者を送り、ご神託を拝することにした。当時の指導者たちは、デルファイの巫女に相談するのが常だったのだ。彼は、賢明なアドバイスがもらえると信じていた。

約一カ月かけて、海を越え山を越え、クロイソス王の使者はデルファイの山地にある神殿にたどり着いた。朝早く、一行は聖職者や警備兵に伴われ、巫女がお告げを与えるアポロ神殿に入った。入り口には「汝自身を知れ」という銘が刻まれていた。奥の聖堂に通されると、巫女のお告げを静かに待った。

巫女は、カーテンの向こうで、大きな三脚に吊るされた台座に座っていたが、大釜から吹き出す月桂樹の蒸気を何時間も吸っており、幻覚作用で完全な狂乱状態にあった。巫女が支離滅裂なことをつぶやきはじめた。使者たちは熱心に耳を傾けたが、巫女の言葉は理解できなかった。カーテンの前に神官が立ち、巫女の言葉を伝える役目を担っていた。神官は使者に向かって告げた。

　私は砂の数を知っている。海の広さも知っている。私は口のきけない者を理解し、話をしない者の声を聞く。ペルシャを攻撃すれば、偉大なる帝国を破壊することになろう。[1]

この言葉がクロイソス王の下に届けられると、彼は小躍りして喜んだ。勝利の神託を賜ったのだ！王とアドバイザーたちはペルシャに対する軍事作戦を立てはじめた。リディアはバビロン、エジプト、スパルタと同盟を組み、ペルシャのキュロス大王を討とうとした。

もちろん神託は正しかった。クロイソス王がペルシャを攻撃すれば、偉大なる帝国は本当に破壊される。だが、クロイソス王はどちらの帝国が滅びるのか、尋ねるのを忘れていた。彼のペルシャ侵攻は失敗に終わった。キュロス大王は強力な軍で首都サルディスまで攻め込み、クロイソス王を不意打ちで捕えた。そして、リディアは滅びた。

クライアントとの関係を管理するのは生易しいことではない

科学革命が起こる以前、予言は貴重なアドバイスだった。裕福な古代人はデルファイまで旅をし、それほど裕福でない者たちは動物の臓物に未来のしるしを求めた。中国人は熱した亀の甲のひびを使って未来を読んだ。二十一世紀の人々には、デルファイの神託の話はいささかこっけいに響くかもしれないが、あの巫女の予言が現代の預言者より劣っていたなどと誰が言えるだろう。ともかく、クロイソス王のエピソードは、現代のアドバイザーやクライアントが直面する落とし穴についてヒントをくれる。

要求の厳しいクライアントにサービスやアドバイスを提供するのは生易しいことではない。弁護士、コンサルタント、会計士などは、「意地悪で見下している」などと非難されがちだが、仕事は実に厳しい。遠距離出張、長時間勤務、要求の多いクライアントなどはまだ序の口だ。コンサルティングや広告などのプロフェッショナル・サービスの多くは任意のものであり、クライアントはいつでも彼らを辞めさせることができる。

プロフェッショナルの専門領域に対して独自の考えを持っているクライアントは、しばしば異を唱えることがある。これは健全な状態にもなりうるが、プロフェッショナルの知識や経験に対する敬意が損なわれることにもなりかねない。広告業界の大手、ヤング・アンド・ルビカムのクライアント担当責任者であるリンダ・スレレは、クライアントの「専門知識」にまつわるこんな話をしている。

ある会議に出席したとき、見知らぬ男性が話しかけてきました。私が広告業界の人間だと知ると、彼は、ある賞をとった広告キャンペーンを知っているかと尋ねました。知っていると答えると、彼は、自分はその製品を製造している企業の会長だと言いました。さらに、その広告キャンペーンは誰が作ったたか、わざわざ教えてくれたのです。

「あそこにいる小柄な女性さ。私の妻だよ。すべて彼女のアイデアだ」

そのアイデアは確かに奥さんのものだったかもしれません。問題は、誰もが我々のビジネスを多少はわかっていると思ってしまうことです。クライアントは専門性や知識のために我々を雇いますが、その後、それを認めなくなってしまうのです。

最高のプロフェッショナルでさえも、ときには解決策が容易に見つからず、厄介な状況に陥ることがある。あるいは、難しいクライアントに振り回されて逃げ出したくなることもある。我々は多くの優れたプロフェッショナルや要求の厳しいクライアントと議論し、また、アドバイザーとしての我々自身の経験から、プロフェッショナルにとって最も重大な落とし穴を特定した。まず、七つの特質に関するものから紹介しよう。

七つの特質のバランスが崩れるとき

優れたプロフェッショナルの七つの特質は、ちょうどいいバランスを保てれば、うまく融合し、その人の力として一体化して機能するようになる。だが、個々の特質が極端にプラスかマイナスに振れると、機能不全や神経症的な行動を招くことになる。そうならないためには、常にバランスをとることが必要だ。では、それぞれの特質を見ていこう。

＊

「無私と自立」は、その名のとおりクライアントと付かず離れずのバランスをうまくとることである。このバランスが保てないと、どちらか極端に走ってしまう。あまりにも自分がなければ、クライアントの追従者になり、不当に利用されかねない。あまりにも独立独歩だと、尊大で孤立してしまい、協働関係が築けない。こうなると、幅広いアドバイザーではなく、専門知識を提供するだけのエキスパートに逆戻りしてしまう。

*

「共感力」のバランスがとれていると、クライアントの気持ちや考え、置かれている状況に自分を合わせることができる。自己認識や自制心によって、謙虚な姿勢を持ち、よく話を聞けるので、得るものは大きい。だが共感力が強すぎると、自分とクライアントを同一視しすぎてしまう。クライアントを傷つけてしまうことを恐れ、判断力が鈍る。客観性を失ってしまうのだ。逆に共感力が弱すぎると、今度は無神経になって、何も学ばなくなってしまう。

*

バランスのとれた「ディープ・ジェネラリスト」とは、自分の専門分野について優れた知識を持ち、それに加えて、クライアントやその業界にも詳しく、業務に必要なビジネス上の機能に精通しており、さらに学ぶことに意欲的なプロフェッショナルである。学ぶ範囲は広く、知識基盤を強化・拡大するために、多角的な手法を用いる。

しかし、学習が表面的なものだったり、範囲が広すぎたりすると、バランスは崩れる。広く浅いが、深みのない知識しか持たない好事家になってしまう。「控えめに約束し、それ以上に実行する」「権限委譲が重要だ」「現金が王様だ」などの小賢しいフレーズばかり知っていて、その裏にある意味を深く理解しない。対極にあるのが、過度に専門的になり、その狭い専門領域の牢獄を決して打ち破ろうとしない者だ。

＊

大局的に考える人は、分析力だけでなく「統合力」も高い。重要課題を特定し、全体像を思い描き、統合のために類推、フレームワーク、多視点からの考察、パターン認識といったさまざまなツールを活用する。判断を保留したり、熟考したり、右脳と左脳を同じように使うなどして、統合のために役立てる。

統合力のバランスが崩れて、大局的な考え方に偏りすぎると、詳細を見ずに、一般化しようとしてしまう。すると具体的な提案よりも、陳腐な一般論に終始しがちになる。クライアントが精細な分析を必要としているときに、「高度一万メートルまで」上昇してしまったような感じである。たとえば、クライアントは「主要な資産の活用」と言われても、具体的にそれが何を意味するのか、どのように実行するのか、何日も考えてしまうだろう。一方、統合をおろそかにすると、永久に分析レベルに留まり、木を見て森を見ず、ということになる。

＊

プロフェッショナルが「判断力」のバランスをとっているときは、事実、経験、そして個人の価値観を慎重に融和させて健全な決断に至る。プロフェッショナルとクライアントの両者の判断を曇らせかねない、自信過剰や集団思考といった多くの罠を避けることができる。衝動的に行動することもなければ、過剰分析に陥ることもない。このバランスが崩れると、判断力が麻痺してしまうか、飛躍した結論を出してしまうか、どちらかの傾向を示す。判断力が麻痺すると、意思決定にはすべての事実が必要だと考え、何でもかんでも徹底的に分析しようとする。逆に、何についても独自の見解を持っていて、常に機関銃のように素早く、しかし欠点だらけの判断を下すアドバイザーもいる。うぬぼれが強く自信過剰なのだ。

ゆるぎない本物の「信念」のバランスがとれていると、すばらしい実績につながる。これは、深い信条と価値観に根ざすものであり、使命感を伴うものである。信念は、相手に対する共感、コミュニケーションスキル、個人のエネルギーによってさらに強固になる。信念を誠実さによってふるいにかけ、自分の信じるものが本当に正しいという確信を持ち、ご都合主義に陥らないようにするべきだ。

だが、信念が強すぎると、視野を狭め、独断的で自信過剰になる。クライアントはそれを「雄牛《ブル》」と呼ぶ。アメリカン・エクスプレスの元ＣＥＯジム・ロビンソンの言葉を借りるなら「一〇〇％の確信はあるが、七〇％しか正しくない」となる。宗教的もしくは政治的な狂信者の示す、バランスの悪い急進的な信念は、危険な妄想に変わる可能性がある。一方、信念が弱すぎるのも問題だ。コミュニケーション力や説得力が不足し、クライアントに不安を抱かせる。

＊

優れた判断力、分別、一貫性、行動によってプロフェッショナルが示す確かな「誠実さ」は、クライアントが寄せる信頼の根幹だ。相互に信頼しあえば、プロフェッショナルとクライアントとの関係は開かれたものになる。だが、一方的に相手を信じ切ってしまうと、結局は幻滅と失望に終わる。誠実さが行きすぎると、頑固者になる。こうなると、誠実さと自身の規律とを混同してしまう。

たとえば「嘘をつくのは気が進まない」というのは誠実さである。だが、クライアントに対して「すべての会議に一秒たりとも遅刻しないでください」と主張するのは、自身の規律を押しつけているにすぎない。プロフェッショナルが「誠実さの観点から妥協できない」と主張してクライアントとの仕事から仰々しく手を引くこともあるが、実際には自身の規律に合わないクライアントに耐えられないということもある。

逆に、誠実さがなさすぎて、微妙に手を抜いたり、自分の嘘を正当化したり、自分の利益を優先したり、隠し立てをするといったことも避けるべきである。

表1は、それぞれの特質のバランスが崩れたとき、どのような変化が起きるか、もっと正確に言うと、どう化けてしまうかを要約したものである。

もちろん、すべてのプロフェッショナルは、これらの特質を独自にブレンドしている。ある特質のほうが他の特質よりも高いことはよくあることで、理論的には理想のバランスというものも考えられるが、実際は個々人のバランスがあるものだ。

表1　7つの特質のバランスが崩れるとき

特質	バランスが崩れると 過少	 過度
無私と自立	従属	よそよそしさ
共感力	鈍感	同一視
ディープ・ジェネラリスト	浅薄	専門バカ
統合力	偏狭	一般論
判断力	麻痺	衝動的
信念	不安感	自信過剰
誠実さ	不正直	頑固

避けるべき罠

次に、最高のプロフェッショナルやクライアントでもたびたびはまってしまう、罠について述べる。

不適切なクライアント

適切なクライアントとは、自分たちの課題を認識していて、提案を実行する力があり、こちらへの支払いを認めてくれる人である。クライアントは、一個人ではなく、数人で役割分担していることもあり、特に大きな組織では、一人の人間がすべてをとり仕切ることはできない。

プロフェッショナルは営業の過程で、不適切なクライアントに遭遇することがある。たとえば、ある経営コンサルティングファームが大手小売チェーンに、大規模なリストラクチャリングのプロジェクトを提案した。彼らは自ら二十万ドルを費やし、店舗の視察、財務分析、社長を含め重役たちとのミーティングを行い、提案書を準備した。すると、大株主でもある会長が最終的なプレゼンテーションをするよう指示した。それまで、この会長はプロジェクトには一切関わっていなかった。重役たちは全員、このプロジェクトは「自分たちの責任範囲」のことであり、会長はこの会社の業務にはタッチしていないと請けあっていたのだ。プレゼンテーションが終わったとき、コンサルタントたちは、これで数百万ドルのプロジェクトが始まると思ったが、会長は不意に立ち上がってこう宣言した。

「こんなことを認めるわけにはいかない。金のかかる部外者など使わず、社内の力で何とかしろ」

コンサルタントたちは呆然として出て行くしかなかった。彼らは適切なクライアントと仕事をしていなかったのである。

問題設定の誤り

一九九〇年代初頭、長距離バスを運行するグレイハウンド社は、経営活性化のために、すべての情報システムを一新し、コンピュータ予約システムの導入を決定した。外部の会計士やコンサルタントからアドバイスを受けながら、数百万ドルと数年をかけて新システムを導入した。ところが導入してみると、このシステムはバグだらけで、しかも多くの機能はほとんどの乗客が必要としていないことが判明した。たとえば、一区間しか乗車しない人が多かったので、乗り継ぎ予約などいらなかったのだ。本当の問題は、情報技術ではなく、運行ダイヤの管理、汚い車内、効果の出ないターゲット・マーケティングにあった。

我々が研究した偉大なクライアント・アドバイザーは、常に自問している。真に取り組むべき問題に取り組んでいるか。問題を正しく捉えているか。

不適切なアドバイザー

頭が良く、立派な教育を受けたプロフェッショナルは、どんなことに対しても知的な発言をする義務があると思っている。だが、真に賢いプロフェッショナルは、アドバイスをするべきではない時もわきまえているものだ。彼らは、自身の専門知識や経験と、クライアントの問題とのあいだにミスマッチがあったとき、これを認めることができる。クライアントの多くは、経営者としての経験を買われ他の企業の社外役員も務めており、さまざまな人からアドバイスを求められている。インタビューをしてみると、アドバイザーの立場での彼らは、不案内な問題に対するアドバイスを控えており、自分のプロフェッショナル・アドバイザーにも同じようにしてもらいたい、という回答がほとんどだった。

たとえば、ある会計事務所では、スタッフの数が足りず、流通業のクライアントの経営再建に、海運業を専門とするパートナーを派遣した。この企業は破産状態で、年間一億ドルの赤字を出していた。ところが九カ月後、このパートナーは一〇〇〇万ドルしか経費を削減することができなかった。この契約は失敗だったと気づき、クライアントは訴訟を起こした。会計事務所が送りこんだパートナーには経験がなく、経営再建に必要な切迫感もなかった。不適切なアドバイザーだったのだ。

クライアントからの尊敬と信頼を勝ち取る最良の方法は、自分の能力について率直になること、その仕事に自分がふさわしくないと思ったら、別の適任のプロフェッショナルを紹介することである。ある問題についてアドバイスを求められたとき、自分が有益な答えを出せないと思ったら、そのように伝えよう。「それについては考える時間をください」とか「いい答えが見つかるところを知っていますので、改めてご連絡いたします」といった返答をすれば、クライアントの信頼はむしろ増すのである。

クライアントの代理であることをひけらかす

プロフェッショナルも、ときにはクライアント組織のなかで尊敬や支持を得るためにクライアントの名前や権威を利用することがある。逆に、クライアント自身が自分の立場を強化するためにプロフェッショナル・アドバイザーの専門性や見解を利用することもある。これをやりすぎると、クライアントもアドバイザーもどちらにも傷がつく。ニクソン大統領とキッシンジャー国務長官は、二人ともこの落し穴にはまった。ニクソンは、自分の言葉に重みをつけるために、かの聡明なアドバイザーの名前を引き合いに出し、「キッシンジャーはこう考えている……」とか「キッシンジャーは強く信じている」と人々に語ったものだ。一方のキッシンジャーも、自分の言葉の裏づけとして、「これは大統領が強く支持している」とか「これは大統領から直接受けた話だ」という話し方をした。プロフェッショナルの権威は、その知識と誠実さを基盤とするべきであって、クライアントとの関係を恐れさせて得るものであってはならない。同様に、クライアントが公の場で何度も専門家としてのあなたの見解に依拠しすぎてしまうと、その企業でのプロフェッショナルとしてのあなたの威信は、強まるどころか、損なわれてしまうだろう。

悪いニュースへの耐性がなくなる

戦略アドバイザーであるC・K・プラハラードは、クライアントの「悪いニュースへの耐性」には限界があると指摘する。

「GEのCEOだったジャック・ウェルチのように、何年ものあいだずっとスタミナと能力を維持して邁進できる経営者など、ほとんどいない。ウェルチは特別な存在だ。CEOになる人のほとんどは良い仕事をする。だがその仕事の終盤に差しかかると、悪いニュースに対する耐性が大幅に減ってしまう。就任当初こそ柔軟かつ率直で、アドバイザーが最も影響力を与えられるのである」

事実、CEOでなくても、新しいポジションについたばかりのクライアントはほとんど全員、在職期間の終盤と比べて、建設的な批判や新しいアイデアや提案に率直な態度を示す。したがって、クライアントがキャリアのどのあたりにいるか、こちらの忠告にどの程度率直かを評価できなくてはいけない。別の言い方をすると、自分の闘いを慎重に選択しなければいけないということである。すべての課題についてクライアントと闘うわけにはいかない。さもないと、局地的な闘いには勝っても、全体としては負けるリスクが高まる。批判や間違いの指摘ばかりで何もしないプロフェッショナルに、クライアントはただじっと耐えるだけ、という構図になるだろう。

たとえば、ルーズベルト大統領は、最初の任期のほうが、二度目よりもアドバイザーの提案をよく聞いていた。大統領の仕事というものがわかるにつれ、また、勝利が蓄積されるにつれて、国や政権に関する批判に耳を貸すことが少なくなった。アドバイザーたちは、話を聞いてもらうために、ますます慎重に論点を選ばねばならなくなった。

不幸な関係を続ける

プロフェッショナルとクライアントとの相性が目に見えてひどいときもある。価値観が対立するかもしれないし、性格が違いすぎて、些細な問題でも衝突するかもしれない。クライアントといっても普通の人間であり、扱いにくい存在と思うこともあるだろう。あるプロフェッショナルが、暴言を吐いてばかりいたクライアントについて話してくれた。

二十代の半ば、大きな専門職協会の仕事を担当していました。内容は、業界全体がどういった方向に向かうのか、そして、個々の会員企業は研修や経営をどう変化させていくべきか、といったものでした。クライアントは、この協会の会長であり、自らも企業を経営している方で、最初はただ、非常に厳格で要求の多い重役のように見えました。しかし、実際は暴君でした。一カ月ほど経ち、作成した調査メモを持っていくと、彼は二ページ目にタイプミスを見つけました。それからけんか腰になり、私に怒鳴るようになりました。見せかけだけで質の悪い仕事だと叱責するようになったのです。プロフェッショナルとして最悪の経験でした。私は若く、このプロジェクトの責任は私の肩にかかっていました。ですから彼に立ち向かうのではなく、怯えながらコソコソと彼のオフィスを出ていくしかありませんでした。今ならこのように卑劣で、無礼な振る舞いを我慢することは決してありませんし、我慢すべきではありません。

クライアントとの関係が悪くなった場合は、それがちょっとした誤解のような、修復可能なものか、あるいは根本的に相性が悪いせいなのかを見極めることだ。後者なら、その仕事は終わりにするか、責任者としてあなた自身の交代を検討すべきだ。

意見や判断を額面どおり受け入れる

企業が倒産するときは、責任追及の動きが急ピッチになる。虚偽、損失隠し、不正行為の見逃しなど、あとになってどのような事実が明らかになろうと、これまで誰も問題に気づかず、状況を把握できていなかったように見える。役員、会長、ＣＥＯ、ＣＦＯ、経理責任者、そして、会計士、弁護士、銀行家といった社外アドバイザーでもだ。これは、他人の意見や判断、説明を安易に受け入れてしまうためであることも多い。

優れたプロフェッショナルは、目にしたもの、耳にしたことをいつも疑うものだ。額面どおりに受け取ることはほとんどなく、特に人の性格や能力についてなら、なおさらだ。第1章で取り上げたナンシー・ペレッツマンは、こう語っている。

「事実は常に自分で確認しなければなりません。他人の話を信用しすぎてはならないのです。人の性格についてなら特にそうです。ビジネスに間違いはつきもの。ビジネス上の意思決定には常にリスクがありますから、間違いは当然あります。でも、人に対する判断は誤りたくはありません。性格や能力といった人を見る目は、時間をかけて養うべきです」

組織からの幅広いサポートを失う

有史以来、王のアドバイザーは、王との関係によって得られる安全や権力と、王の臣下に憎まれることによる不安や孤独とのあいだを綱渡りしている。トマス・モアの前の大法官だったウルジー枢機卿は、肉屋の息子だった。その素性、政策、そして王に対する絶大な影響力のせいで、イギリスの貴族たちから毛嫌いされていた。別の例をあげると、十六世紀のドイツで、皇帝のアドバイザーが増税するよう進言したところ、貴族たちに暗殺された。ハリー・ホプキンスは、ルーズベルト大統領との親密な関係を享受しているとして、大統領の敵対者のみならず、何人かの味方からも非難された。

実際のところ、仕事をする特定の重役と親しくなればなるほど、組織全般に影響を及ぼすのは難しくなる。嫉妬の問題だけではない。クライアントとの個人的な関係を築いていくにつれ、かなり極秘の情報にも精通するようになる。こうなると、クライアントの部下にも同じようにアドバイスするのは難しくなる。自分の発言が筒抜けになることを恐れて、あなたに胸襟を開くのをためらうかもしれない。あるいは彼らからアドバイスを求められることが、別のジレンマを招く。クライアントの極秘情報をいくら知っていようと、それを部下へのアドバイスに活かせるだろうか。たとえば、アドバイスを求めてきた人が解雇される予定だとしたらどうだろう。リスクは他にもある。組織のなかで幅広くサポートが得られないと、たとえクライアントが強くてエネルギッシュな人物であっても、こちらのアイデアを実行するのは難しくなるだろう。そして、クライアントが去ることになれば、自分も去ることになるのはほぼ間違いない。

答えは簡単ではない。組織で働く場合は、一人のクライアントとの公私にわたる親密な関係と、組織のなかで複数の関係を持つ必要性とのバランスをとらねばならない。つまり、常に独立した、信頼される公正な仲介者であろうとすべきなのだ。最低なのは、深い関係をいいことに、クライアントの威を借る行為である。これでは、周囲から疑念を招くだけで、たちまち孤立するだろう。

役に立たないプロフェッショナルの六つのタイプ

ここからは、クライアントへのインタビューを通じて明らかになった、「役に立たないプロフェッショナル」について見ていこう。これは、六つのタイプに分類される。

1　自分たちの都合を押しつけるタイプ

クライアントの課題は二の次で、自分たちのニーズや都合を押しつけるプロフェッショナルがいる。クライアントがこれをどう受け止めるかについて、シティグループの上級役員であるカルロス・パロマレスは、こう語っている。

「あるコンサルタントチームに、我々のクレジットカードビジネスについて分析してもらった。カードビジネスは、我が社にとって、利益貢献の大きい重要なビジネスだ。プロジェクトのあいだは大変いい仕事をしてくれたが、最後のプレゼンテーションはひどかった。調査結果を示し終わると、会議の後半四十五分間、これを実行するのがいかに自分たちにとって重要かを延々と話した。まったく困ったものだ。苦痛だったよ。スライド一、二枚なら我慢するが、彼らはひたすら話しつづけたのだから。出席者全員がいやな思いをした。完全に逆効果だったね。もっと使おうと思うどころか、もううんざりだと思わせたのだから」

2　万能ソリューションタイプ

「人は己の居場所によって振る舞いを決めてしまう」という古い格言は、確かに多くのプロフェッショナルに当てはまる。ベル・アトランティックのレイ・スミスは、この手のアドバイザーについて話している。

「多くのプロフェッショナルは、一つの有効なソリューションを見つけると、それをすべてのクライアント、すべての状況に適用しようとする。一例をあげると、大学で印刷の手伝いをしていて、その後、印刷ビジネスを始めた友人がいた。彼は頭が良く、愛想のいい人間だった。だが、すべてのソリューションがパンフレットなのだ。彼にコンピュータの相談をすると、熱意を持ってこう答える。〈パンフレットを作りましょう〉と。私はこのようなタイプのアドバイザーはごめんだね。どこかでうまくいった一つのソリューションにこだわって、どこにでもそれを売り込もうとする」

他のクライアントも同じように考えている。

「お気に入りのソリューションを特に求めているわけじゃない。残念ながら、多くのプロフェッショナル企業がこんな感じなのだ。どのような提案をするか、私にはあらかじめわかってしまう。A企業はソリューションXを、B企業はソリューションYを、といった具合だ」

3 グルタイプ

「グル」は、今日では尊敬と軽視の両方の意味合いを持つ言葉だ。高く評価された「最新の」アイデアを講演やセミナーで全国に売り込む人々である。このようなグルは確かに大変に有益かもしれない。クライアントに変化のきっかけを与え、重要な新しいアイデアを提供できる。しかし、クライアント・アドバイザーとしては役に立たず、組織を誤った方向に導く可能性すらあると、多くのリーダーたちは考えている。GEの元会長レジナルド・ジョーンズは、我々にこう語った。

「私はグルにほれ込んだことはまったくない。GEでは、グルを一切受けつけなかった。彼らはスローガンやキャッチフレーズを携えて現れ、魅力的なレクチャーをし、そしていなくなる。二日後には、彼らが話した内容など覚えていない。それとは対照的に、優れたプロフェッショナルは、より具体的で現実的なアドバイスや洞察を与えてくれる。それは我々の状況に即したものだ」

4 お調子者タイプ

このタイプは、クライアントが聞きたいと思っていることをそのまま口にする。誠実さも、信念も、主体性もない。こんなジョークがある。ピューマを研究するため、ロッキー山脈にある小さな町にやって来た動物学者。この学者は町の雑貨屋で、店員にこの町でピューマを見かけたかどうか尋ねる。店員は、このよそ者を安心させようとして答える。

「見るわけありませんよ」

「残念だな。ボストンからピューマを研究するために来たんだが。少しこの町に滞在しようと思ったのに」と動物学者。すると、店員は、今度は滞在してもらおうとして言う。

「実は、ゆうべ家の近くで大きなやつを見かけましたよ」

コダックの会長兼CEOであるジョージ・フィッシャーは、プロフェッショナルのサービスとアドバイスを受けた経験を思い返す。

「有能なプロフェッショナルは、目前のプロジェクトに集中し、付加価値の高い情報を提供する。一方、無能なプロフェッショナルは、こちらが聞きたいことしか言わないし、すでにこちらが話した内容を繰り返すだけだ。そして、次の受注のために時間をかける」

5　時流に乗るだけのタイプ

コックス・コミュニケーションズのＣＥＯであるジム・ロビンソンは、「優れた外部のアドバイザーとは、本当にとことん考える人であり、現状に挑み、他人とは逆の方向に行くことを辞さない人だ」と話す。ところが、プロフェッショナルのなかには、不安からか、想像力の欠如のせいか、あるいは単に保守的なだけなのか、アドバイスをするときにいつも時流に流され、正しいと言われているソリューションに固執する者がいる。この点で悪名高いのが政治アドバイザーである。彼らは直近の世論調査に基づき、政治家がその時点で人気を最大にできるようアドバイスするのだ。

一九七〇〜八〇年代、企業の多くが草創期のコンピュータビジネスに夢中になり、その一角に食い込まなければならないと思い込んでいた。この流れに乗って、ＡＴ＆Ｔやゼロックス、エクソンといった企業が、不運にも金のかかるコンピュータや関連するハイテク製品に進出した。だが結局は、そうした製品から撤退している。

6　使いまわしタイプ

クライアントは自分の状況に合ったサービスを求めるのであって、使いまわしでお決まりのアドバイスを求めているわけではない。シェークスピアの『ハムレット』で、王と王妃のアドバイザーだったポローニアスは、陳腐で使い古された助言をする典型的なタイプだ。自分の息子レアティーズに、「借り手にも貸し手にもなるな」とか「何よりも大事なのは、己自身に忠実であること」などといった陳腐な内容をとうとうと語る。そうして自分の浅はかさや洞察のなさをさらけ出す（ハムレットの狂気についての彼の見方は間違っている）。ポローニアスは、同じばかげたアドバイスを何度も繰り返すのである。

数年前、ウォール・ストリート・ジャーナル紙が、大手人事コンサルティングファームによる、きわめて露骨な使いまわしの事例を報じた。このコンサルティングファームは、十二のクライアントから、自社の差別是正措置やダイバーシティ政策を調査し、提言するように依頼されていた。ところが、二つのクライアントの報告書を比較したところ、各クライアント向けの具体的な提言に至るまで、事実上まったく同じものであった。その後の追跡調査によって、すべての報告書が基本的にまったく同じものであるという事実が発覚した。クライアントが激怒したのは言うまでもない。

関わっても無駄なクライアント

クライアントにとって役に立たないアドバイザーが何種類もいるように、関わっても無駄なタイプのクライアントも何種類かいる。そういったクライアントは避けるべきである。我々が話をした多くの偉大なプロフェッショナルがそう指摘している。これは何も新しいテーマではない。五〇〇年前にマキアヴェッリも『君主論』のなかで、次のように示唆している。
「疑いのない法則がある。君主自身が賢くなければ、助言を活かすことはできない」
次のような態度に心当たりがないだろうか。

「本当は変わりたくない」

形だけは外部のプロフェッショナルを雇い、提言にも耳を傾けるふりをするが、決して動こうとはしないクライアントがいる。そのくせ、書類棚でほこりをかぶっている「レポートの山」には文句を言う。プロフェッショナルにとって、自分たちの仕事が無視され、実行されないことほど士気をくじくものはない。

『企業とは何か』という名著を世に出したドラッカーが、GMのトップだったアルフレッド・スローンとの関係について、興味深い話をしている。

「二十年ものあいだ、年に一度か二度、ニューヨークの彼の自宅に招待され、二人だけでランチを食べながら話をした。彼が好んで話題にしたのは、数年かけて執筆していた彼の著作『GMとともに』に関してだった。彼は私に意見を求め、じっくり耳を傾けた。だが、私のアドバイスに従ったことは一度もなかった[2]」

スローンがクライアントとして扱いやすいのか、扱いにくいのか、明確に判断することはできないが、ドラッカーほどの人物と定期的に会えるチャンスがあるなら、少なくとも彼のアドバイスを聞き入れるのが普通だろう。

「聞く気がない」

決して耳を貸そうとしないクライアントがいる。こちらが言うことにはすべて反論し、「それは十年前にやろうとしたが、うまくいかなかった」とか「我々の会社の文化は独特だから、その考え方は合わない」などと言う。アドバイスが多少なりとも役に立ったのか、あるいは考え方がこり固まっていて、何も聞いてくれなかったのか、判断に苦しむほどだ。時として、今の成功に酔いすぎて、他人のことなど聞く必要はないと感じ、意見を受けつけなくなってしまうクライアントもいる。

「私の判断に絶対間違いはない」

講師紹介や著作権エージェントの大手事務所であるレイ・ビューローのビル・レイは、個人のクライアントが判断を誤った場合、その人の人生がどれほど困難なものになるかについて述べている。

「私の仕事で重要な部分を占めるのは、クライアントが講師や著者としてのキャリアを管理・発展させるのを支援することです。しかし、クライアントが何度も誤った判断をしてしまうと、アドバイスするのは不可能になります。ある人物は私のアドバイスに反し、自身の著書について法外な前払印税を受け取ってしまいました。その本は大失敗に終わり、彼はまた一からキャリアを築きなおさなければならないほどでした。また別の人物は、私が十分に検討してアドバイスしたにもかかわらず、我々の競争相手と仕事をするほうが儲かると考え、その事務所に移籍してしまいました。しかし移籍は成功せず、自分の間違いに気づき、もう一度戻りたいと申し入れてきました。残念ながら彼の移籍騒動は二度目でした。そうなると、助けられることはそれほどありません。誤った判断も、一度なら気にしませんし、本人もかえってやる気が出るでしょう。それに、こちらのアドバイスを素直に聞くようになるはずです。でも同じ過ちを、それも大間違いを二度も繰り返すようでは、関係を続けることに意味があるか、考えなおさざるを得ません」

「私の意見を確認してくれ」

人はアドバイスではなく、確認を求めることが多い。古い格言が生きるのもそのためであり、そこにはいくばくかの真実がある。クライアントは進むべき道について自分の意見を持っているものだ。無意識でのこともあるが、自分たちが選択した方向性を確認するために外の力を使うクライアントもいる。しかし、単にお墨付きを与えるだけの仕事は、あなたの立場を危うくするかもしれない。もし、本心からクライアントと同じ結論に至った場合は、自分のアドバイスに安心できるだろう。だが、単に売上を増やすためにそんな仕事を受託しても、評判を高めることにはならないし、自分たちのスタッフの士気を高めることにもならない。

「プロフェッショナルなんて鉛筆みたいなものだ」

深い関係を求めないクライアントもいる。性格や物の見方によって、居心地が悪いと感じてしまうのだ。決められた料金でサービスを提供してくれたらそれでいいと考えている。別にそれが悪いわけではない。実際のところ、そういう仕事も多い。ところが、なかには、やりすぎるクライアントもいて、経験あるプロフェッショナルを鉛筆のように扱う。とにかく値切って安く調達する、汎用品のように扱うのである。

ここで考えるべき問題は二つ。一つは、バランスである。もしあなたのすべてのクライアントが「プロフェッショナルは汎用品にすぎない」と考えているなら、あなたは取引ごとに雇われるエキスパートの域を出ることは決してなく、数年後にはすっかり消耗してしまうだろう。二つ目は、鉛筆のような汎用品を買う意識のクライアントを、無理やり変えようとしてはいけないということである。ある企業の役員がコンサルタントとの仕事で、まさにこの理由でうまくいかなかった例を話してくれた。彼の比喩は的を射ていた。

「水漏れがするので配管工を呼んだら、やって来たのはゼネコンだった。彼らは家全体の改修を強引に進めた。彼らがいなくなっても、水漏れは続いている」

彼は満足していなかったのだ。

クライアントが長期的な関係に興味がない場合、説得して関係を築こうとしないほうがいい。一番いいのは、頼まれた仕事に対してすばらしい結果を残し、その人から生涯にわたる推薦をもらうようにすることだ。そうすれば、プロフェッショナルにはコンタクトが来るようになる。信頼できるアドバイザーとして選ぶのはクライアントであって、我々ではない。

「無料のアドバイスが一番良い」

クライアントは、ときにプロフェッショナルを不当に利用することがある。これは微妙な形をとることが多い。そうしたクライアントのほとんどは、タダ働きをさせようと企んでいるわけではない。よくあるのは、こちらの時間やアイデアを正しく評価してくれないことだ。たとえば、銀行家は取引が成立したときに成功報酬を受け取ることがあるが、通常の範囲を超えてアドバイスや調査を頼まれることがある。クライアントのなかには、「具体化したら、任せるから」などとエサを差し出せば、タダで使ってもかまわないと考える者もいる。

このジレンマは我々を無私と自立のコンセプトに引き戻す。クライアントには献身的に、日々、プラスアルファを実践すべきであるが、一方で全体での収益性もコントロールしなければならない。無料でアドバイスを提供することはやぶさかではないが、慎重になる必要がある。相手をよく知ることだ。クライアントの期待を超えようとして、さらなる付加価値の提供を目指すプロフェッショナルは、つけこまれやすいものだ。

* * *

偉大なプロフェッショナルは、本書で指摘した七つの特質を育むだけではない。意識的に落とし穴を避け、誰もが直面するジレンマをうまく処理している。これを、表2（次頁）に集約した。このような落とし穴がないか、請け負った仕事やそのクライアントを頻繁にチェックしよう。

誰にでも多少の失敗はある。問題は、その失敗からいかに学習するかだ。辛辣な皮肉屋になるのか、その出来事を個人的な信念や自立性を高めるほうに向けることができるのか。もし前者なら、以下のことを覚えておいてほしい。信頼が信頼をもたらすのであって、皮肉は悪循環を呼ぶだけである。こちらが疑い深く不信感を高めれば、クライアントからも同じ反応しか得られないだろう。

表２　主要な落とし穴とジレンマ

避けるべき罠

不適切なクライアント
問題設定の誤り
不適切なアドバイザー
クライアントの代理であることをひけらかす
悪いニュースへの耐性がなくなる
不幸な関係を続ける
意見や判断を額面どおり受け入れる
組織からの幅広いサポートを失う

役に立たないプロフェッショナルの６つのタイプ

1　自分たちの都合を押しつけるタイプ
2　万能ソリューションタイプ
3　グルタイプ
4　お調子者タイプ
5　時流に乗るだけのタイプ
6　使いまわしタイプ

関わっても無駄なクライアント

「本当は変わりたくない」
「聞く気がない」
「私の判断に絶対間違いはない」
「私の意見を確認してくれ」
「プロフェッショナルなんて鉛筆みたいなものだ」
「無料のアドバイスが一番良い」

第10章
選ばれるプロフェッショナルの精神

これこそは人生の真の喜びではないか。自分自身が偉大だと認めた目的のために使われること。ごみの山に捨てられる前に、完全に力を出し切ること。そして、自分が自然の力になれること。そうでなければ、熱に浮かされ、自分勝手で、この世は幸せを与えてくれないと文句ばかり言うような、つまらない存在になってしまうだろう。

――バーナード・ショー『人と超人』

優れたプロフェッショナルは、本書の中心テーマである「七つの特質」を身につけることで、最高のクライアント・アドバイザーになる。七つの特質は、重要な才能やスキル、心構えを含んでおり、どの分野のプロフェッショナルも、クライアントと、一貫した、長期的で広範囲な関係を築き、維持できるようになる。

また、優れたアドバイザーは、ある種の物の見方を持っており、それが彼らの仕事の枠組みを作り、仕事を特徴づける。このような物の見方は、選ばれるプロフェッショナルの精神と呼んでもいいだろう。これは人格というより、世界観に通ずるものである。この精神が体現できれば、より高い付加価値をつけることができ、クライアントへのアピール力が高まることで、クライアントはあなたとともに過ごす時間を尊重し、楽しんでくれるだろう。さらに、自分のキャリアを形成し、うまく管理する能力も高まる。このような精神は、クライアントから高いロイヤルティを得ているプロフェッショナルすべてに認められる。

優れたプロフェッショナルの精神

豊かなメンタリティを持つ

豊かなメンタリティを持つ人は、どのような状況にあっても可能性とチャンスを見出す。[1]

- 常にチャンスや、成長や発展を求める。
- 絶えず新しいアイデアを生み出す。
- 行動が前向きで楽天的である。
- すべての人に十分に行きわたる報酬があると考えている。「上げ潮がすべての船を持ち上げること」を知っている。
- より多くのものを長期的に得るために、短期的な資金や時間を進んで注ぎこむ。

対照的に、貧しいメンタリティでは、限界やリスクばかりに目がいく。

- 最初から、失敗するかもしれない、うまくいかないだろうと心配ばかりする。
- 新しい提案に対しては、実現した場合のリターンよりも、リスクにばかり気をとられる。
- 人生はゼロサムゲームで、回ってくるチャンスには限りがあると思っている。
- いつも「自分の正当な取り分」のことばかり気にしている。
- 即座に見返りが期待できなければ投資しない。

あなたがクライアントなら、どちらのプロフェッショナルと付き合いたいだろうか。言うまでもなく、ネガティブな側面ばかり見る人よりも、前向きでエネルギッシュな人を好むだろう。税務監査のような場合には、慎重なメンタリティもメリットがあるかもしれないが、クライアントは一般的に、考え方に広がりのある豊かなメンタリティを持つプロフェッショナルを好むだろうし、そのほうが得るものは大きい。

豊かなメンタリティを、不注意や怠惰、軽率と混同しないでほしい。豊かなメンタリティを持つプロフェッショナルは、良い意味で現状に不満を感じることが多く、もっといい方法があるはずだと考えている。強い組織のリーダーと同じく、新しいアイデアやイノベーションを推し進め、広げていく。空からアイデアが降ってくることなど期待しない。これこそ、クライアントが彼らを身近に置く理由だ。絶えず人々を活性化させ、やる気を起こさせ、刺激を与えるのである。

基本的な人生観、つまりメンタリティの質を分けるものはさまざまであり、複雑である。子ども時代の経験やしつけが性格に大きな影響を与えるのは確かだ。たとえば、子ども時代に心身ともに満たされないと、根深い欠落感を抱くことになるかもしれない。愛情が不足すれば、自尊心は傷つき、豊かな物の見方をするのが難しくなる。もちろん、その人の持って生まれた「気質」もあるだろう。人生の苦難に対し、高い回復力を自然と発揮する人もいるが、家族や親がどのようなお手本を見せたかもまた、大人になってからの物の見方に大きな影響を与えるのである。

受けた教育もまた重要な役割を担っている。ビジネスにおけるプロフェッショナルの多くが経済学や工学を専攻しているが、これらの学問は有限の資源を最適配分することが主題である。つまり、実現されるべきトレードオフに焦点を当てたもので、たとえば、多くの経済学入門書では、「銃かバターか

「財政支出を軍事と民生のいずれに多く振り向けるべきか」という概念がグラフで紹介されている。一方、芸術、科学、数学、哲学、歴史、文学といったリベラルアーツは、豊かさに基づいている。リベラルアーツの観点は「この世界には、ほぼ無限にアイデアや資源がある」とし、トレードオフという概念を必ずしも必要としていない。これはまた、重要な哲学的な問題を提起する。

マッキンゼーのワールドワイド・マネージング・ディレクターであるラジャト・グプタは、パートナー会議の最後に詩を読む。「最初はみんな驚く。しかし時間とともに、詩によって行動が変わってくる。〈我々のビジネスの目的は何か。我々の価値観は何か〉という重要な問題について考えさせられるのだ」[2]

ヨーロッパのルネッサンス期は、科学や芸術が大きく発展した時期であり、リベラルアーツの観点の重要性を実証している。ルネッサンス運動に火をつけたヒューマニズムの概念は、ある信念に基づいたものだった。それは、人間はより強い力や超自然的な手段に頼らなくても、自己実現を達成する能力があるというものだ。マキアヴェッリからダ・ヴィンチに至るまで、この時代に生き、発明の才をもって最も功績をあげた人々は、実にみごとなリベラルアーツの学者であり、多様な分野に等しく精通していた。

では、プロフェッショナルとして成功し、クライアントと生涯にわたる関係を築くためには、リベラルアーツを学ばねばならないのか。そうだとも言えるし、そうでないとも言える。確かなことは、最高のクライアント・アドバイザーは、大学や大学院で何を学んだかに関係なく、第4章で説明したようなディープ・ジェネラリストであることだ。読書の幅が広く、さまざまなテーマや分野に興味を持ち、仕事上の専門知識と同様に個人的な興味の領域をも育む。ドラッカーは日本の美術に情熱を注いだし、デイヴィッド・オグルヴィはフランスの文化に深い関心を抱いた（晩年はフランスに移住している）。経済学や工学、会計学といった一つの分野を深く探求しすぎると、貧しいメンタリティを身につけてしまうおそれがある。これとは対照的に、知識を広げ、幅広く学習することは、豊かなメンタリティへの道をひらく。

使命を重視する

歴史に大きな足跡を残した人物、たとえばキリスト、ブッダ、ジャンヌダルク、ガンジー、リンカーンなどは、明確な使命を持っていた。それが彼らを類まれな行動へと導いたのである。本書で見てきた優れたアドバイザーもまた、確固たる使命を持っていた。トマス・モアにとっては、命をかけて神の仕事を全うすることだった。マキアヴェッリにとっては、安定した統一イタリア国家を作ることであった。J・P・モルガンにとっては、規制当局が不在のなかで、秩序ある金融システムを確立することだった。ガートルード・ベルの使命は、アラブ世界に対する西欧社会の理解を広め、イラクとイギリスの平和的な共存を確かなものにすることだった。初期のマーシャル将軍は、優秀で効率的、思いやりと勤勉という理念に裏打ちされたプロフェッショナルな、尊敬されるアメリカ軍を築くことに意欲を燃やしていた。その後、民主主義のためにアメリカが世界の平和を守るという使命が加わった。

ほとんどの人にとって、個人的な使命はそれほど遠大なものではないが、それでも、自分にとっては偽りのない、神聖かつ重要なものであろう。その職業に駆り立てたものは何なのかを、優れたプロフェッショナルに聞いてみれば、次のような答えが返ってくるだろう。「クライアントのビジネスを際立ったものにしたい」「自分のアイデアを通して経営実務の質を高めたい」「教師になること。人々に権利の重要性を教えること」「管理者を教育して、もっと成功した、実りの多い人生を送ってもらうこと」「あらゆる場面で自分の実力を発揮したい」

有名なブラウン・ブラザーズ・ハリマン銀行の一族の子孫であるフレッド・ブラウンは、最高のアドバイザーの一人であり、明確な使命に従い、日々、行動している。フィナンシャル・アドバイザーとして大きな成功を収めたブラウンは、資産管理に関する本も何冊か著した。彼は、新聞に「お金と精神」と題するコラムを週に一度書いており、クライアントがひきもきらない。望めばすぐに豪邸や高級車が手に入るのに、質素な家と大衆車で十分満足している。ぜいたくな暮らしで成功を見せびらかすよりも、中庸とバランスを重んじる価値観に従って生きることを好んでいるのだ。ブラウンは、最先端の金融専門知識に加え、クライアント個人や家族、仕事、精神的な生き方までも深く理解し、これらを活かして資産管理を行っている。この効果の高いユニークな手法を用いて、何年にもわたって彼を支持するきわめてロイヤルティの高い個人や家族を獲得している。

ブラウンは一時間当たりの料金を請求する。これはクライアントが得る利益のほんの一部にすぎないが、彼は意識的にこのやり方を選択しており、「人々の資産管理を改善することで、よりよい生活につながる手助けをしたい」という彼の使命と一致する。ブラウンはこう言う。

「働いた分だけ請求することで、数多くのクライアントにサービスを提供できるのです。大富豪もいますが、窮地に陥って、生き延びていくためにどうしても助けを必要とする人もいるのです」

使命を重視する態度と正反対なのが、物質的なものだけを重視する態度だ。お金、肩書き、昇進、評判にしか関心がない人物である。プロフェッショナルに使命感が欠けていると、単なる傭兵になってしまうおそれがある。五〇〇年前にマキアヴェッリが警告したような人間だ。すなわち、「傭兵は、統制に欠け、権力志向で無節操、不誠実である」[3]。マキアヴェッリは、国の軍隊の創設を強く促した。何よりも国を第一とする目的を持ち、国家へのひたむきな忠誠心を持つ市民軍である。これは、いまでこそ当たり前の概念だが、当時としては画期的なものだった。

第二次世界大戦でナチスのアウシュビッツ強制収容所から生き残った精神科医のヴィクトール・フランクルは、「人生に何らかの任務を持っているという意識ほど、困難に耐え、それを克服する力になるものはない」と書いている。[4] 使命を重視することは、七つの特質を実行するための強さを得ることになる。共感力のある聞き手になること、信念を強くすること、誠実さを増すこと、そして、無私と自立の立場を貫くのも、はるかに容易になるだろう。

逆境から智恵と自信を得る

我々が描いてきた並外れたクライアント・アドバイザーは、誰もが困難な状況を経験している。間違いを犯したり、運命の逆転に苦しんだり、屈辱を受けたことさえある。多くの人は挫折を経験すると、苦々しい思いを抱き、ひがんだり不信感を募らせたりするが、真に優れたプロフェッショナルはむしろいっそう強くなる。彼らは、さらに賢くなり、自信を深め、ますます謙虚になる。そして、自分が心地よくいられる範囲を広げ、これまでにないほど広範囲にわたるさまざまな状況やクライアントの仕事に取り組めるようになる。

ローラ・ヘリングの話は、最悪の挫折からどのようにして不屈の意志と決断を導いたかを示している。ヘリングの会社、ＩＭＰＡＣＴグループは、十年もしないうちに一二〇人のプロフェッショナルを抱えるまでに成長した。彼らは、カウンセリングからレジュメの書き方まで、企業の配置転換をサポートするさまざまなサービスを提供するプロフェッショナルである。もっとも、このサービスのスタートは不運だった。このコンセプトは、もともと家族向けのセラピストだったヘリングが、あるフォーチュン５００社の重役に、配置転換は従業員が直面する最も厳しい問題のひとつだと指摘したことがきっかけだった。ヘリングは三十六万ドルを投資し、数カ月かけてモメンタムと呼ばれるプログラムを開発した。ところが、この企業がまさにヘリングに発注した直後、配置転換の責任者がこのアイデアを拒否し、ヘリングの努力はビジネスにつながらなかった。ヘリングは、こう振り返る。

私は自分の家を二重抵当に入れていました。さらに、夫と私が所有していた不動産の一部も売却していたのです。莫大な借金ができてしまいました。しかもキャッシュフローはまったくありません。パニックに陥りました。

夫に、ことの成り行きを話すことができませんでした。そこで私は、プログラムの売り込み先を探すため電話帳を手にしました。ユナイテッド・バン・ラインズ社のマーケティング担当責任者に電話し、我々の最初の顧客になってくれないかと話しました。彼は受け入れてくれました。翌日会ったとき、当社の資料を気に入り、すぐに一万本のテープ、本、関係するサービスを注文してくれました。売上にすれば一〇〇万ドルです。それはもう興奮しました。ところが二日後、彼は電話で、最悪のニュースを伝えてきました。「社内でやることにしたから、注文は予定どおりに進めることはできない」と言うのです。残念ながら、まだ契約書を交わしていませんでした。

このすぐあと、ヘリングは配置転換に関するカンファレンスに出席するためフロリダに飛んだ。それが最後の望みだったが、到着してみると、出席者に積極的な売り込みはできそうもないことがわかった。何の成果も得られないままカンファレンスホールを三日間歩き回り、彼女は最後にジョンソン・アンド・ジョンソンのトップに会った。彼はまさに会場を出ようとしているところだった。ヘリングの新しい（だがまだ実証されていない）サービスに興味をそそられた重役は、オフィスに来てプレゼンテーションをするように要請した。「ゲーリー・ゴランは、我々の最初のクライアントになり、十三年経った今でも最高で最大のクライアントです」とヘリングが結んだ。

ヘリングは、こういった厳しい経験がどのような影響を与えたか尋ねられたとき、こう答えている。

あるとき、私が所属しているクラブに、姪を連れていきました。なかに入ると、たくさんの人々がやって来て、私にあいさつしました。姪は驚いて、こう聞いてきました。

「みんな叔母さんを知っているのね。自分の成功に、ほれぼれすることがあるでしょ」

「そんなふうに思ったら、何も見えなくなるのよ。成功して当たり前なんて、一度も考えたことはないわ。努力しつづけるしかないの」と、私は答えました。

世の中には、自分より優秀で賢い人が必ずいるものです。ひたすら目標に向かって行くしかありません。失敗は、偶然起きるものではないと信じています。

挫折が意志や決断力を弱めるどころか、さらに強固にしたというへリングの話こそ、優れたプロフェッショナルに典型的なものである。コンサルタントのジェームズ・ケリーも、キャリア初期の失敗について次のように語っている。

ビジネス・スクールを修了すると、教授陣がコンサルティングを行うというコンセプトの会社を立ち上げるため、ディック・ヴァンシル教授が私を雇ってくれた（この会社はその後、ケリーがリーダーシップをとり、一億二五〇〇万ドルを稼ぐ戦略コンサルティングのMACグループとなった）。二年目には業績が好調になったので求人を広げ、全米トップクラスのMBA取得者十数名に採用の内定を出した。ところが初夏になって、突然、受注残がすべてなくなってしまった。彼らをこのまま雇えば、経営が破綻してしまう。私は一人ひとりに電話して、ことの次第を伝え、内定を取り消さねばならなかった。それはプロフェッショナル人生で最悪の日々だった。

これほど多くの新人を雇おうとしたのはケリー（当時二十六歳）の判断ミスに見えるかもしれないが、この出来事から彼は学習した。ビジネスに消極的になり、二度と大胆な採用計画を立てなくなってもおかしくなかった。ところが彼は、バランスのとれた、建設的な方法でこの経験を生かした。ＭＡＣグループの売上、受注、配属などを慎重に管理し、その後の二十五年にわたる継続的な成長と利益を上げるに至った。多くのコンサルティング企業よりも、はるかに優れた業績を残したのである。

既存のクライアントに対しても、常に新規のクライアントと同様に接する

結婚には継続的な努力と投資が必要である。めでたく十五年や二十年経った夫婦に聞いたらわかるだろう。一方で、別れた二人は、こう話すだろう。本当のけんかが勃発する前に、長いあいだお互いがおろそかになっていた時間があったと。たとえば、一方がきつい仕事に就いていれば、時間と意識が奪われてしまい、伴侶に割くエネルギーはほとんどなくなる。

長期的なクライアントとの関係も、結婚と同じだ。あるクライアントと長期的に付き合っていると、お互いにその関係を当たり前のものと考えてしまう傾向がある。ほとんどのプロフェッショナルは、マーケティングや宣伝のための人手や資金のほとんどを、既存のクライアントではなく、見込みのある新しいクライアントに使ってしまう。悪意はなくてもおろそかな状態が続けば、長い付き合いのクライアントでも、あなたの競争相手に興味を抱くかもしれない。アイデアが目新しく斬新なものに見えるし、競争相手から積極的な働きかけもあるだろう。結婚と同じで、ゆらぎがちなクライアントとの関係を活性化させるよう、再投資を継続的に行うことが必要である。

クライアントと長期的かつ幅広い関係を結び、クライアントのロイヤルティをかき立てているプロ

フェッショナルを見てみると、彼らはみな同じアプローチをとっている。すなわち、どんな仕事も初めての仕事であるかのように取り組んでいるのだ。新規クライアントに良い印象を与えようとするのと同じエネルギー、同じ創造性を発揮して長期のクライアントに向き合う。頻繁に連絡をとるし、アイデアを注ぎつづける。たとえその時期にそのクライアントの仕事をしていなくても、少なくとも年に何度か連絡をとる。いわば、求愛を続けるようなものだ。

継続的に自己再生を図る

ほとんどのプロフェッショナルの焦点は、自分の損益計算書にある。つまり、年間の経費と収入の記録を見て、その年の全所得がどのくらいになるかを気にしている。大手企業の社員でも、自営でも同じだ。クライアントへの提案に長時間かけ、これが失敗した場合、年末のボーナスは下がるだろう。追加の大型案件をまとめれば、ボーナスはいつもより多くなるかもしれない。焦点になるのは今年の費用と売上である。

しかし、本書で述べてきた特質や精神を熱心に磨いていけば、自然と資産を築くことになる。たとえば、ディープ・ジェネラリストは、学習して知識を蓄えることに投資をする。すぐに見返りが期待できなくても、二、三年後にはその恩恵を受けられるだろう。

才能、スキル、経験、知識といった自分の資本は、いろいろな方法で増やすことができる。長期休暇をとって学習するとか、転職するといった飛躍的な行動でも可能だが、必ずしも必要ではない。プロフェッショナルは日常的に、読書したり、独学したり、少しずつ新たな興味の対象を育て、自己啓発に努めている。

ハーバード・ロースクールのアラン・ダーショウィッツ教授は、ヒットした一連のノンフィクションの本を書いたあと、小説を出版した。著名な経営コンサルタントであるラム・チャランは、「取締役会がいかに会社の価値を高められるか」についての数年にわたる研究成果を、成長戦略に関する書籍にまとめた。フィナンシャル・コンサルタントのフレッド・ブラウンは、インターネット以前の世代にもかかわらず、インターネットについてマスターし、双方向のウェブサイトを作成した。このサイトは、一、二年はさしたる成果をあげないかもしれないが、ブラウンの画期的なフィナンシャル・コンサルティング業務を拡大するだろう。

新しい分野に攻め込むべき時をどう判断すればいいだろうか。ドラッカーは、変化すべき時について、こうアドバイスしている。

「懸命に働いても、ほぼ何も達成してないように思えるとき。あるいは、自分がすべての答えを知っていると過信し、〈正しい質問は何だろう〉と問うことをやめているとき」[5]

成功したプロフェッショナルは、クライアントとの関係について長期的な視点を持つが、同様に自己啓発や専門能力の開発についても、長期的な視点で見ている。トマス・モアにならって、「明日死ぬかのように生き、永遠に生きるかのように学問する」のである。自分の貸借対照表を見直すこと、つまり自己再生《セルフ・リニューアル》を図ることに集中しているあいだは、損益計算書が多少の打撃をこうむることを頭に入れておこう。自立や信念などの特質を高めることが非常に重要なのは、そのためである。自立や信念がなければ、資産形成していく過程で避けられない嵐のなかを進むのは難しいだろう。

図1を見てほしい。優れたプロフェッショナルは七つの核となる特質を身につけ、これらを統合して強力な全体と成し、そのうえで、自分たちの行動すべてに、豊かさ、使命、自己再生の精神を吹き込むのである。これによってプロフェッショナルは、クライアントとの幅広い持続的な関係を生み出せるようになり、協力関係や洞察もそこから生じるのである。

図1　選ばれるプロフェッショナルの構成要素

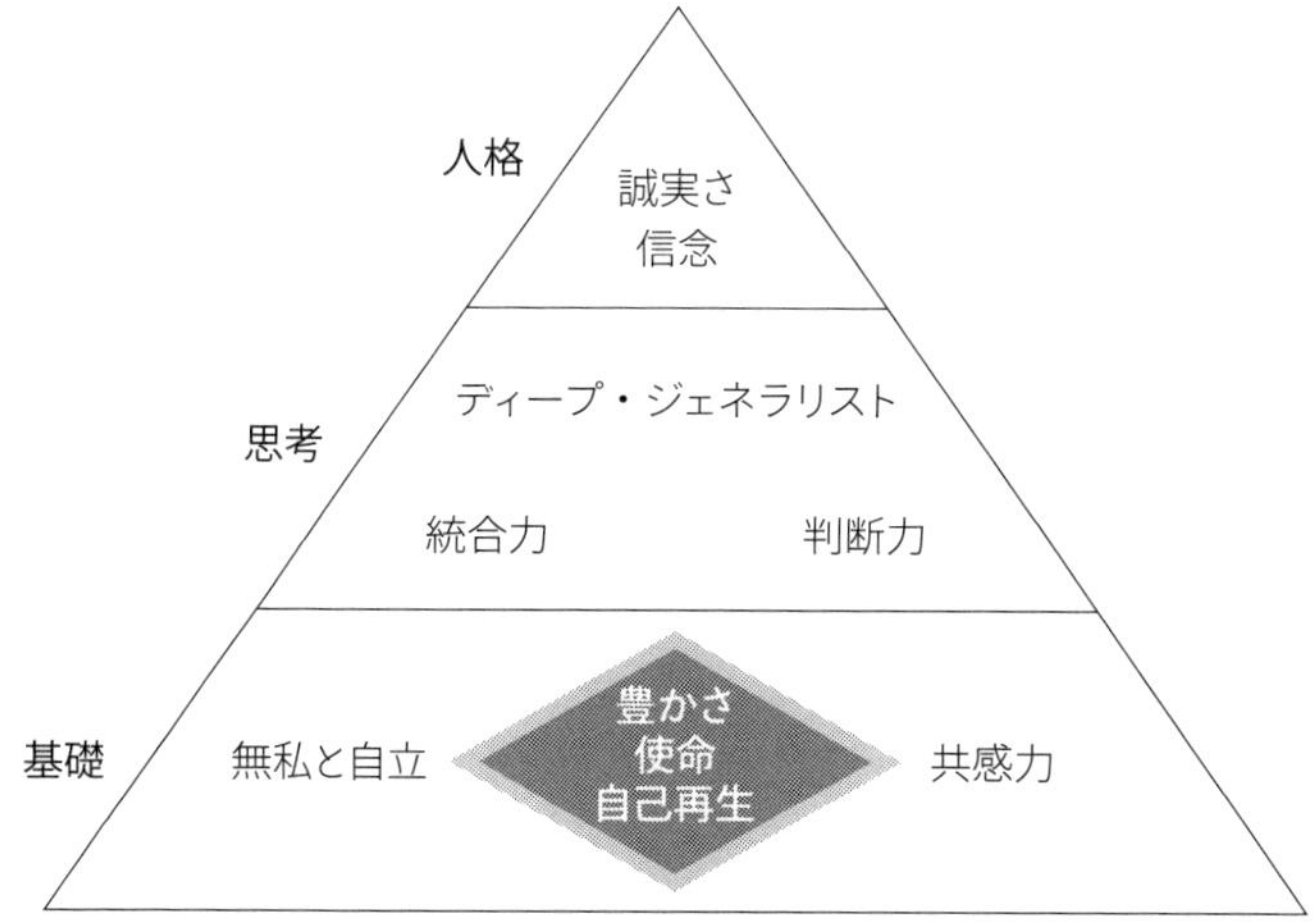

ブレークスルーの機会をつかむ

どこから始めるか。クライアントと深く、持続する関係を築くために、すぐにでもとるべき方法は何だろうか。まずは、本書で述べた七つの特質というレンズを通して、自分の仕事ぶりを厳しく評価することが役に立つ。すると、クライアントとの関係を深め、自分の洞察能力を高めるための行動がいくらでもあることに気づくだろう。それぞれの仕事について、自分に厳しい質問をしてみることだ。分析に偏りすぎて、統合に遅れがなかったか。最近、クライアントに会って、彼らの懸念、希望および目標についてじっくり耳を傾け、共感して聞くことができたか。ある問題について大いなる信念を持って、自分の立場を明確にし、確固とした見解を述べたか。無私の立場で、あなたの課題ではなく、クライアントの課題に集中しているか。あなたの仕事がプロフェッショナルとしての強い独立性を反映しているか。

それぞれのクライアントに対する現時点の自分の役割をはっきり認識することも重要である。雇われエキスパートなのか、安定したサプライヤーなのか、信頼されるアドバイザーなのか。それぞれのステージで、クライアントとの関係を進展させるのに役立つ具体的な戦略がある。たとえば、雇われエキスパートから脱却するには、他のエキスパートとの差別化を図ることだ。最初の仕事で著しく高い品質の仕事をすることによって、自分を際立たせるプロフェッショナルもいる。そうかと思えば、クライアントの意表をついて、単なる専門知識ではなく、すぐさま深い洞察力を示すプロフェッショナルもいる。

安定したサプライヤーという関係なら、個人間で高いレベルの信頼と信用を築き、クライアントについてすべての面で深い知識を持つようになって、次の段階に移行しよう。

信頼されるアドバイザーとしての挑戦は、クライアントとのあいだに真の知的パートナーシップを築き、それを維持することである。このレベルで成功したプロフェッショナルは、クライアントと協働してソリューションを開発し、ビジネスに関して目標と志を共有する。クライアントはあなたを、外部の人間にもかかわらず、チームの一員と考えてくれる。

どのステージにいるかに関係なく、クライアントとの関係において、いわゆる、ブ、レ、ー、ク、ス、ル、ー、の機会を探してそれをつかむ必要がある。優れたプロフェッショナルのキャリアを検証すると、彼らが優れた業績を残したときには、必ずそこに着目すべき瞬間がある。その結果、名声は大きく高まり、クライアントからの尊敬と信頼も高まる。この際立った瞬間がきわめて重要なのだ。それは、他の人たちと自分とを大きく引き離し、クライアントとの関係にブレークスルーをもたらすのである。

我々が紹介した歴史上の優れたアドバイザーにもそのような瞬間があった。彼らは、偉大なる信念、優れた大局的なものの見方、そして主体性といった特質を力強く示したり、クライアントに代わって決断力を持って迅速に行動したのである。このような実例は、優れたプロフェッショナルが自分をいかに差別化したかを表している。

ジョージ・マーシャル——伝説のパーシング将軍に反抗した下級将校

一九一七年十月、ジョージ・マーシャルは、フランスの最前線で、シルバート少将の下で大佐として従軍していた。ヨーロッパにおける米軍司令官であるパーシング将軍が、現地視察の際に、人々の前でシルバートを機動演習がなっていないと叱責した。若きマーシャルは迷うことなくシルバートをかばい、パーシング将軍に、その批判は不当であり、シルバートは何が行われていたか知らなかったのだ、と率直に伝えた。パーシングが、「本部組織が機能していなかった」などと弁解しようとすると、マーシャルは反論した。「そうではありますが将軍、問題なら我々も毎日ありますし、その日のうちに解決しなければなりません」。パーシングは怒るどころか、マーシャルの忠誠心、信念、そして権威ある人間を前にしての率直さに感心し、戦争が終わったら、自分の副官になるよう求めた。パーシング自身も戦争のヒーローであり、マーシャルの良き指導者として、軍におけるマーシャルのその後のキャリアを大いに助けた。

ハリー・ホプキンス——ソーシャルワーカーからのブレークスルー

ルーズベルトは、ソーシャルワーカーの教育を受けたハリー・ホプキンスに、連邦緊急救済局を監督するよう要請した。それは、大統領に就任後、間もなくのことだった。連邦緊急救済局は、大恐慌によって著しく貧困に陥った地域を、経済的に支援するために創設された。大統領の指示は「必要とする人々に支援を」というものだった。ホプキンスは、まだ机さえないオフィスからアメリカ中に電報を送り、仕事に就いた最初の数時間で、数百万ドルの援助を分配した。さまざまな政治家の反発を招くことがわかっていたので、ホプキンスは仲間に「ぼくはここで六カ月は続かないだろう。だから自分の思いどおりにやるよ」と言った。翌日の新聞記事の出だしはこうだ。

「新しい救済局長のハリー・L・ホプキンスは昨日、最初の二時間で五〇〇万ドル以上の公的資金を投入した。このペースで行けば、アメリカを直接救済する五億ドルはひと月ともたないだろう」[6]

このとき、ルーズベルトはホプキンスがホワイトハウスの普通のアドバイザーとは違うことに気づいた。ホプキンスは、大統領の目標を認識し、できるだけ早急に達成することが自分の使命だと考えていたのだ。この日を境に、ルーズベルトはホプキンスを自らの最も重要な取り組みにいっそう巻き込むようになった。

ヘンリー・キッシンジャー――学問の世界から大統領顧問へ

ケネディのヘリコプターがホワイトハウスの庭で待機しているとき、補佐官が小さな書類の束を持って駆け寄ってきた。書類の束には、キッシンジャーが書いたメモが入っていた。このときのキッシンジャーは、外交政策の非公式なアドバイザーでしかなかった。ケネディがキッシンジャーのメモに目を通すうちに、ソ連の侵略への対処法をどう考えるか、その枠組みが明確になった。それが、その翌晩のベルリンでの外交政策に関するスピーチの最重要項目になった。ベルリンでは壁が築かれようとしていたのだ。

アメリカはベルリンや世界の他の地域におけるソ連の脅威にどう対処するかについて、答えが出ていなかった。ケネディの手にあったのは、アチソン国務長官が準備していた、何もしないか、全面核戦争に突入するか、二者択一の視点だけだった。しかしケネディはもっと現実的な答えが欲しかった。キッシンジャーはスピーチの前日に無我夢中で取り組み、五ページのメモを作成した。メモでは、ソ連の動きに対して、戦略的に核兵器を限定使用するといった「柔軟な対応」が推奨されていた。「我々は、屈服や全面的な核戦争ではなく、より広い選択肢を持たねばなりません」大統領はスピーチのなかでこう語った。キッシンジャーが正式にホワイトハウス入りするのはそれから七年後ではあったが、この件は、ワシントンにおける彼の個人的な価値を上げ、柔軟で、大局的な考え方の持ち主という評判を高めた。

その後、もう一つのブレークスルーがある。キッシンジャーはネルソン・ロックフェラーから大統領選期間中のアドバイスを依頼された。その都度ロックフェラーの補佐官を通じて伝達するように言われたので、キッシンジャーは断った。「直接ネルソンに話すことが絶対条件だ」と彼がにべもなく答えると、ロックフェラーは同意した。それはリスクを伴う行動だったが、結果、ロックフェラーの大統領選出馬を取り巻く、他のすべてのアドバイザーからキッシンジャーを際立たせるものとなった。キッシンジャーは直接リーダーに影響を及ぼすことを望んだのであり、自分の条件が受け入れられなければ、その仕事を蹴ることなど何とも思っていなかった。

* * *

トム・ピーターズはこう記している。

「まったく新しいものを感じさせない〈無難なプロの仕事〉に、私は最悪の軽蔑をおぼえた」[7]

クライアントのためにいい仕事をするだけでは不十分。クライアントに代わって、大胆かつ断固として行動しなければならない。優れたプロフェッショナルの例で見てきたように、異彩を放つには、強い目的意識と使命感を示す必要がある。さらには、これまで述べてきた特質を言葉と行動に浸透させることだ。

クライアントとの関係をじっくり見直し、自問してみよう。いかなる点において、どうすれば、あなたを真に差別化できるのか。そして、ブレークスルーの機会を見極め、活かすことだ。重大な局面で七つの特質を発揮し、クライアントの目的達成に資する卓越した能力があることを印象づけよう。そうすれば、クライアントはあなたのことを心に留め、繰り返しアドバイスを求めてくるだろう。健全で、思慮深いアドバイスを。

本書に登場する〈歴史上のアドバイザー〉一覧

名前のあとの数字は、主な登場ページ数を示している。
なお、次ページ以降で、〈歴史上のアドバイザー〉のプロフィールを紹介している。

デルファイの神託（紀元前約六〇〇～紀元三六二年）

ほぼ一〇〇〇年にわたり、古代世界のリーダーたちは、アポロン神殿にある神託所に助言を求めて、ギリシャのデルファイを訪れた。伝説によると、神アポロンが、ピューティアーを通してアドバイスを求める者に答える。ピューティアーとは、「清廉潔白な人生」を送る五十歳を超える地元の巫女である。ギリシャには他にも神託があるが、デルファイが最も有名である。

アリストテレス（紀元前三八四～三二二年）

アリストテレスは偉大な学者、哲学者であるだけでなく、ギリシャやマケドニアのアドバイザーでもあった。彼の専門領域はとても広く、魂、快楽、科学、磁力、格言など、五十冊を超える書を著した。彼の最も有名な弟子で、アドバイスを受けた者はアレキサンダー大王である。アリストテレスは、若い頃に三年間、大王の家庭教師を務めた。ある逸話によれば、アリストテレスは大王の大遠征に加わってエジプトまで同行したが、大王が話を聞かなくなってきたため、ギリシャに戻ったという。

マーリン（四五〇～五三六年）

歴史学者のなかにはマーリンが実在の人物だと信じる者もいるが、アーサー王伝説は、まぎれもなく実在と空想が混ざり合っている。ウェールズの信心深い人物であるマーリンは、アーサー王だけでなく、彼の父ウーゼルや、その他数人の支配者にも助言した。通説では、円卓の騎士を定めるようにウーゼルに助言したのはマーリンだと言われている。また、「ウーゼルの真の後継者は、石に刺さった剣を抜き取ることができた者である」と予言した。伝説によれば、アーサー王は幼児のとき、マーリンによって森に連れて行かれ、そこで王になるための英才教育を受けたという。

ニッコロ・マキアヴェッリ（一四六九～一五二七年）

マキアヴェッリは、当時の指導者たちへの直接のアドバイスよりも、著作を通じて絶大な影響力を後世に残した。彼は、外交官・理論家・著述家としてかなり優れた人物であった。だが、著書『君主論』において不道徳で非倫理的な指導者の実践を説いたとして、数世紀にわたり、かなり不当に扱われてきた。この見方はあまりにも狭量であろう。現に最近では、彼の哲学への関心が再燃し、今日の時代背景でその思想を再評価する研究書が多数生まれている。

トマス・モア（一四七八～一五三五年）

ヘンリー八世の主席補佐官であったトマス・モアは、二度も永遠の命を与えられている。最初は、カトリック教会によって聖人として認定されたこと、二度目は、モアの盛衰を描いたロバート・ボルトの戯曲『わが命つきるとも』である。のちに、これは映画にもなった。歴史上、最も優秀な法律家であることを考えれば、モアは、ソロモン王のような判断力を持ち、その時代における最も博識な人物だった。一九九九年のピーター・アクロイドによる『トマス・モアの生涯（*The Life of Thomas More*）』（Anchor）は、みごとな評伝である。

アルマン・ジャン・デュ・プレシ・リシュリュー（枢機卿）（一五八五年～一六四二年）

リシュリュー枢機卿は、本書ではそれほど詳しく紹介していないが、多くの観点から、彼もまた歴史上の偉大なるアドバイザーに属する人物である。説得力、鋭敏で揺らぐことのない判断力、全体像を把握する絶大な力によって、混乱した十七世紀における一国家としてのフランスの戦略を明確に打ち立てた。下流階級の生まれであるリシュリューは、枢機卿に任ぜられ、ルイ十三世の「最初の宰相」に出世した。彼は枢機卿の赤い帽子から「エミナンス・ルージュ（赤の猊下）」として知られていたが、彼の右腕だったジョセフ神父は「エミナンス・グリーズ（灰色の猊下）」と呼ばれ、「黒幕」という意味を持つ。ルイ十三世の母マリー・ド・メディシスは、リシュリューが彼女の影響力を奪うのではと恐れていた。そして、その母親と対立関係にあった王は、自分のアドバイザーであるリシュリューを支持し、マリーは亡命を余儀なくされることになった。

バルタザール・グラシアン（一六〇一年～一六五八年）

スペインのアラゴンに生まれたグラシアンは、イエズス会の修道士となり、教会を管理し、多くの著名なスペイン人の聴罪司祭となった。グラシアンの優れた格言はつとに有名で、理想的な指導者に関する『英雄（*The Hero*）』をはじめとする多くの著作を残した。また、さまざまな問題に関する格言を綴った『託宣（*The Oracle*）』も著している。後者は、のちに*The Art of Worldly Wisdom – A Pocket Oracle*として出版されている［日本では、『賢く生きる智恵』（野田恭子訳、イーストプレス、二〇〇七年）が出版されている］。イエズス会士は歴史上、どの国においても、ビジネスや政治のリーダーたちへのアドバイザーとして、絶大な勢力をふるってきた。

J・P・モルガン（一八三七～一九一三年）

モルガンは用心深い性格で、秩序と安定を渇望していた。この思いは、権力やお金、あるいは大銀行を経営したいという欲望よりも強いものだった。アメリカ中のビジネスや政治の指導者たちが彼のアドバイスを求め、彼はその役割を喜んで引き受けた。命令する立場にあったにもかかわらず、彼は何時間も人の話に熱心に耳を傾けてから、意見を言ったり、助言をしたりした。ロン・チャーナウの『モルガン家　金融帝国の盛衰』（青木栄一訳、日本経済新聞社、一九九三年）やジャン・ストラウスの『モルガン　アメリカの金融業者（*Morgan: American Financier*）』（Perennial, 2000）は、どちらもJ・P・モルガンや彼の銀行に関する実に興味深い著作である。

ガートルード・ベル（一八六八～一九二六年）

その時代のはるか先を行っていたため、別の時代に属すべき人がいる。ベルもそうした人物の一人である。彼女は超人的な才覚によって、その時代のさまざまな中東諸国の文化にすぐに受け入れられた。その鋭敏な知性と客観性、そして人の話に耳を傾ける手腕によって、西欧社会とアラブ社会のどちらからも引く手あまたのアドバイザーとなった。発掘された古代の遺物はそれが由来する国に留まるべきだと主張して、その生涯の最後の三年間は、バグダッドに考古学の美術館を創設することに心血を注いだ。ジャネット・ウォラックの『砂漠の女王　イラク建国の母ガートルード・ベルの生涯』（内田優香訳、ソニーマガジンズ、二〇〇六年）は、ベルの多彩な生涯に関する珠玉の評伝である。

ジョージ・マーシャル（一八八〇～一九五九年）

我々が紹介した最高のアドバイザーといえども完璧ではない。偉大なるトマス・モアも、その最盛期には異端者を追跡して火あぶりの刑に処したし、頭のいいキッシンジャーも、その自我が何度か大統領へのアドバイスの邪魔になった。だが、マーシャルは悪徳や利己心とは一切関係がなかった。第二次世界大戦で連合軍を勝利に導いたあと、ヨーロッパを再建するためにマーシャル・プランを作成し、実行した。ルーズベルトとトルーマン両大統領の主要なアドバイザーだったマーシャルは、一九四七年にトルーマン大統領の国務長官となり、五〇年には国防長官となった。また、五三年にノーベル平和賞を受賞している。

ハリー・ホプキンス（一八九〇～一九四六年）

ソーシャルワーカーとしての教育を受けたホプキンスは、ルーズベルト大統領に最も信頼されるアドバイザーであった。その他の世界の指導者も、ホプキンスには大いなる信頼を寄せており、ルーズベルトの意図を汲み、実現可能な計画や具体的な行動につなげる能力に一目おいていた。ロンドン大空襲のさなか、チャーチルを訪問したことが、ルーズベルトを、ひいてはアメリカを、イギリスがヒトラーとの戦いにおいてどれほどアメリカの支援を必要としているかを説得するのに役立った。ホプキンスは、致命的な消耗性の腸の病気を患っていたため、政治的な野心をあきらめたが、皮肉なことにアドバイザーとしての影響力は高まった。

ピーター・ドラッカー（一九〇九～二〇〇五年）

ドラッカーは、晩年まで精力的に執筆し、リーダーたちにアドバイスしていた。彼もまた「歴史的」なアドバイザーに分類されるのは確かだ。現代のマネジメント思想やその実践の歴史において重要な人物である。彼はしばしば自らを「コンサルタント」ではなく、「インサルタント［率直にものを言うことが相手を侮辱（インサルト）することになりかねないことから作られた造語］」と評した。晩年は、非営利組織のリーダーにアドバイスする役割も担った。

デイヴィッド・オグルヴィ（一九一一～一九九九年）

ドラッカーなどの優れたクライアント・アドバイザーと同じように、オグルヴィもさまざまな仕事を経験してきた。見習いシェフ、コンロのセールスマン、農夫、それにイギリスの諜報員などである。その後、まれにみる広告業界最高の天才となった。一時、アメリカで著名な世論調査会社のジョージ・ギャラップで働いた経験が広告業界での成功を支えたと、のちに語っている。『「売る」広告』（松岡茂雄訳、誠文堂新光社、一九八五年）など、何冊かの機知に富んだ著作のなかで最も印象深いのは、ブランディングの重要さを唱えたことだ。

ヘンリー・キッシンジャー（一九二三年～）

キッシンジャーは、いまでもビジネスや政治のリーダーたちにアドバイスしている。歴史における彼の立場は、二人のアメリカ大統領のアドバイザーを演じたその役割によって評価されている。すなわち、ベトナム戦争と冷戦時代の二人の大統領、ニクソンとフォードである。キッシンジャーの、明確で、率直で、大きな効果をもたらすアドバイスは、常に引く手あまたである。しかし、ホワイトハウス入りしていたころは、クライアントである大統領の権力を高めることと、自分の威信を高めることのあいだに葛藤があるのが常だった。ウォルター・アイザックソンの評伝『キッシンジャー　世界をデザインした男』（別宮貞徳訳、日本放送出版協会、一九九四年）は、キッシンジャーとニクソンとの奇妙な関係を記録した最高の書物である。

謝辞

本書は、我々著者の熱意によって火のついた、まだほんのつぼみのアイデアに端を発する。五年前のことだ。基本的なコンセプトは持っていたが、詳細な所見は数年間の労苦を経て得たものだ。

第1章で登場したジェームズ・ケリーを覚えているだろうか。キャリアにおいてプロフェッショナル・アドバイザーへとステージを上げていったなかでも注目に値する人物だ。彼は著名なコンサルタントであり、ベストセラーの著者でもある。ジェームズは本書のプロジェクトをまさに最初から奨励してくれただけでなく、我々のアイデアに刺激を与え、折りに触れてアドバイスをくれた。

我々のエージェントであるヘレン・リーズもまた、本書のアイデアを当初から信頼してくれた。さらに、継続的に我々を励ましてこのアイデアに磨きをかけ、発展するように手を貸してくれた。無私、自立の典型のような人であり、その姿勢を貫いていたが、常に彼女の考えを話してくれたし、それはいつも正しかった。パット・ライトは企画の段階から我々を助けてくれ、アイデアを本という形にして世に送り出してくれた。編集上の専門知識のみならず、手ごたえのあるアイデアや、大局的な視点を提供してくれ、優れたアドバイザーだった。友人で作家でもあるマイケル・シュナイアソンも、いろいろ指導し、励ましてくれた。

　サイモン・アンド・シュスター社の聡明な編集長であるフレッド・ヒルズは、我々が原稿をまとめるにつれて、洞察や励ましと、愛のむちを与えてくれた。ダートマス・メディカル・スクールの精神科の名誉教授であり、共著者のアンドリュー・ソーベルの父上であるレイモンド・ソーベル博士は、このプロジェクトのあいだ、常に相談役になり、考えを磨くのを助けてくれたが、あまり多くのアドバイスを与えずに耳を傾けることに徹し、年齢を重ねるにつれて知恵が増していくことを実証してくれた。

　我々は、多くのクライアント企業の重役、プロフェッショナルなアドバイザー、そして、貴重な時間を割き、その洞察と観点を共有してくれたその他の人々に感謝する。そのなかの一人だけを選ぶことなど不可能だ。そこで、次頁にまとめて紹介させていただいた。彼らは、いずれも重要な貢献をしてくれ、その多くは本書のなかに引用されている。

　どの要求もあいまいなことが多かったのに、調査面で最高のサポートをしてくれたのはヒュー・エリオットである。エリザベス・イートンは我々の図表を巧みに編集して最高のものに変えてくれた。最後に、本書の原稿をさまざまな段階で読みなおし、実質的な修正のために有益な忠告をしてくれた人々に感謝したい。サルバトーレ・アマート、ウォレン・ベニス、フレッド・ブラウン、バーバラ・ヘンドラ、アン・ジョンソン、ジェームズ・ケリー、ポール・ナウマン、アンドリュー・シナウアー、メアリー・ジェーン・ソーベル、ベン・ストリックランド、そしてシヴァ・ウィルドに感謝を表す。

特別謝辞

以下の方々に特別な謝辞を捧げる。

［肩書きなどは、原著者によるインタビュー当時のものである］

デュアン・アッカーマン（ベルサウス、チーフエグゼクティブ）
サルバトーレ・アマート（A・T・カーニー、バイス・プレジデント）
ポール・バズッキー（ノースタン、チーフエグゼクティブ）
ウォレン・ベニス（南カリフォルニア大学、経営管理学教授）
ウィン・ビショフ（シュローダー会長）
メル・ブレイク（フリートボストン・フィナンシャル、チーフ・オブ・スタッフ）
ケネス・ブランチャード（『1分間マネジャー』の共著者、小林薫訳、ダイヤモンド社、一九八三年）
デイヴィッド・ブルメンタル（エモリー大学、ジェイ・アンド・レスリー・コーエン ユダヤ研究教授）
ジョセフ・バウワー（ハーバード・ビジネス・スクール、ドナルド・K・デイヴィッド 経営学教授）
ウェイン・G・ブロエル・ジュニア（エーモス・タック・スクール・オブ・ビジネス、ベンジャミン・エイムス・キンボール経営科学名誉教授）
フレッド・ブラウン（フィナンシャル・コンサルタント）
ウェス・カントレル（ラニア・ワールドワイド、チーフエグゼクティブ）
スコット・カニンガム（コス・コブ・アソシエーツ、チーフエグゼクティブ）
A・W・ビル・ダールバーグ（サザン・カンパニー、チーフエグゼクティブ）
アンドレア・デ・コルノキー（スペンサー・スチュアート、シニア・ディレクター）
ステファノ・デラ・ピエトラ（C-Tグループ、チーフエグゼクティブ）
アラン・ダーショウィッツ（ハーバード・ロースクール、フェリックス・フランクフルター法学教授）
ベンジャミン・エドワーズⅢ（A・G・エドワーズ、チーフエグゼクティブ）
ジョージ・フィッシャー（コダック、チーフエグゼクティブ）
アイリーン・フライアーズ（バンク・オブ・アメリカ・カード・サービス社長）
オリット・ガディッシュ（ベイン・アンド・カンパニー、チーフエグゼクティブ）
トム・ゲージ（マルコニ・パシフィック社長）
ボブ・ガルビン（モトローラ、チェアマン・オブ・エグゼクティブ・コミッティ）
ヴィト・ガンベラーレ（テレコム・イタリア・モバイル会長）

マイケル・ゴームレイ（医師）
ジェームズ・ヘファーナン（ダートマス・カレッジ、フレデリック・セッション・ビービ35アート・オブ・ライティング教授）
ローラ・ヘリング（IMPACTグループ社長）
アン・ジョンソン（IBMグローバル・サービス、プリンシパル）
レジナルド・ジョーンズ（ゼネラル・エレクトリック、チーフエグゼクティブ／引退）
ジョージ・ジョルワン陸軍大将（ヨーロッパにおけるアメリカ軍最高司令官／退役）
ジェームズ・ケリー（MACグループ共同創設者およびジェミニ・コンサルティング前会長）
スティーブ・カー（ゼネラル・エレクトリック、コーポレート・リーダーシップ・アンド・ディベロップメント・バイス・プレジデント兼チーフ・ラーニング・オフィサー）
エドワード・クナップ（アメリカ国立科学財団理事長／引退）
デイヴィッド・ラゴマーシノ（ダートマス・カレッジ歴史学准教授）
フレッド・ローレンス（アダプティブ・ブロードバンド、チーフエグゼクティブ）
ビル・レイ（レイ・ビューロー社長）
チャールズ・M・リリス（メディアワン、チーフエグゼクティブ）
ジャンニ・ロレンツォーニ（ボローニャ大学経営学教授）
ポール・マノ（ミドルバリー・カレッジ歴史学教授）
アン・メドロック（ジラフ・プロジェクト創設者およびディレクター）
ロン・メラー（A・G・エドワーズ、投資部門シニア・バイス・プレジデント）
ポール・ナウマン（ドイチェ・バンク・アレックス・ブラウン、マネージング・ディレクター）
カルロス・パロマレス（シティバンク・インターナショナル会長）
ナンシー・ペレッツマン（アレン・アンド・カンパニー、エグゼクティブ・バイス・プレジデント兼マネージング・ディレクター）
ブライアン・ピットマン（ロイズ・TSBグループ会長）
C・K・プラハラード（ミシガン大学ビジネス・スクール、ハーベイ・C・フルハーフ記念講座教授）
J・ブライアン・クィン（エーモス・タック・スクール・オブ・ビジネス、ウィリアム・アンド・ジョセフィン・ブキャナン名誉教授）
ジム・ロビンズ（コックス・コミュニケーションズ、チーフエグゼクティブ）
ジェームズ・ロビンソン（アメリカン・エキスプレス、チーフエグゼクティブ／引退）
エリック・シルバーマン（ミルバンク・ツイード、マネージング・パートナー）
アンドリュー・シナウアー（シナウアー・アソシエーツ社長）
レイ・スミス（ベル・アトランティック会長）
レイモンド・ソーベル（ダートマス・メディカル・スクール、精神医学名誉教授）
リンダ・スレレ（ヤング・アンド・ルビカム・ニューヨーク、チーフ・クライアント・オフィサー兼チーフエグゼクティブ）
ベン・ストリックランド（アイアン・クロス・インシュアランス会長）
ランドール・トバイアス（イーライ・リリー、チーフエグゼクティブ）
シバ・ワイルド（サイコセラピスト）
ウォルター・リストン（シティバンク、チーフエグゼクティブ／引退）

12 Stephen L. Carter, p.33
13 スティーブン・R・コヴィー／前掲書『7つの習慣　成功には原則があった!』
14『午後の死』（アーネスト・ヘミングウェイ著、佐伯彰一、宮本陽吉訳、三笠書房、1966年）
15 Leslie Kaufman, "Failed at Your Last Job? Wonderful! You're Hired," *The New York Times*, Oct. 6, 1999, p.C12

第9章　落とし穴を避ける

1 James Harpur, *The Atlas of Sacred Places: Meeting Points of Heaven and Earth* (New York: Henry Holt, 1994), p.194
2 『GMとともに（新訳）』（アルフレッド・P・スローンJr.著、有賀裕子訳、ダイヤモンド社、2003年）

第10章　選ばれるプロフェッショナルの精神

1 スティーブン・R・コヴィー（たとえば、*The 7 Habits of Highly Effective People*, p.219を参照。訳書として『7つの習慣』（川西茂訳、キングベアー出版、1996年）やウエイン・ダイアーをはじめ何人かの作家が、この件について詳細に扱っている。
2 Lucy McCauley, "The State of the New Economy," *Fast Company*, Sept. 19, 1999, p.120
3 『君主論』（ニッコロ・マキアヴェッリ著、佐々木毅訳、講談社学術文庫、2004年）
4 『自分の中に奇跡を起こす!』（ウエイン・W・ダイアー著、渡部昇一訳、三笠書房、1993年）
5 Lucy McCauley, p.111
6 ロバート・シャーウッド／前掲書『ルーズヴェルトとホプキンズ』
7 トム・ピーターズ／前掲書『知能販のプロになれ!』

9 J. Edward Russo and Paul J. H. Schoemaker, *Decision Traps* (New York: Simon & Schuster, 1989), p.115
10『決断の法則　人はどのようにして意思決定するのか?』(ゲーリー・クライン著、佐藤洋一訳、トッパン、1998年)
11 直観を理解するこの特別なフレームワークは、前掲書『決断の法則』から編集。
12 Scott Plous, *The Psychology of Judgment and Decision-making* (New York: McGraw-Hill, 1993), p.20
13 Scott Plous／前掲書 p.103。この「反証的な質問」というコンセプトは、Russo and Schoemaker をはじめ何人かの研究者も示唆している。
14 Vincent Ryan Ruggiero, *The Art of Thinking* (London: Longman, 1998), p.5

第7章　信念

1 Mark A. Stoler, *George C. Marshall* (Boston: Twayne Publishers, 1989), p.65
2 James Grant, "A Real Constitutional Expert," *The Wall Street Journal*, Dec. 22, 1998, p.A16
3 『美徳なき時代』(アラスデア・マッキンタイア著、篠崎栄訳、みすず書房、1993年)
4 『「決定的瞬間」の思考法　キャリアとリーダーシップを磨くために』(ジョセフ・L・バダラッコ著、福嶋俊造訳、東洋経済新報社、2004年)
5 Phillip L. Berman, ed., *The Courage of Conviction* (New York: Ballantine Books, 1985), p.204
6 『勝ち組になるためのセルフ・コーチング入門』(デブラ・A・ベントン著、大森新一訳、ビジネス社、1999年)

第8章　誠実さ

1 ロン・チャーナウ／前掲書『モルガン家　金融帝国の盛衰(上・下)』
2～3 『「信」無くば立たず』(フランシス・フクヤマ著、加藤寛訳、三笠書房、1996年)
4 『信頼の経営』(ロバート・ブルース・ショー著、上田惇生訳、ダイヤモンド社、1998年)
5～6 ロバート・シャーウッド／前掲書『ルーズヴェルトとホプキンズ』
7～8 Stephen L. Carter, *Integrity* (New York: Harper Perennial, 1997), p.7
9 信頼を築くのに何の「トリック」もないという考えについては複数の書籍で論じられている。たとえば、『コンサルタントの秘密　技術アドバイスの人間学』(ジェラルド・M・ワインバーグ著、木村泉訳、共立出版、1990年)を参照のこと。
10 ジョセフ・L・バダラッコは、この点について『決定的瞬間』のなかで、アリストテレスの言葉から要約している。
11 ジョセフ・L・バダラッコ／前掲書

4 Carl Shapiro and Hal R. Varian, "Versioning: The Smart Way to Sell Information," *Harvard Business Review*, Nov./Dec. 1998, p.106 を参照のこと。
5 ジャック・ビーティ／前掲書『マネジメントを発明した男 ドラッカー』
6 『キッシンジャー 世界をデザインした男』（ウォルター・アイザックソン著、別宮貞徳監訳、日本放送出版協会、1994 年）
7 『神のごとく創造し、奴隷のごとく働け!』（ガイ・カワサキ著、小田嶋隆訳、ダイヤモンド社、1999 年）より引用。
8 Howard Gardner, *Creating Minds* (New York: Basic Books, 1993), p.103 より引用。
9 Tony Schwartz, "Going Postal," *New York Times Magazine*, Jul. 19, 1999, p.35
10 Peter Ackroyd, *The Life of Thomas More* (New York: Doubleday, 1999), p.254
11 『ニュートン復活』（ジョン・フォーベル著、平野葉一、川尻信夫、鈴木孝典訳、現代数学社、1996 年）
12 Hara Estroff Marano, "The Power of Play," *Psychology Today*, Jul./Aug. 1999, p.60
13 『ダ・ヴィンチ7つの法則』（マイケル・J・ゲルブ著、ウィリアム・リード、リード・くみ子訳、中経出版、2007 年）
14 印刷機はルネッサンス以前にも使用されていたが、グーテンベルクの発明前の粗悪品だった。グーテンベルクは 4 つの画期的な技術を開発し、それが書籍印刷に革命をもたらした。文字の高さの揃った金属活字を生み出す印字の鋳型、銅・スズ・アンチモンの特殊合金から作った金属活字、従来のものよりも圧力が高く、明瞭に印刷できる新しいタイプの印刷機、そして印刷用の特殊な油性インクの 4 つである。
15 Jonathon Fenby による *France on the Brink* に対する Alan Riding の書評、"Where Are the Beret Factories of Yesteryear?" *The New York Times Book Review*, Aug. 1, 1999 より引用。

第 6 章　判断力

1 Kara Swisher, "When Bill Met Steve," *The Wall Street Journal*, Jun. 22, 1998, p.B7
2 ～ 3　ロン・チャーナウ／前掲書『モルガン家 金融帝国の盛衰（上・下）』
4 『大企業の絶滅 経営責任者（エグゼクティブ）たちの敗北の歴史』（ロバート・ソーベル著、鈴木主税訳、ピアソン・エデュケーション、2001年）
5 Robert B. Cialdini, *Influence: The Psychology of Persuasion* (New York: William Morrow, 1984), p.72
6 Irving Janis, *Groupthink* (New York: Houghton Mifflin, 1982)
7 Bill Gammage, *The Broken Years: Australian Soldiers in the Great War* (Canberra: Australian National University Press, 1974)
8 *Webster's New World College Dictionary* (USA: Macmillan, 1998), p.731 からの編集。

第4章　ディープ・ジェネラリスト

1 『「売る」広告』（デイヴィッド・オグルヴィ著、松岡茂雄訳、誠文堂新光社、1985年）
2 ジャック・ビーティ／前掲書『マネジメントを発明した男　ドラッカー』
3 『禅へのいざない』（鈴木俊隆著、紀野一義訳、PHP研究所、1998年）
4 Leslie Kaufman, "My Transforming Moments," *The New York Times*, Oct. 6, 1999, p.C12
5 若きアインシュタインの知性については、Howard Gardner, *Creating Minds*, (New York: Basic Books, 1993), p.88に描かれている。
6 Paolo Novaresio, *The Explorers* (New York: Stewart, Tabori & Chang, 1996), p.9
7 『あなたの「天才」の見つけ方　ハーバード大学教授がこっそり教える』（エレン・ランガー著、加藤諦三訳、PHP研究所、2002年）
8～9　ジャック・ビーティ／前掲書
10 Peter Drucker, "The Next Information Revolution," *Forbes*, Aug. 24, 1998, p.47
11 ジャック・ビーティ／前掲書
12 Lucy McCauley, "The State of the New Economy," *Fast Company*, Sept. 19, 1999, p.120
13 ロン・チャーナウ／前掲書『モルガン家　金融帝国の盛衰（上・下）』
14 "DLJ Hiring Spree of Merger Bankers from Rivals Pays Off," *The Wall Street Journal*, Apr. 6, 1999, p.C24
15 Hara Estroff Marano, "The Power of Play," *Psychology Today*, Jul./Aug. 1999, pp.38-40
16 Vincent Ryan Ruggiero, *The Art of Thinking* (Reading: Addison-Wesley, 1998), p.101
17 『シナリオ・プランニングの技法』（ピーター・シュワルツ著、垰本一雄、池田啓宏訳、東洋経済新報社、2000年）
18 『バルタサル・グラシアンの成功の哲学　人生を磨く永遠の知恵』（バルタサル・グラシアン著、鈴木主税訳、ダイヤモンド社、1994年）

第5章　統合力

1 Henry Mintzberg, "The Rise and Fall of Strategic Planning," *Harvard Business Review*, Nov./Dec. 1995, p.108
2 Harvard Business School case study no. 9-393-066, "McKinsey & Company (A): 1956," Harvard Business School, 1992, p.3
3 『ガンジー　奉仕するリーダー』（ケシャヴァン・ナイアー著、枝廣淳子訳、たちばな出版、1998年）

6）コーポレート金融銀行および投資銀行：801億ドル（1998年アメリカのみ。1998年の全銀行収益は4003億ドル。この収益のうち20%はコーポレートおよびプライベート金融関係のクライアントに関連するものと思われる。出典：*Business Week*, Jan. 12, 1999, p.132）

7）エグゼクティブ・サーチ：83億ドル（2000年予測。出典：*Business Week*, May 17, 1999）

5 *The New York Times*, May 15, 1999によれば、医師の所得の中央値は1993年以降、年に1.4%下がっている。

6 『モルガン家　金融帝国の盛衰（上・下）』（ロン・チャーナウ著、青木栄一訳、日本経済新聞社、1993年）

第2章　無私と自立

1 Peter Ackroyd, *The Life of Thomas More* (New York: Doubleday, 1999), p.82

2 Ackroyd／前掲書 p.146

3 Sarah Bartlett, "Who Can You Trust?" *Business Week*, Oct. 5, 1998, p.150

4 『知能販のプロになれ！』（トム・ピーターズ著、仁平和夫訳、TBSブリタニカ、2000年）

第3章　共感力

1 この場面は『砂漠の女王　イラク建国の母ガートルード・ベルの生涯』（ジャネット・ウォラック著、内田優香訳、ソニーマガジンズ、2006年）に描かれている。

2 『傍観者の時代』（ピーター・ドラッカー著、上田惇生訳、ダイヤモンド社、2008年）

3 『マネジメントを発明した男　ドラッカー』（ジャック・ビーティ著、平野誠一訳、ダイヤモンド社、1998年）

4 『仕事に生かすEQ　EQマスターのためのガイドブック』（ヘンドリー・ウェイジンガー著、佐藤洋一、佐藤明子訳、トッパン、1998年）

5 著者によるローラ・ヘリングのインタビューおよび、Thomas Petzinger, Jr., "The Front Lines," *The Wall Street Journal*, Jul. 17, 1999より。

6 たとえば、Madelyn Burley-Allen, *The Lost Art of Listening* (John Wiley and Sons, 1995), p.14を参照のこと。

7 『7つの習慣　成功には原則があった！』（スティーブン・R・コヴィー、ジェームス・スキナー著、川西茂訳、キングベアー出版、1996年）

原注

はじめに

1 たとえば、Frederick F. Reichheld, "Learning from Customer Defections," in *The Quest for Loyalty*, ed. Frederick F. Reichheld (Boston: Harvard Business Review Book, 1996) を参照のこと。

第1章　クライアントは何を求めているか

1 『ルーズヴェルトとホプキンズ』(ロバート・シャーウッド著、村上光彦訳、みすず書房、1957年)
2 Patricia Sellers, "The 50 Most Powerful Women in American Business," *Fortune*, Oct. 25, 1999, p.115
3 灰色の猊下 (エミナンス・グリーズ) とは、カプチン僧のジョセフ神父 (1577 ~ 1638年) を指す。リシュリュー枢機卿の相談役であり、影のアドバイザーとして影響を及ぼした。リシュリュー自身はエミナンス・ルージュ (赤の猊下) と呼ばれ、ルイ13世の最初の宰相となった。＜メンター＞は、『オデュッセイア』に由来する言葉で、オデュッセウスの故郷であるイタケーの貴族の名前がメントールという。女神アテネが想定したメントールの教育とは、オデュッセウスの息子テレーマコスに助言し、父を探しに行かせるためのものだった。その後のフランスの戯曲では、メントールの役割が強調され、「思慮深いアドバイザー」という言葉の意味が強められた。＜マキャベリアン＞とは、「策略に長けた」とか「人をだます」という意味で、フィレンツェの政治家にして外交官だったニッコロ・マキアヴェッリがその著書『君主論』で示した哲学を一般的に解釈した内容に由来する。
4 アメリカにおけるプロフェッショナル・サービスの年商は5000億ドルを超える。この市場に関するデータをいくつかあげると、
 1) 経営コンサルティング：1130億ドル (2000年の世界予想。ほとんどがアメリカ国内。出典：ケネディ・インフォーメーション・リサーチ・グループ)
 2) 会計：593億ドル (1997年 アメリカのみ。出典：現代アメリカデータ総覧 1998年)
 3) 広告：342億ドル (同上)
 4) 司法サービス：1328億ドル (同上)
 5) 株式ブローカー：855億ドル (1999年アメリカのみの予測。1999年の全証券業界の収入は1759億ドルと見込まれる。控えめに見積もっても、この数字のうち50%はアドバイスを与えた個人や企業取引と思われる。アメリカだけで62万の株式ブローカーがいる。出典：アメリカ証券業者協会)

著者紹介

ジャグディシュ・N・シース
（Jagdish N. Sheth）

エモリー大学ゴイズエタ経営大学院教授。専門はマーケティング。コロンビア大学、マサチューセッツ工科大学などを経て現職。国際競争、戦略的思考および顧客関係管理（CRM）の分野におけるその知的洞察は世界でもつとに知られている。米国心理学会の会員。AT & T、フォード、ゼネラル・モーターズ、ヤング・アンド・ルビカムなどの経営アドバイザーとして活躍するほか、ウィプロ・リミテッドなど上場企業数社の取締役を歴任。代表作に『自滅する企業』（2008 年、英治出版）。また、ラジェンドラ・シソーディアとの共著『3の法則』（2002 年、講談社）は、実業界における競争に対する認識を変え、ドイツ語、イタリア語、ポーランド語、日本語、中国語に翻訳されている。

アンドリュー・ソーベル
（Andrew Sobel）

世界 30 カ国を超える国々で、経営トップに対するアドバイザーとして 20 年を超えるキャリアがある。サービス業からハイテク企業まで幅広いクライアントに対し、成功戦略を作成し、組織を再生し、クライアントや顧客を中心とした文化を育成してきた。ダートマスのエーモス・タック経営大学院で MBA を取得。世界最大級のコンサルティング会社のシニア・バイス・プレジデントを経て、現在は戦略コンサルティング企業を経営。クライアントとの関係のブレークスルーについて、世界中の企業家にむけて講演を行っている。

日本語版・翻訳者紹介

羽物俊樹

慶應義塾大学理工学研究科修了。金融業界を中心にコンサルタントとして活躍した後、2000 年、真の顧客志向のビジネスコンサルティングサービスを提供するため、同志数名と共にスカイライト コンサルティング株式会社を設立。代表取締役に就任し、経営にあたる。数多くのクライアントにサービスを提供しながら、プロフェッショナル人材の育成に尽力している。

日本語版・企画

スカイライト コンサルティング株式会社

経営情報の活用、業務改革の推進、IT 活用、新規事業の立ち上げなどを支援するコンサルティング企業。経営情報の可視化とプロジェクト推進力を強みとしており、特に顧客との信頼関係のもと、顧客企業とともに協働しながらプロジェクトを推進し、成果を挙げることで知られる。顧客企業は一部上場企業からベンチャー企業まで多岐にわたり、金融・保険、製造、流通・小売、情報通信、官公庁など、幅広い分野でプロジェクトを成功に導いている。

www.skylight.co.jp

● 英治出版からのお知らせ

本書に関するご意見・ご感想を E-mail（editor@eijipress.co.jp）で受け付けています。

また、英治出版ではメールマガジン、Web メディア、SNS で新刊情報や書籍に関する記事、イベント情報などを配信しております。ぜひ一度、アクセスしてみてください。

メールマガジン	：	会員登録はホームページにて
Web メディア「英治出版オンライン」	：	eijionline.com
X / Facebook / Instagram	：	eijipress

選ばれるプロフェッショナル

クライアントが本当に求めていること

発行日	2009 年　7 月 30 日　第 1 版　第 1 刷 2025 年　5 月 15 日　第 1 版　第 9 刷
著者	ジャグディシュ・N・シース、アンドリュー・ソーベル
訳者	羽物俊樹（はぶつ・としき）
発行人	高野達成
発行	英治出版株式会社 〒 150-0022 東京都渋谷区恵比寿南 1-9-12 ピトレスクビル 4F 電話　03-5773-0193　　FAX　03-5773-0194 www.eijipress.co.jp
プロデューサー	鬼頭穣
スタッフ	原田英治　藤竹賢一郎　山下智也　鈴木美穂　下田理 田中三枝　平野貴裕　上村悠也　桑江リリー　石﨑優木 渡邉吏佐子　中西さおり　齋藤さくら　荒金真美 廣畑達也　佐々智佳子　太田英里　清水希来々
印刷・製本	中央精版印刷株式会社
装丁	グラムコ株式会社
翻訳協力	山本章子／株式会社トランネット　www.trannet.co.jp
編集協力	ガイア・オペレーションズ有限会社

ISBN978-4-86276-056-2　C0034　Printed in Japan

ネクスト・マーケット［増補改訂版］

「貧困層」を「顧客」に変える次世代ビジネス戦略

C・K・プラハラード著　スカイライトコンサルティング訳

世界40～50億人の貧困層＝ボトム・オブ・ザ・ピラミッド（BOP）は、企業が適切なマーケティングと商品・サービスの提供を行えば、有望な顧客に変わる！　斬新な着眼点とケース・スタディで迫る、全く新しいグローバル戦略書が、さらに深い洞察と最新事例を加えた増補改訂版で登場。

熱狂する社員　企業競争力を決定するモチベーションの3要素

デビッド・シロタ 他著　スカイライトコンサルティング訳

ビジネスとは問題解決の連続だ。その考え方を知らなければ、無益な「目先のモグラたたき」を繰り返すことになってしまう──。日々の業務から経営改革まで、あらゆる場面で確実に活きる必修ビジネススキルの決定版テキスト。

決断の本質　プロセス志向の意思決定マネジメント

マイケル・A・ロベルト著　スカイライトコンサルティング訳

なぜ、判断を誤るのか。なぜ、決めたことが実行できないのか。真に重要なのは「結論」ではなく「プロセス」だ。ケネディの失敗、エベレスト遭難事件、コロンビア号の爆発事故など多種多様な事例をもとに「成功する意思決定」の条件を探求。人間性の本質に迫る、画期的な組織行動論・リーダーシップ論。

自滅する企業　エクセレント・カンパニーを蝕む7つの習慣病

ジャグディシュ・N・シース著　スカイライトコンサルティング訳

なぜ、企業は行き詰まるのか。なぜ、過去の成功企業があっという間に凋落してしまうのか。真の原因は、どんな企業も患いかねない7つの「自滅的習慣」にある。数多くの事例をもとに、多くの企業を蝕む「習慣病」の症状・病因を徹底解剖し、適確な処方箋と予防法を示す。

自己革新［新訳］　成長し続けるための考え方

ジョン・W・ガードナー著　矢野陽一朗訳

ジム・コリンズ、コリン・パウエルらに影響を与えたスタンフォード大学の「伝説的教育者」からのメッセージ。「人生が変わるほどの衝撃を受けた」「彼の存在自体が世界をよりよい場所にしていた」……数々の起業家、ビジネスリーダー、政治家が〈20世紀アメリカ最高の知性と良心〉と称賛するジョン・ガードナーの最高傑作。半世紀にわたり読み継がれてきた名著が新訳となって復刊！

イシューからはじめよ［改訂版］　知的生産の「シンプルな本質」

安宅和人著

ロングセラーの改訂版！「やるべきこと」は100分の1になる。コンサルタント、研究者、マーケター、プランナー……生み出す変化で稼ぐ、プロフェッショナルのための思考術。「脳科学×マッキンゼー×ヤフー」トリプルキャリアが生み出した究極の問題設定&解決法。「課題解決の2つの型」「なぜ今『イシューからはじめよ』なのか」など、読者の実践に助けとなる内容を追加。

問題解決　あらゆる課題を突破する ビジネスパーソン必須の仕事術

高田貴久、岩澤智之著

ビジネスとは問題解決の連続だ。その考え方を知らなければ、無益な「目先のモグラたたき」を繰り返すことになってしまう——。日々の業務から経営改革まで、あらゆる場面で確実に活きる必修ビジネススキルの決定版テキスト。

ロジカル・プレゼンテーション

自分の考えを効果的に伝える 戦略コンサルタントの「提案の技術」

高田貴久著

ロジカル・プレゼンテーションとは、「考える」と「伝える」が合わさり、初めて「良い提案」が生まれるという意味。著者が前職の戦略コンサルティングファーム（アーサー・D・リトル）で日々実践し、事業会社の経営企画部員として煮詰めた「現場で使える論理思考」が詰まった一冊。

仮説行動　マップ・ループ・リープで学びを最大化し、大胆な未来を実現する

馬田隆明著

大きく考え、小さく踏み出せ。失敗も成果につなげる試行錯誤のための羅針盤。起業や新規事業、質的に違う仕事を成功させるには？　スタートアップ支援から見えてきた、インパクトと実現可能性の両立を可能にする適切な一歩の踏み出し方とプロセスの全体像。

解像度を上げる

曖昧な思考を明晰にする「深さ・広さ・構造・時間」の4視点と行動法

馬田隆明著

「ふわっとしている」「既視感がある」「ピンとこない」誰かにそう言われたら。言いたくなったら。解像度が高い人は、どう情報を集め、なにを思考し、いかに行動しているのか。スタートアップの現場発。2021年SpeakerDeckで最も見られたスライド、待望の書籍化！

謙虚なコンサルティング　クライアントにとって「本当の支援」とは何か

エドガー・H・シャイン著　金井壽宏監訳　野津智子訳

コンサルティングの世界の常識を覆した「プロセス・コンサルテーション」、世界中の人々の職業観に多大な影響を与え続けている「キャリア・アンカー」に続く新コンセプト。今日の組織は、解決に必要な知識や技術が自明でない問題に直面し、「答えを提供する」から、「答えを見出せるよう支援する」へとコンサルタントの役割も変化。クライアントが自ら真の問題に気づき、いま最もやるべきことを見出す「本当の支援」を実現するには。

謙虚なリーダーシップ　1人のリーダーに依存しない組織をつくる

エドガー・H・シャイン、ピーター・A・シャイン著　野津智子訳

弱さを受け容れ、本音を伝えあう関係が、組織を変える。人と組織の研究に多大な影響を与えてきた研究者が、半世紀にわたる探究の末にたどり着いたリーダーのあり方とは。役割やそれに紐づく能力ではなく、「1人の人間として相手を見る（パーソニゼーション）」という、普段の絶え間ない実践が、相互に信頼し、率直に本音を伝え合う組織文化をつくる。

問いかける技術　確かな人間関係と優れた組織をつくる

エドガー・H・シャイン著　金井壽宏監訳　原賀真紀子訳

人間関係のカギは、「話す」ことより「問いかける」こと。思いが伝わらないとき、対立したとき、相手が落ち込んでいるとき……日常のあらゆる場面で、空気を変え、視点を変え、関係を変える「問いかけ」の技法を、組織心理学の第一人者がやさしく語る。

人を助けるとはどういうことか

本当の「協力関係」をつくる7つの原則

エドガー・H・シャイン著　金井壽宏監訳　金井真弓訳

どうすれば本当の意味で人の役に立てるのか？　職場でも家庭でも、善意の行動が望ましくない結果を生むことがある。「押し付け」ではない真の「支援」をするには何が必要なのか。組織心理学の大家が、身近な事例をあげながら「協力関係」の原則をわかりやすく提示。

学習する組織　システム思考で未来を創造する

ピーター・M・センゲ著　枝廣淳子、小田理一郎、中小路佳代子訳

経営の「全体」を綜合せよ。不確実性に満ちた現代、私たちの生存と繁栄の鍵となるのは、組織としての「学習能力」である。――自律的かつ柔軟に進化しつづける「学習する組織」のコンセプトと構築法を説いた世界100万部のベストセラー、待望の増補改訂・完訳版。